心遠樓學術日記

朱志榮

心远楼
学术日记
2023

朱志荣 著

时代出版传媒股份有限公司
安徽教育出版社

图书在版编目（CIP）数据

心远楼学术日记（2023）/ 朱志荣著. —合肥：安徽教育出版社，2024.11. —ISBN 978-7-5748-0328-2

Ⅰ.B83

中国国家版本馆CIP数据核字第20246CU297号

心远楼学术日记（2023）
XINYUANLOU XUESHU RIJI(2023)

出 版 人：王能玉
策划编辑：徐　鹏
责任编辑：徐　鹏
装帧设计：许海波
责任印制：陈善军
出版发行：安徽教育出版社
地　　址：合肥市经开区繁华大道西路398号　邮编：230601
网　　址：http://www.ahep.com.cn
营销电话：(0551)63683012，63683013
排　　版：安徽时代华印出版服务有限责任公司
印　　刷：安徽新华印刷股份有限公司

开　本：880 mm×1230 mm　1/32
印　张：11.5
字　数：236千字
版　次：2024年11月第1版
印　次：2024年11月第1次印刷
定　价：58.00元

（如发现印装质量问题，影响阅读，请与本社营销部联系调换）

目录

辑一

一月 | 3

二月 | 22

三月 | 47

辑二

四月 | 89

五月 | 124

六月 | 151

辑三

七月 | 187

八月 | 217

九月 | 254

辑四

十月 | 285

十一月 | 311

十二月 | 335

后记 | 363

辑一

January
·
一月

1月1日/星期日

分别给成中英教授、蔡宗齐教授写信,征求他们同意把我2011年对他们的访谈作为附录收入《中国古代美学思想研究方法论》。

看彭斯诗歌和研究资料。

1月2日/星期一

读彭斯作品。有诗与歌,两者有区别,语言差异大,需要分开讨论。

我以前看到过一本彭斯诗集，好像叫 *The Poems and Songs of Robert Burns*。在英语世界里，诗与歌是如何划分和界定的呢？王佐良、袁可嘉把 *Auld Lang Syne*（《友谊地久天长》）翻译成诗，无法流传，不如流行的歌词。

诗和歌，在中国早期是合一的，后来分化了。汉代，《诗经》成为经典，逐步过渡到吟诵，而不是歌唱，汉赋开始流行，诗歌主要是民间乐府民歌。此后从魏晋南北朝开始，诗有了声律的追求，与歌分道扬镳了。我需要了解西方的诗与歌的区分，了解彭斯诗与歌的区分。

我想比较一下苏格兰民歌和中国民歌，看看有什么区别。苏格兰民歌例如彭斯的《友谊地久天长》。

为了与彭斯进行比较，我了解了中国古代的民歌、乐府、词和散曲特征，发现词学研究者多重视吟诵的声律，不太重视词牌歌唱的乐律。研究中国古代文学的人，只研究词的声律，不研究乐律，这是不行的。声律是语言规律，对朗诵有意义，但是词是有词牌、曲牌的，是可以歌唱的，是歌，应当重视研究词的乐律。

徐燕婷推荐的谢桃坊先生《中国词学史》《唐宋词谱校正》等书中会有关于声律、乐律的探讨，田玉琪、江合友等学者一般在探讨词调词体等问题时也会涉及乐律和声律的关系问题，李飞跃在词的乐律方面做得比较好。

系里的前辈教授、翻译家王智量教授逝世，是大才子，早年坎坷，长寿，哀悼。

1月3日/星期二

收到成中英教授、蔡宗齐教授回信，并且告诉了《中国古代美学思想研究方法论》一书的责任编辑。

看彭斯诗歌和研究资料。思考西方民歌里有没有对白，歌剧里肯定有。

核酸检测阴性。

看广西师大国家社科基金项目申报书。

看到龚妮丽教授的父亲龚克教授逝世消息，向她表示哀悼。

1月4日/星期三

9：00，给广西师大国家社科基金项目申报书提意见，外校还有程相占老师。

13：30，学术委员会腾讯会议线上开会。

晚上19：30，参加中华美学学会常务理事会。

彭斯有一首诗歌，是说"风来自西方"，袁水拍1944年把它翻译成"东方"，1959年又把它翻译成"风来自西方"，有人不懂为什么，还专门写文章质疑。我在10年前出版的《学术方法》里的"文献翻译"中，专门讨论了这个翻译问题。英国在大西洋的东边，西风是和煦温暖的。而中国在太平洋的西边，温暖的春风是东风，所以意译成"风来自东方"中国人更好接受。

重读安徒生童话《丑小鸭》，有感悟。

陈凌霄要求我为《中国社会科学》评审两篇论文。

1月5日/星期四

深感精力有限，做事耗费精力，需要做有意义的事，对长远发展有利。

给小学、初中同学留言，我想写一些童年和少年时代的回忆文章，让国内外的读者了解我们小时候在秦栏镇的生活场景。一时漫无头绪，不知道写一些什么好。

收到王怀义新著《〈红楼梦〉文本图像渊源考论》。

1月6日/星期五

读罗伯特·彭斯诗歌，发现他的诗和歌写得好，他也是大情种。没有办法，情商低写不出优秀的情诗。内心丰富的人容易躁动。创造欲、表现欲强的，才有可能有好作品。那没办法。好奇心强，喜欢尝试，是才子们的"缺点"，从另一方面看，也是优点。

用情景交融的意象思想分析彭斯的诗歌。分析作品不是我的强项，可是，古代意象思想等，如果不用来分析外国作品，怎么能证明它的价值呢？别人不做，我只好尝试做。

西方歌曲中的副歌，有合唱的，也有不合唱的。

见到龚刚教授《意象与意境该如何英译?》，一家之言，值得参考。

1月7日/星期六

继续读罗伯特·彭斯的诗歌,做笔记。
新冠阳过以后做事无力。

1月8日/星期日

遛狗一个小时,胸闷心悸,去社区医院查血压和心电图,无大碍。

咨询上外英语学院王欣院长:"英语诗歌语言里有没有谐音?"她回答:"英语诗歌当中,语言层面的谐音不是明显的特征,估计也可能会有,属于 homonym(同形异义词)的情况。最明显的特征其实就是押韵,包括尾韵和行间韵。行间韵又包括同辅音现象、同元音现象以及头韵三种情况。"

臧新明教授计划申报《中国艺术哲学》日译本外译项目,日本出版社还没有落实,今年来不及了。

1月9日/星期一

帮助吴攸问商务印书馆,她的书的选题通过没有。回答是还没有。

这几天,我关于彭斯的诗歌评论没有写出来,做了不少笔记,但是由于我以前作品评论没有怎么写过,加上要用古代文论评论英国诗歌,对我来说,难度很大,慢慢来吧,带着思考,后面两三个月有空再想想,争取下学期写一篇出来。关键是效果,效果一定要好。最近得抓紧写意象论文了,这是硬任务,年内必须完成十万字。最近做事效率低,还有一些其他事情要处理,包括权威期刊的两篇论文要审,《中国美学研究》新一期稿子要审。最近新冠"阳康"以后,做事动力不够。

学校开始放寒假。

1月10日/星期二

博士综合考试。大家讨论下来,我这边初步决定录取夏兴才,王峰那边初步决定录取刘家夷。今年生源很好,愿意把未能录取的考生推荐给朋友们。

收到 Kramer 的回信,说他 9 月 30 日到 10 月 15 日有空来上海。

金雅教授寄赠新版《梁启超美学思想研究》,南京大学出版社出版。

1月11日/星期三

新冠恢复期,不想看书。为《中国社会科学》两篇论文审稿,写了一些意见。

1月12日/星期四

"中国学派"微信公众号推送拙作《论意象范畴的转译会通》。《天津社会科学》推送2023年第1期目录，刊拙作《追源溯流　融汇古今　会通适变——中国古代美学思想研究继承与创新的方法和原则》一文。

咨询王嘉军邀请Kramer教授的经费渠道。

1月13日/星期五

高等教育出版社希望1月19日开一个线上会议，讨论《大学美育》的写作问题，大家都说有空，需要跟刘彦顺事先商量一下。

提醒江婷把我们讲读梅洛-庞蒂的中外文资料和PPT等，全部交给何琪琦和许徐。下学期上课使用。

提醒在读的同学，我们看书思考问题，有时候收获多，有时候收获少，不是"一分耕耘，一分收获"这么简单。新开垦荒地，花费的时间就多一些。我读彭斯的诗歌，10天还没有多少感觉，还不能写出像样的评论。

许一明告知已完成《中国审美理论》法文本申请外译的工作。

明天提交博士招生面试材料。

1月14日/星期六

崔树强来电咨询有关CJ填表事宜。

晚上谢小萌"文苑英华"群赠书抽奖。李宝获赠我的书，我获赠胡春毅的《国族记忆》。

1月15日/星期日

东南大学外语学院吴艾玲老师上午说，想申请去美国得克萨斯大学奥斯汀分校教书，让我提交推荐信，下午又说，她提交的文件有差错，她要申请associate professor（副教授），结果误选成assistant professor（助理教授），让我重新从系统里提交一次推荐信。

收到张弓寄来张玉能老师的《新实践美学的崛起》一书。

收到周敬之寄赠范伯群教授的《中国现代通俗小说史略》（英文版）和台历等。国内出版社出版英文版学术著作，通过Amazon（亚马逊）等网站向全球销售，可能是今后的努力方向。

请江婷协助申请系里的"中华美学精神丛书"的新书发布会。

在微信群里对陈娟等人说："现在开始阅读艺术意象方面的资料，做笔记。我不可能只是根据前面的意象论文推导出艺术意象方面的观点。我应该先放下我自己这方面的一切前见，从材料出发，记下心得，尤其重视与其他人不同、与我自己此前不同甚至相反的思想，或者进一步深化的思想内容，真正使我的艺术意象思想得到丰富和深化，这样写出来的艺术意象的观点和思想才有意义。"

审阅《中国社会科学》庄子研究论文。

1月16日/星期一

提交《中国社会科学》庄子研究论文评阅意见，肯定其价值，提出完善意见。

1月17日/星期二

给巴西国际美学会议转注册费，工行说地址不详，颇费周折。请杨震帮忙查了银行详细地址，已完成。

晚上看校内青年教师国家社科基金项目申报书，给他们提一些修改意见。

1月18日/星期三

继续看校内青年教师国家社科基金项目申报书，给他们提一些修改意见。

与孔旭荣老师签订《中国文学导论》的翻译合同。

逻辑是思想工具和语言的基础，大学生必须获得逻辑学的训练，可惜现在很多学校取消逻辑学课程了。很幸运，我本科时代是学习过逻辑学的，期待今后各大学都恢复逻辑学教学。

1月19日/星期四

又看到《滕王阁序》，感叹初唐四杰之首的王勃，只活了27岁。他的一文一诗，流传千古。文是《滕王阁序》"落霞与孤鹜齐飞，秋水共长天一色"。诗是《送杜少府之任蜀州》"海内存知己，天涯若比邻"。当然还有其他文章和其他诗歌，但这一诗一文，让他流芳百世。

想起朱立元老师几次说，蒋先生主张想清楚了再写论文。我倒觉得积累思想很重要。古人写诗写文，都要靠平时积累的，随身带着锦囊，有灵感了随时记下来放进去，真正写诗写文的时候，把这些积累能组合的组合起来。即兴发挥出来的，而且特别好的，少之又少。

收到巴西国际美学会议收到注册费的回复，要求我提供详细地址。

晚上主持《大学美育》写作研讨会。

1月20日/星期五

吴攸来交大闵行校区答辩，想晋级长聘副教授，居然没有通过。她觉得自己被忽悠了。工科领导居然问："你的论文怎么都是你一个人写的？你没有研究生吗？""除了国家社科基金项目，你就没有项目了？"提出这类问题的领导，怎么能够善待文科教师？除非会忽悠他们的文科教师。吴老师心情不好，约我在华师大闵行校区办公室见面，咨询我们这边的情况，考虑过来工作。回来后我向志峰书记作了汇报。

蒋年发来福寿园蒋孔阳先生100周年诞辰的帖子，我转发了。得知濮先生在北京挺好，很高兴。

1月21日/星期六

全天祝贺师友兔年大吉，万事如意，回复其他人的问候。给去世的父母烧冥币祭祀。

1月22日/星期日

向朱月生老师拜年，今年她孙女陪她过年。问王木青她母亲情况，她说她妈妈（赵光霞老师）去年已经去世，我一直不知道，一阵难过。

巴西美学会两次写信给我，说收到我的注册费，要我的地址，发邮件回复了。

1月23日/星期一

看到童声合唱黄自谱曲的《新年》视频，感叹黄自去世得太早了。20世纪30年代，有两个天才，聂耳和黄自，两人都创作了一大批音乐作品，聂耳只活到23岁，在日本游泳死了，黄自活到34岁，得伤寒病死了。临终前，黄自对夫人汪颐年女士说："你快去请医生，我不能就此死去，我还有半部音乐史没有写完呢！"

全家外出游览，路上想到艺术意象的创造，肯定要涉及比兴，中国古代诗歌的比兴问题，研究得很多了，中国画的比兴，应该有，研究得不会太多，值得探索。在群里说了这句话，高海燕问应该怎么做？我的答复是：写论文，肯定是表达自己和别人不一样的新见解，或者不一样的阐释。现在不少人，把别人引用的文献引用一遍，又说不出让别人佩服的独到见解，这论文没法写。一般做法是，把自己的想法表达一遍，然后看别人的论文和书，边看边做笔记，主要记自己和别人不一样的意见，或者进一步拓展的思想，读文献需要竭泽而渔。笔记内容丰富了，就写成论文。如果花费了一两个月时间，写出来还是没有新意，自己说的别人都说过了，怎么办？那就不写。做学问研究具体问题的时候，并不会一分耕耘、一分收获，不是说花了力气就一定可以写出论文。但是几个月摸索下来，对夯实自己整个知识基础是有多方面帮助的。相比之下，理工科更难，例如有的数学教授，辛苦十年，也没有弄出创新成果，十年白干了。

《外国美学》去年年底刊登了一组和沃尔夫冈·韦尔施（Wolfgang Welsch）商榷的论文，可是他不懂中文，怎么能明白呢？等我今年《审美意象创构论》一书写完，我可以根据我书里的观点和立场，写一篇和韦尔施讨论问题的英文论文发表。不过我不太想"碰瓷"，尽管我不反对别人碰我的瓷。

我浏览了一下李欣悦的论文，还没有好好看。我提醒她必须要有明确的"学科意识"。目前她的专业是文艺学、美学，我们教研室老师有能力指导的，也只是文艺学、美学。也许她认为自己在本学科之外有天赋，但是只能适当地拓展研究，目前如果没有合适的导师指导，即使她有相关的潜力，要想达到学术论文的水平，还有不小的距离。其他学科的基础知识，在学术论文里是不可重点介绍的。学术论文是学术界前沿创见交流的文本，不能向其他学科的人介绍基础知识，否则就不是具有创新意义的学术论文了。她现在的论文，比以前的提纲要好很多，但是跨学科的知识，我一个人还是指导不了。比如荀子礼乐思想的名学维度问题，虽然我在逻辑学知识方面有一定的基础，对先秦的名辩思想了解得也不少，但是我承认我也指导不了。名学维度不是"名"那么简单和浅显。这样的论文，必须专门研究先秦逻辑思想的专家判断它深刻有创见才行，我就没有能力判断。如果想在像样的刊物发表，他们要找两位专家外审，其中肯定有一位是专门研究先秦逻辑思想的专家。

1月24日/星期二

今天告诉夏兴才，今年博士考生竞争激烈，发表过两篇以上C刊论文的，就有几位。最后决定录取他，就是赌他今后通过努力可持续发展，至少在45岁之前可以成为优秀的青年学者和教授博导，希望他不会让我失望。

过去有的考生我没有录取的，在别的导师那里毕业，发展得很好，这是我录取的失误。我虽然不是有意的，但是不应该出现这种情况。我今后会非常注意，那些一辈子就混个副教授的考生，一定不能录取，没有好生源可以不招。

让夏兴才为我的访谈做一些准备，主题是建构中国特色的美学理论体系。他准备了一些问题，此前王怀义、李三达、贺方刚三人提了一些问题，后面看看许徐是否可以提问题。最后参考整合一下。

1月25日/星期三

我在思考，艺术意象的效果，都是通过艺术语言传达和表现的，艺术语言在艺术意象的创构中特别重要。叙事作品在中国源远流长，甲骨文中就有叙事，诗歌从《诗经》开始，就有很多叙事诗。民歌如古诗十九首、汉乐府民歌、《孔雀东南飞》、《木兰辞》。杜甫的许多诗歌，都是叙事诗。研究意象，不能很好地联系叙事作品，肯定不行。这很难，很难的内容，研究出了成果，才是特别有价值的。

夏兴才发来他准备的访谈问题。

在朋友圈看到一篇署名杨佩昌的文章，题目是《德国人究竟如何做学问?》，文中有的说法不错，但总体上属于胡扯。德国的大学问家都是非常勤奋的，在没有电脑的时代，《黑格尔全集》30多卷（黑格尔只活到61岁），《胡塞尔全集》40多卷，《海德格尔全集》计划出102卷（中文版文集也出了30多卷）。他们都不可能一年只写一篇论文，一年写一篇论文的只能是一些混饭吃的教书匠。

1月26日/星期四

佳木斯大学青年教师李韦函向我提到，一个辩论赛很厉害，把视频发给我看，问我在学术界算什么程度。我觉得她的想法走向了歧途，告诉她一定不要被辩论赛误导，不要向辩论赛学习写论文，不要用辩论赛的心态写论文。写论文是要捍卫真理，要像法官，要秉持公正的立场。辩论赛辩手就像是律师，替哪一方辩护，就按照哪一方的观点找理由，而不是坚守正义。辩论赛因为是抽签确定正方或反方，所以抽到了某一方以后，不惜进行狡辩和诡辩。没有是非观是做不了学问的，做学问坚持真理很重要，自己错了就是错了，应该修正自己的观点，而不是固执己见，进行狡辩。我以前也对我的学生说过这样的话，今天又在群里强调了一下。

帮助系里申请大小 CJ 的老师看了一下填表内容，觉得总的都填得挺好，也提了一些小建议。

今年 CJ 申报不限额，对女教授年龄宽松一点，动员兰芳抓紧申报青年 CJ。

惊悉山东师范大学杨存昌教授不幸逝世，才 60 岁。悲痛。

惊悉刘浪爸爸昨天逝世，我向刘浪表示哀悼，给他转去了慰问金。

1月27日/星期五

给剑桥大学出版社 Lucy 女士写信，期待《商代审美意识研究》一书英文版能在那里出版。

新冠常常有不少后遗症，对中老年影响大，我的好几位同学和朋友去世了。据说后遗症最长可以长达一年。我在学生微信群里留言，万一我后面"挂"了，拜托群里哪位或哪几位帮我把《审美意象创构论》整理出版。本来还要再写10万字的，万一写不完，只能这样出版，目前篇幅够出一本书了，遗憾的事情是经常发生的。夏兴才、方科平、高海燕、马鸿奎、贺方刚留言宽慰。

编辑《中国美学研究》第21辑。本来应该元旦以前交给出版社，疫情耽误了。

1月28日/星期六

给山东师范大学文学院致唁函悼念杨存昌教授逝世，表示哀悼。

苏宏斌来电咨询他填写 CJ 申报表事宜。

胡远远计划申报国家社科基金规划项目，题目是《先秦意象观念的话语谱系研究》，我觉得题目不太好。给她回复："谱系很难，如果专家觉得你的谱系没有说清楚，立马就毙掉了。你的申报书里，我们看不到先秦意象思路清晰的谱系，肯定立马否定了。你首先得有谱系呀，没有谱系，怎么叫谱系？先秦才起源,哪有什么谱系?很多不是密切相关的。意象刚刚萌芽,都还不成形,怎么可能有谱系?如果说清代有谱系,还凑合。"

在学生微信群里留言:各位在做事的时候,如果想做成,不能固执己见,要有接受美学的视角。例如我们报项目的时候,最重要的不是坚持自己的想法和做法,而是要想着怎么能成功。因此评审专家会怎么想,是我们必须在乎的,决定我们能不能拿到项目的是评审专家。你只是抱怨别人不理解你,而不考虑专家评审的感受,肯定不行。

在群里给孙喜艳留言:"我两年前就提醒你,现在想再次提醒你。研究简帛中的音乐思想,或美学思想,首先必须自己写出三篇简帛中音乐思想或美学思想的论文发表,一则让专家看到了你的研究基础,二则写过三篇论文,思路就清楚了,专家一看就明白了。否则,'空手套白狼',或者希望用别人的成果拿自己的项目,都是把评审专家当傻子。如果一年内写不出三篇论文来,说明专家否定是对的。写不出,一是说明这个课题你做不了,没有研究基础,所以一年写不出三篇;二是如果一年都写不了三篇,如何能在项目立项的三年内完成20万字的结项成果呢?不少有研究基础、可以做下去的申报书都得不到立项,一个让专家充满怀疑的立项申报书竟然能通过?那些想买彩票、撞大运的人也不敢这样想。"

我给夏兴才留言说:"中国古代美学思想资源,在一定程度上是依托于中国古代哲学的潜在体系的,例如气、象、神、道等,我们进行建构,实际上不仅在传统思想潜在体系的基础上建构了一个美学体系，也在传统思想潜在哲学体系的基础上建构了一个哲学体系。这个体系既包含世界观，又包含方法论。我后面几年需要根据我的几本书里面的内容，概括出我所理解的中国古代哲学体系。"

1月29日/星期日

罗娜给《中国艺术哲学》写的书评，我于26日请颜芳提意见，并提出建议投稿刊物，今天回复，已转给罗娜。

计划为蔡宗齐教授申报华东师范大学荣誉教授，他发来简历，简单了一点，请他补充英文著作目录及影响。关于邀请两位推荐人的事宜，计划请王德威教授和李惠仪教授。已给王德威教授和李惠仪教授发了邮件，请他俩为蔡宗齐教授写推荐信。

校对"研究方法访谈"中蔡宗齐访谈部分的错字。

给有关出版社写信，联系《商代审美意识研究》英文版出版事宜。

1月30日/星期一

继续编辑《中国美学研究》第21辑。有两位作者的论文已经在其他刊物发表，要求撤稿。让黄雨虹计算字数，她用手机上的文本计算字数，结果出了乌龙。对他们来说，这些都是需要学习和锻炼的。

批评兰芳申报 CJ 填表不认真，希望她认真对待，把内容填写充分，好好推敲。

国际中国哲学学会来函，说到在加州大学河滨分校开会的事，此前已经决定去巴西参加国际美学会议，犹豫中。

1月31日/星期二

《福建论坛》编辑陈建宁加我微信，约请组织一组论文投给他们，旋即告知重大项目"审美意象"研究的各位老师。

督促我学生群里已经工作的老师，要认真对待项目和人才计划申报书，我愿意给他们提提意见。

和同学交流，我提出学术写作需要在"我能写什么"和"学界想了解什么"之间寻求公约数。在学界想了解的内容的范围内，写出我所能写的内容来。这样才能符合学界的期待，提出给人以启迪的思想。

认真核对《中国美学研究》第 21 辑各篇论文的查重情况，看看有没有涉嫌抄袭的。

February

二月

2月1日/星期三

上午去看望朱立元老师，他的精神状态比以前好多了，脸上气色也明显好转了。

收到李惠仪教授为蔡宗齐教授写的英文推荐信。

催促许徐、何琪琦尽快交上学期期末课程作业，督促三位硕博士生抓紧修改毕业论文。

今天在思考，我的《中国审美理论》《中国艺术哲学》《中国古代美学思想研究方法论》《审美意象创构论》等书，实际上是依托于中国古代哲学的系统的，当然也有我重构的努力。后面想把我书中所依托的中国古代哲学系统，有关术语、范畴、命题，以及相关的思想，作一个整理，形成一个系统的提纲，写出中国哲学形上学方面的一本书来，已经做了一些笔记。此前和牛文君沟通过这件事，后面还需要向中国古代哲学研究的教授和博士生们请教这件事。咨询吴根友等友人。根友建议，可以参考李泽厚的各种本体论学说，蒙培元的《理学范畴系统》，葛荣晋的《中国哲学范畴史》。

批改作为前期导师指导的本科生的期末小论文（读书笔记）。

2月2日/星期四

今天思考文明的冲突问题，文明冲突要不要战争呢？理想当然是和平而不是战争，和平是文明的重要内涵，但是文明依然常常需要战争来捍卫。离开了战争，用什么战胜野蛮和邪恶呢？

我一直强调论文写作，有的在读生就认为我只是强调写作。其实，一篇学术论文，是作者阅读能力、创新能力、选题能力、思考能力、论证能力、构思和语言表达能力最集中、最全面的体现，根本不只是写作问题。谁能说出比论文更能反映一个人学术水平的考察对象？

提醒在读和刚毕业的博士，不少论文已经写得不错，但是有的C刊编辑初审通不过，或者专家外审通不过，也没有办法，只能多投几家。即使我遇到这种情况，也只能如此，尽管我遇到这种情况极少，如果遇到了也只能另投。程序合法很重要。

看到同门郜元宝《生涯琐记：小学校外"放牛滩"》，谈到他从小出生在农村，小学环境挺差，跟我小学有两三年相似，居然可以成才，了不起。他英语还特别好！

2月3日/星期五

在家里的微信群里调侃，中国古时候称颂天才的文人是"文曲星下凡"，西方人则以优秀的科学家和文化艺术家的名字命名新发现的小行星，其中也有以中国名人命名的行星，两者有异曲同工之妙。晚年如果想知道自己是不是成功了，可以查一查小行星的名字里有没有自己的名字。

收到王坤《西方文论生成的学理研究》一书，是中山大学中文系"荣休文库"的一种，中山大学出版社2022年出版。

昨晚在高海燕的帮助下为《中国艺术哲学》《中国审美理论》英文版做了两条书讯，发给国际美学协会通讯（IAA Newsletter）。

昨晚看到王德威教授发来的蔡宗齐教授荣誉教授推荐信，上午回信致谢。

美学文艺学的理论研究，既要从文学艺术实践中归纳，又要从历代思想资源中推导，在归纳和演绎中实现理论创新，建构学术体系。

继续思考中国古代词的乐律问题，目的是为了研究彭斯的诗歌时可以有比较。请教了王晓骊教授，她说任二北、王小盾、李昌集、田玉琪等人这方面有研究。请教王小盾教授，他说他的博士生伍三土的博士毕业论文《宋词音乐专题研究》可以参看。又请教了周秦教授，他说词本来是可歌的，词牌就是词的音乐。但是由于记谱方式的滞后，词牌的音乐没能传承下来，词也就蜕变为与旧体格律诗类似的讲究平仄的文体。所以对词乐的研究没有实例，沦为空谈。只有部分词牌音乐和歌唱方法被昆曲吸收，变成了昆曲的有机成分。徐渭《南词叙录》认为南曲是"宋人词而益以里巷歌谣"。在昆曲实践中，套曲的散板引子往往用词牌。

晚上姜蕾教授请我和杨老师餐叙。

高正曾经参与《中国审美意识通史》中的明代卷写作，教育部二等奖里有他的名字。现在信阳师范学院要更名为大学，需要出示，派人前来借证书原件，晚上 10 点卞老师前来取走。

2月4日/星期六

给童世骏校长留言聊天，我说一百多年来，我们翻译了大量的西方人文学术著作。早先以名著为主，现在许多西方普通学者的著作，都很快被译成中文。我们都觉得很正常，我们需要向西方学者学习，与国际接轨。可是，当我们用英语等西方语言表达自己的思想与国际交流的时候，西方学者却警惕起来，居然一些汉学家都指责我们要搞文化扩张。我觉得很费解。

童校长说："这里可能有'往教'与'来学'的区别。'来学'太少，才那么重视'往教'。"

那么，同样是向外传播，法国文化部和外交部两个部门，分别设立了基金，资助世界各地翻译出版法国的文学和人文学术著作，中国出版的很多著作是法国这两个部门资助的，这也属于"往教"，为什么他们可以，中华外译做的却引起某些西方人的反感，说是文化扩张？值得思考。

下午看到儒教的材料，儒教确实是存在的，儒家思想在发展历程中，确实也有宗教的成分包含在里面，如祭祀，祭天祭祖、天人感应、谶纬神学等，但与基督教、伊斯兰教有着显著的不同。古代所说的儒教，有"教化"的意思。国外学者说儒教，和我们国内学者说儒教，有着很大的不同，国内学者也有分歧。而儒学思想涉及先秦开启的理性精神和道德教化体系等，值得我们研究，其对多元一体的人类文明和未来社会有积极的价值和意义。我会抽空把这个问题理清楚。

让夏兴才核对《商代审美意识研究》第六章"商代文字"的古籍引文，告诉他版本的权威性非常重要，并就具体书目加以核实，标点符号也需要校对。古典文献的征引，虽然重要内容几乎没有区别，但是一定要引用最经典的文本，这就是基本学术规范。

在于冰晓、黄雨虹的协助下，编好《中国美学研究》第21辑，交给商务印书馆编辑张鹏先生。

2月5日/星期日

指导在读的硕博士同学，当我们阅读的时候，发现别人的想法不错，自己很认同，或者觉得很精彩，有助于自己的论证或表达，记下来的时候，必须加上引号，注明出处和页码，这是基本学术规范，是学风问题。论文里引号之外和别人的重复必须是零，查重结果，引号之外没有重复。论文里出现和别人相同的内容，就是抄袭，这是学风出了问题，绝对不是删除，或者换一种说法换一种表达那么简单。绝对不能在引号之外有与别人雷同的内容。写论文就是表达自己独到的创新思想，这是最基本的学术常识，也是底线。现在的论文不但不能与别人雷同，与自己论文或著述雷同的内容也必须全部删除。写论文不是一件容易的事，不是开自来水龙头，有时候为了弄清楚一个问题，会看十天半个月的材料，而写出来的东西可能就是几百个字。

提醒我的学生群里的老师，尤其是新工作的老师，一定要报项目，一定不要放弃每一次申报项目的机会，这非常重要。因为申报项目及其评审过程，非常复杂，肯定不是准备好了就立即能拿到这么简单。有不明白的跟我交流，跟群里经常拿到项目的几位老师交流。

2月6日／星期一

告诉在《中国美学研究》编辑部工作的同学，也许博士生中有些人不会写论文，稿子不会发表，但硕士生中写得很好的，也可以考虑发表，有潜力、有创见的，多改两遍也可以。《中国美学研究》也有培养新人的义务。记得我读硕士的时候，徐中玉先生主编《文艺理论研究》，先后发表了我的两篇论文，对我的成长起到了极大的激励作用，我很感恩。提醒在读同学们给刊物投稿，要注意刊物的文章格式，给机会修改要及时修改。

下午思考了审美意象和审美活动的价值问题。审美活动本身，对主体具有精神价值。如心情愉悦等，都是精神价值。西方哲学家更注意形而上学的问题，更重视本体论的问题。黑格尔、胡塞尔、罗素、维特根斯坦等人，都重视逻辑问题。中国古代尤其是儒家，更重视价值问题。

2月7日/星期二

听说某大学有一位在读博士生，她导师是研究某国哲学的，她毕业论文要写网络文学，导师说："我不懂网络文学，我指导不了你，怎么办？"她说没关系，某网络文学的权威教授会指导她。另外听说东京大学小田部胤久教授的一位韩国博士生，是舒斯特曼的粉丝，一定要研究舒斯特曼的身体美学，小田部也说自己不懂身体美学，表示为难。这位博士说她和舒斯特曼联系密切，可以完成，结果10年下来，写的博士毕业论文也没有通过。有些博士生确实不好沟通。我在学生群里告诫我的硕士毕业生唐诗杰和刘家夷两位，只能选择导师可以指导的选题做博士毕业论文，我有义务告诉他们。

看到中国古代文学理论学会第二十三届年会邀请函，3月25—26日在暨南大学举行，与李建中重大项目26日开题论证会时间冲突。

为蔡宗齐教授完善"华东师范大学荣誉教授"的申报材料。

看到"高手在民间"的小视频，一位五六岁的小女孩写毛笔字非常流畅，获得第十三届国际青少年书画大赛银奖、"兰亭杯"书法大赛优秀奖等。看上去写得很流畅，有非常好的天分，但是笔法、结体都极不规范，这种江湖体书法，会把孩子的天分彻底废掉。书法需要正规的训练。做学问、写学术论文也同样如此，也需要严格的学术训练，野路子会把人废掉。

和李健交流审美价值论问题。他说胡经之教授曾经和他说起过文德尔班《哲学史教程》等著作中的相关论述，并提到蔡元培的《哲学大纲》《简易哲学纲要》等以及吕澂和范寿康的《美学概论》等也讨论过审美价值问题。我告诉他，我想借鉴他们的思想来整理中国古代的审美价值论思想。他认同这个思路。

高海燕昨晚让我询问胡范铸主编，她给《文化艺术研究》投稿的《闲适与苦难——李可染与潘天寿绘牛图之审美比较》一文的评审情况，胡回复要查一下，今天还没有回复。我今天又帮她咨询《文化艺术研究》的编辑冯静芳，说是外审没有通过。确实，从理论论文的角度还是不合适的。我又为她联系《美与时代》主编宋国栋、社长赵影二位，向他们推荐。我记得他们那边是可以刊登作品比较分析的论文的。他俩都很热情，后面看看评审能不能通过。高海燕过去写得少，目前需要得到鼓励，才能继续走下去。

2月8日/星期三

给欧美有关大学的出版社写信，联系著作英文版出版事宜。

2月9日/星期四

我想起上海博物馆的陈佩芬副馆长。她几十年研究青铜器，经验丰富，我和她谈过三次，每次都有收获。例如商周的青铜器纹饰都是手工对称，完全对称的就是赝品等。本来可以多请教她，可惜2013年她73岁时突然去世了。我很伤感，早知道世事这么无常，就应该早去请教了。他们有几十年的经验，又是有心人，跟他们谈，肯定能有收获。

做商代器物的审美特征研究的有两种人，一种是货真价实的文物鉴定专家，知道特定时期的特定特征；另一种是工艺大师，他们知道特定时期造型和纹饰的技术上的特点和原因。多请教他们，很重要，收获会很大。

我的《商代审美意识研究》正在着手翻译成英文本出版，需要请若干专家把关。关于陶器、玉器、青铜器部分，尤其需要请专家把关和指点，没有硬伤，不外行是最基本的，还要指出关键特征。

2月10日/星期五

在学生群里提醒同学：我们在做事、做判断的时候，不仅要把助力考虑进去（如导师、同学、朋友的帮助、提携、支持），而且要把阻力考虑进去（有的出于学科偏见，有的出于观点分歧，有的则是嫉妒），这些都属于正常现象，所以要理性地看待成败。

中午与王宁教授餐叙。

下午帮刘康教授的博士生张俊丽同学看论文，建议她围绕主题，以观点统率材料进行论证，去掉与主题不相干的旁支，观点论述要统领文本分析，每一部分先说明研究的价值和意义；各部分内容与主题的关系是什么，异同比较要为中心观点服务。思考问题的时候，可以先归纳推理，写论文的时候可以演绎推理。第一段可以说明研究这个问题的价值和意义，她的独特观点。最后一段是总结、结论，可以适当提升一下。

2月11日/星期六

继续辅导张俊丽同学修改论文，建议她题目含义要明确，内容要紧扣主题，材料要为论证服务。

陪安迪去逛徐家汇，从大众书局买了四本书，都是全价购买，平时看不到书目，想不起来买。

跟王怀义、夏兴才商量我后面几年写一份学术简历、自传。

落实陈娟代收《中国美学研究》第 20 辑样书。

搜集一些"文学美育""中国画意象""书法意象"的资料。

2月12日/星期日

继续辅导张俊丽同学修改论文,告诉她分析的内容要紧密地围绕一个核心。内容不聚焦,肯定不行。要紧扣主题,或者概括出问题,论文不是罗列和说明现象,而是要聚焦问题。要说明一个观点,不仅仅要陈述是什么,还要论证为什么。需要探求其中的特点等。如果只顾分析现象,没有问题,没有亮点,有什么用呢?那不是论文。

帮助王中栋看国家社科基金项目申报书,提醒他,第一要考虑的不是喜欢做什么,而是申报什么题目拿到的可能性最大,第二才是适合做什么,第三才是喜欢做什么,对选题的选择、学科的选择,都要考虑这些因素。并提醒申报项目的我的学生们,每一次申报机会都要抓住,都要认真对待。绝对不能抱着撞大运、买彩票的心理,要志在必得。

联系上李建中,得知他的重大项目开题日期由 3 月 26 日改为 4 月 8 日星期六,和暨南大学中国古代文论会议时间错开。

中午和上海师范大学美术学院书法教授丘新巧等人一起餐叙,丘建议我不妨临蔡襄的帖子。

把《大学语文》校样发给作者校对,周美琼、牛竟凡希望我代她们校对。

给蒋红写邮件,告诉她,去年濮先生《中国语言学史》未能通过国家社科基金中华学术外译项目推荐书目申报,准备今年继续协助上海古籍出版社申请。

2月13日/星期一

想起鲁迅的《朝花夕拾》《从百草园到三味书屋》《藤野先生》等,都是里面的。将来写自传的时候可以学习效仿。

2月14日/星期二

家里的金毛黄黄,前一阵子吃一袋狗粮天天拉稀,这两天就给它重新买了一袋更贵的狗粮,可是今天第三天了,它一点也不吃。看来狗到中年,吃惯了以前的狗粮,不喜欢吃新狗粮。我想起我去美国、德国,也不喜欢吃西餐,只喜欢吃中餐。

2月15日/星期三

罗娜翻译《商代审美意识研究》,希望有我的博士生协助她理解古文,我先把夏兴才拉进来建一个群。

下午收到学校人事处王晶晶留言,通知2月22日9:30—11:00在中北校区小礼堂开校内外公开招聘评审会。

2月16日/星期四

收到人事处赵文君老师短信，通知学校文科高评委评审正高职称，2月24日在中北图书馆二楼，早上8：00开始。

要以能者为师，互相取长补短。有的事情，对别人来说，可能很难，对我们来说，可能就不算什么事。倒过来也一样，有的事情，对我们来说，可能难于上青天，对别人来说，可能就不算什么事，所以需要互相学习，要向特定领域的几位权威请教学习。

2月17日/星期五

给初娇娇留言，看了她的论文，我觉得写得还是不错的，语言方面多打磨，多投稿，C刊总能发表，要把副教授职称评审的材料准备好。在单位要有耐心，要有服从领导安排工作的意识，毕竟很多事情，还是需要学院的支持，一定不要一冲动就和领导吵架，委屈的事情是经常发生的，要理性处理好。学院的环境就像一潭水，如果把环境搞污染了就很难生存，遇事要多忍耐。

音乐学院石春轩子下午在COSTA COFFEE紫竹店请我喝咖啡聊天。我也很愿意和他们具体门类艺术研究的老师聊天，向他们学习，从闲聊中获得灵感。多年来我在思想提炼、理论建构方面有更多的训练，而对于具体艺术门类知识，如乐理、乐律方面，我不懂，所以研究难以推进。这些在他们音乐专业学者来说，不算什么。石春轩子本来是民歌表演艺术家，近几年重视音乐问题的学术研究，出了一些不错的成果。我一直认为，国内的学者，做西方歌剧和美声研究很难，因为西方的相关研究已经很透彻，目前国内对欧美相关研究资料的把握都很困难，何况要作出原创性的贡献。

我主张国内的音乐研究，要更加重视本土化的民歌和传统戏曲的研究与挖掘，把其中在当代有价值、有意义、值得发扬光大、值得同世界分享的规律和特征揭示出来。其中主要需要揭示中国民歌的结构特点，需要从民歌和古代戏曲里探寻其中的可接受性、中国元素的国际化表达，找到创作的灵感和源泉。前年我曾经看到一个欧洲交响乐团演奏《彩云追月》，演绎得非常好，小提琴手尤其出色，旁边的屏幕上还配上了欧洲人的生活画面。现场观众反响热烈。

西方贝多芬、罗伯特·彭斯从民歌里找到灵感和源泉，中国也同样如此，如王洛宾的歌曲创作对青海、新疆等地民歌的吸收和借鉴，何占豪、陈钢的《梁祝》对越剧的借鉴等。这一点轩子作为民歌艺术家是认同的。中国古代民歌的现代化，也是必然的趋势。当然，中国音乐的贡献，关键还在于要给人意想不到的、意料之外的惊喜。

中国现代京剧在思想内容等方面有很多问题，老一辈学者一直对那一段历史和艺术痛心疾首，不堪回首。但是我倒觉得，其中明快的节奏、现代乐器的运用等尝试，是有一定的价值和意义的，有利于京剧的与时俱进，有利于当代的观众接受。我硕士阶段写过一篇文章表达了这样一种观点，顾虑当时老一辈学者的心情，此文我没有投出去发表。轩子来自贵州，说起来是宋淑秀教授（龚妮丽教授的母亲、张婷婷教授的外婆）的再传弟子。本来西方音乐是多声部、多层次的，中国的音乐是线性的。她强调中国民歌的"腔"和"调"及其形态的问题，中国传统五声调式和西方七声调式的关系，昆曲水磨调声腔柔和慢的特点，古代戏曲和古代歌曲的关系等，都需要加以研究。轩子对西南地区的少数民族民歌比较熟悉，提到贵州的侗族大歌《蝉》也是多声部的，无伴奏，无指挥。这方面我不太懂。至于新疆音乐，由于地域的原因，新疆处于中外音乐的交会处，那里的音乐特点就更加复杂了。轩子提到了新疆维吾尔族的木卡姆艺术，受到波斯—阿拉伯音乐的影响。新疆音乐受到中外音乐交流方面的影响，这方面我不太懂，以后可以请教轩子和刘莉等人。

2月18日/星期六

作为一位美学学者，多年研究中国古代美学思想，对中国古代哲学思想资源和潜在体系当然应该比较熟悉，而且中国古代美学思想研究要依托于中国古代哲学思想，要以自觉的意识来反思和建构。因此，关于中国哲学思想导论性的理论建构，对于我个人的知识结构和理论体系建构来说是非常必要的。例如知识论（道、气、象，天人合一的思维方式，共相）、本体论（一般与特殊、体与用、有与无、有限与无限、虚与实、动与静）、价值论、认识论、艺术哲学（情景关系）、语言哲学、历史哲学（史识问题、复古与创新、古今关系、传统与现实）、道德哲学（伦理与道德、知与行）、宗教哲学（宗教与信仰）、政治哲学、军事哲学、医学哲学等。以中国古代语言哲学为例，涉及汉字的"象形表意"与象征（六书问题、造字与用字），字音（声音与意义，"因声求义""双声叠韵""四声八病""四声相承""阴阳对转"等），言意关系问题（言不尽意、意在言外），名实问题（正名问题），名、辞、说、辩问题，修辞问题。还涉及人文精神、化成天下，人与世界、物与我的关系等。还有时空、和谐、自由，自然、人生（境界），主体（性、情、欲），道器关系等。考虑写一本《中国哲学导论》，系统整理一下这方面的思想。

2月19日/星期日

《中国文学导论》英文版出版后，将来需要写一本小书，作为这本书的补充，简要说明诗词格律（声律）、乐律（乐理），骈文、章回小说的结构和语言，中国戏曲的艺术性等。《中国艺术哲学》也需要作类似的补充论述。

2月20日/星期一

与上海音乐学院武文华讨论中国古代音乐问题，她看到了我在微信朋友圈里分享的海昏侯墓的编钟。武文华认为中国古代音乐不像当代人想象的那么单调（大齐奏），否则制式上就不会那么成系列化的规模了。听到远古来的乐器声音确是让人心旷神怡。我也觉得，中国古代音乐如果只有编钟，那么单调乏味，哪有什么吸引力？我们不能因为自己当下尚无解读性、诠释性就扭曲古代音乐的本身构成，早在西周时期就有了八音分类法的那么多的乐器分类，说明古代音乐功能上是为高质量的音响形式而存在的物质性，大齐奏太埋汰我们古典音乐内涵了，丰富度那么高的礼乐制度怎么可以用如此粗俗幼稚的解读来阐释它？

我也与刘莉讨论了中国古代的乐器演奏。中国古代也有类似于交响乐乐队吧？不至于只有编钟吧？中国古代音乐如果那么单调乏味，哪有什么吸引力？我估计唐朝的乐队已经很丰富了。刘莉认为，中国周代就有金、石、土、革、丝、木、匏、竹八音，八种材质的乐器，在宫廷雅乐中配置的乐队早在春秋战国时代就很盛行了，这种乐队配器以编钟和石磬为主，称之为"金声玉振"的华夏正声。后面又发展出相对热闹的俗乐，配器以吹、拉、弹、打为分类标准，包括以弹拨乐和管吹乐为主的江南丝竹乐队，北方有以打击乐为主的锣鼓乐。从整体上看，中国古代配器的规模比较小，音色配置相对单一，和西方以管弦乐为主的追求规模巨制、宏大音效的交响乐并不相同。

中国传统的东西（包括乐理、乐器法、构曲原则等），近现代以来被西学覆盖，自身的体系没有实质性的继承，就算是有关研究也是依托类比于西方意识来解读的，它们真实的样态，主要是在中国古代及近现代音乐史中有一些典籍资料和表述。中国古代的"腔""调","腔"指声腔,如西皮、二黄,"调"是曲调、调门儿,如四宫调。腔词之间在曲牌(如滚绣球)和板眼织体(如倒板)里进行具体塑造,形成体系化、个性化的声音风格,同一行当的角儿们的润腔手法也不一样(比如欢音、苦音、彩腔在发音、吐字等方面的拿捏,声线状态比如谭派、梅派)等,这种表演及其审美特征与西方声乐的声音形式是完全不一样的。

武文华向我推荐了乔建中的《中国经典民歌鉴赏指南》、杨荫浏的《中国古代音乐史稿》、杜亚雄的《中国基本乐理》、李重光《音乐理论基础》中的中国部分。戏曲实践方面,她推荐了梅兰芳的《舞台生活四十年》和许姬传的《许姬传艺坛漫录》(估计是《许姬传七十年见闻录》的增补本,未见过,待考)。武文华还特别推荐了于会泳的《腔词关系研究》,中央音乐学院出版社2008年版。中国音乐和戏曲自成体系,不能以西"格"中。我又找到了于会泳的《曲艺音乐概论》,中央音乐学院出版社2012年版。周秦教授对我评价《曲艺音乐概论》时说:"谈民歌的,20世纪60年代的水平,比较粗浅。他的见解没有接续中国戏曲尤其是昆曲的传统学问,基本上是自我为师,不中不西。"我倒觉得,撇开其他因素不谈,于会泳是一个才子,他个人的见解还是值得重视的。

2月21日/星期二

上海大学有一位硕士生投稿给我们《中国美学研究》,初审通过以后，又先后请了两位专家评审，第一次修改稿发过来了，昨天三达老师提出了不少具体的意见，指出该论文的问题，我觉得三达老师的意见非常中肯。不过三达老师基本上否定了这篇稿子。我准备让她继续修改。这种指导她修改论文本身，就是培养她，她会进步很大，估计至少要修改到第五稿才有可能发表。她如果有耐心、有决心认真修改，坚持改到满意为止，我们就发表，如果她中途放弃，也就作罢了。做学问，磨炼意志很重要，谁的成长都是需要辛苦付出的。

夏燕靖、宋伟、谢纳三教授来上海交通大学履职，上海交大王宁院长等人文学院领导在白金汉爵大酒店举办晚宴，邀请我参加。

2月22日/星期三

上午去中北校区，作海内外招聘的评审。开始之前大家聊天，有人说到老龄化时期来临，生育率大大降低，今后不排斥会从南亚、东南亚、西亚、非洲、东欧引入劳动力。

评审会上有很好的应聘者被否定了，没有办法，程序合法。

跟音乐学院岳冰老师聊于会泳。她谈到在《腔词关系研究》能够出版之前，她的老师陈应时教授个人出资作为内部资料印了一本。于会泳比陈应时教授大7岁，是陈应时的老师。这本书是于会泳作为一个作曲家创作中国传统戏曲唱腔的一些心得，重点是谈创作体会。

于会泳在京剧音乐方面的继承创新是有贡献的。我一直认为，现代京剧在唱腔、节奏、配器等方面的现代化探索是非常有意义、有价值的。过去老一辈对现代京剧恨之入骨，全盘否定，也不合适。

在网上买到于会泳的《曲艺音乐概论》，其中分析的民间曲艺作品如《小姑贤》《梁祝下山》《杜十娘》《五哥放羊》《尼姑下山》《小尼姑思凡》等。这些与于会泳后来奉命创作的样板戏是截然不同的。

跟石春轩子讨论中国民歌和欧洲民歌的区别，她觉得它们在句式结构上，在节奏节拍上，以及调性、调式上，差异都是很大的。其中呈现出来的，在听觉上让我们感觉色彩不一样。石春轩子特地提醒"先学习识谱"，这是应该的，如果连最基础的知识都不懂，何谈研究。

给初娇娇留言，提出要给"时空"问题在中国古代思想体系中界定一个位置，它属于什么性质，处于一个什么位置。这当然首先要知道思想体系的内容。

2月23日/星期四

在学生群提醒在读硕博研究生同学，有时候论文没能刊用，跟写得差还是好没有直接关系。退稿中有相当一部分是写得挺不错的，但是，如果跟刊物定位不一致，或者被专家评审否定了，就退稿。这是编辑部的通常操作规则。

本学期让我的一年级硕士生听博士生的现象学美学课，精读梅洛-庞蒂的美学文本。专门找这位硕士生没有课的时间开课，她居然轻飘飘的一句话，星期一要实习，就打发了。我是从学生时代过来的，是从非常困难的时候过来的，看不懂学生不以学业为中心的心态。

西藏民族大学文学院文艺学毕业研究生石方祯同学，考博让我写过推荐信。她说她报考武汉大学没有进候选名单，很沮丧。我告诉她，正常。因为博导们都非常重视所发表的论文的水平。她说："那我这种情况报考其他学校也是一样的结果了。"我说："也不一定。如果有的学校报考的人很少，生源差也是可以的。"问题是，有的学校可能他们还不一定愿意报考。我看她报的都是 985 高校，有一个 211 高校。她说要再努力，我提醒她，关键的努力是提高论文写作水平。写论文不仅仅是论文本身的价值。读书的效果、选题的能力、问题意识、论证能力、语言表达能力，各种研究能力在论文中都得到最充分的体现。

努力写出好论文，发表在正规的学报上，即使不是 C 刊，不是核心刊物，也要是正规学术刊物，不要发在垃圾刊物上。努力一年下来，就可以明显提高，至少两年下来，发了一些有质量的论文，申请博士就可以录取了。考博士就是看考生的学术实力和研究能力。

2月24日/星期五

作了一整天学校高评委评职称。哲学系外籍教师德安博也通过了，他非常厉害，有机会拜访他。

晚上回来，想到白天答辩人的专业问题，启发我想到几个问题：

伊斯兰教、基督教都曾经"政教合一"，中国为什么没有？中国的君权神授与其他国家政教合一的差异。儒家伦理有没有现代价值？中国的道教与儒教的差异在中国文化中的价值与意义。儒家为什么反对堕胎？

2月25日/星期六

做事要有规划，有规划和没有规划不一样。没有规划就像雨水落在地上，有规划就像把水集成一盆，可以派上用场。

东南大学外语学院吴艾玲教授夫妇为女儿的发展规划问题，请我和陈昌来教授出出主意。她女儿曾依贝在上海师范大学美术学院设计学院攻读硕士学位，可怜天下父母心。

想起年轻的时候，钱锺书《管锥编》4册刚出版，买了一套。中间还遇到了乌龙，请当时在北大读的邵斌买一套寄过来，结果邮路遗失，邮局只肯赔挂号费。后来只好自己又买了一套。不习惯于钱氏笔记式的行文方式，试图花功夫以理论著作的方式把它整理成一套理论著作，被一位老前辈劝阻了。他说："花功夫多读西方理论名著和古代典籍。"

2月26日/星期日

法籍华裔学者李晓红教授，凌晨给我发了一条新闻，是法籍华人画家叶星千将在上海举行个展的信息。李晓红教授肯定了叶星千试图综合东方水墨和西方油画的努力，但是批评叶更多地模仿莫奈、赵无极、林风眠、吴冠中、朱德群、潘公凯等人的作品，还没有形成自己个人的风格。她赞赏赵无极画中所具有的西方造型的大气，同时兼有中国画的情调和意境；批评叶星千的作品小家子气，跟在别人后面走。我对李晓红教授说叶星千探索的方向很有价值，在如何实现中西绘画的会通方面有启发，当然目前看起来可能还不够成熟，需要升华，要形成自己独到的风格。模仿是创造的基础，叶星千可能现在还没有到那一步。

咨询朱杰军对叶星千作品的看法，杰军说："看不清，感觉画得不错，但类似这种东西方结合的抽象画，赵无极、朱德群已走到了极致，后人很难有大的突破。另外抽象绘画在上世纪60年代已达到辉煌，在美术史上也就是一种流派的存在，抽象画和架上绘画，早已是过去式！如同现代中国人写毛笔字，写古诗词一样，只能当一种兴趣爱好，不会有大突破，即使有点突破，在文化史和美术史上也没有什么意义！"可以参考。

2月27日/星期一

落实给匈牙利教授寄两本英文版书，最后让许徐去寄。

武汉大学王怀义老师今年招收的博士新生（本科复旦，硕士武大），发表了7篇一般期刊学术论文，2篇C刊论文。跟夏兴才是一届的，我希望夏兴才跟这位同学竞赛，不要差得太远。现在是马拉松，这位同学年龄比他小，夏兴才后面要跑得快一点。

王怀义告诉我，他现在给研究生讲的那些治学方法的话，都是我以前给他们讲的。问题是我说的这些，为什么不少研究生就听不进去呢？

晚上给硕士研究生上"中国文艺理论专题"课，刘阳的研究生张力恒同学问："我是研究西方文论的，我想知道，学习中国古代的意象理论对我研究西方文论有什么用？"我回答："西方文论，如果只是按照西方的学术方法去研究，作为中国的学者很难有突破和超越，如果学习和借鉴了中国古代文艺理论研究的视角和方法，应该会有自己的特色和独特价值。"

2月28日/星期二

安迪和他妈妈开车出去，到广东玩，一路过去，边走边玩。

刘康教授的博士生张俊丽给我看她论文的结语，要投C刊。我告诉她这个结语，编辑读了会退稿。不管是摘要，还是结语，主要不是说自己是怎么做的，不是说"通过对……"，而应该讲观点、论据，重点要说内容。

收到余开亮教授赠书《郭象〈庄子注〉与魏晋美学思潮》，

选题很好，很喜欢。

《中国社会科学报》范利伟告知，我的书法作品杜牧的《山行》，已经刊登在该报的 2 月 24 日第 7 版，让我告知地址和银行卡号，以便寄样报、发稿费。我的字写歪了，很惭愧。

看到安徽省文联副主席、省作协主席许春樵的小视频。春樵跟我是安徽师大本科 79 级的同学，又是天长同乡，勤奋写小说，终成名家。而当年高中一起复习考大学的郑训佐，在山东大学几十年如一日致力于书法实践，成为山东省书协副主席。专心致志做好一件事，事业、职业、兴趣爱好三者能够统一，就容易成功。

学生群里已工作的老师不少是研究生导师，我和他们交流了一下体会，我觉得对有志于考博的同学来说，硕士三年，每天都是倒计时。现在有志于考博的同学越来越多了，竞争激烈。

想起张世英教授晚年几次感叹，北京大学这么好的条件，为什么出不了文科的学术流派呢？听上去跟"钱学森之问"差不多。

March
・
三月

3月1日/星期三

与夏兴才讨论核对引文的事,提醒他权威版本的重要性。

上午人文经典导读课,导读之外,决定后面上课改时间,因为星期三上午侯若竺有课。根据大家的建议,下一章我们先由同学自己读书预习,上课的时候讨论。另外根据大家的要求,我点评一些论文,告诉大家论文写作的规则和需要注意的问题。

10点参加中文系学术委员会扩大会议,讨论职称黄皮书的修订。

上海纽约大学童世骏校长微信留言要我的地址,准备给我寄他一本书的增订本。他特别强调是"一本不厚的书"。我回复他：书不在厚，李泽厚先生以前对我说，汤用彤《魏晋玄学论稿》七八万字，比许多好几十万字的相关著作质量高得多。作为校长，他的事情太多，时间特别紧张。2019年下半年，上海译文出版社委托我约他翻译哈贝马斯的一本文集（好像是哈贝马斯为文集各卷写的前言的汇总），他在繁忙的工作之余，把它翻译出来了，现在已经发排过了，真不容易！

下午1:30学校在学生之家C区报告厅开全校教师干部大会，我原以为是系里的会议，问了曹珊珊，才知道是学校的会议，1:22匆匆赶过去，看到徐燕婷等几位，又看到梅兵、施国跃近在前面，不再着急了。会议由梅兵书记主持，钱旭红校长做报告，总结上一年度工作，介绍新一年度工作计划。三位新上任的学校领导孟钟捷副书记、施国跃副校长和程静副校长做发言，总共一个小时多一点。

收到潘知常教授的"生命美学系列丛书"一套6本。潘知常教授留言："我们曾经一起走过青春岁月！这个'系列'是用来怀旧的。"20世纪80年代港台版的学术著作很难见到，我每次去北京都要留一天的时间去国家图书馆读港台版的学术著作，其中有两次在那里见到知常教授也在。

收到陈艳萍寄来的两册英文著作 *Chinese Jews：The Tribe That Israel Never Lost*（《中国犹太人：以色列从未失去的部落》），据说是她的一个朋友的儿子写的，作者才20岁。另一册计划送给同事褚潇白教授，她正在哈佛燕京访问，半年后回来。

3月2日/星期四

一位研究《红楼梦》的学者跟我语音聊天，说她女儿35岁，今年终于领证结婚了，女婿33岁，两人是同事。我问她，前两年那么焦虑，怎么现在这么顺利？她说，他们夫妇这两年主要是帮助女儿改变认知，树立正确的婚恋观，用包容的态度看待别人。以前她女儿买水果都特别挑剔，总是看不上，观念出了问题。自我中心主义，自己的一切缺点必须被接受，别人的任何瑕疵都不能容忍。她说他们过去对女儿的教育是失败的，矫正了以后，婚恋问题得以顺利解决。

教育部中外语言合作中心，拨第一批款35000元，用于录制《学术方法》视频。

王卓斐发来新出的英文版气氛美学特刊，说是引用了《中国艺术哲学》德文版，我看了一下，在她的论文后面把该书列进了参考文献。

朱立元教授留言让我告诉他胡晓明、谭帆、朱良志、南帆、鲁枢元的手机号，他要给他们寄赠《美学与艺术评论》。他还说："我们刊物每期寄给你，你的刊物也应该寄我家里。"他是我们《中国美学研究》的顾问，我提醒于冰晓记得以后每期寄给他。

晚上给本科一年级上"人类思维与学科史论"公共选修课，以前的助教是陈娟，这学期助教是江婷。临场发挥较多，讲了一半的PPT，时间到了，最后还拖堂了。江婷说，跟硕博士研究生的课讲得不一样。应该不一样，本科一年级，还是要讲得具体一点。硕博士研究生的课，应该主要是干货，趣味性、生动性是次要的。像听小品、二人转那样听博士研究生的课，应该不合适，研究生主要是学方法，可以举一反三。

陈晓媛后现代主义建筑的书要出版，说是黑龙江省社科联资助的，要打上统一标识，结果社科联只给1万元资助，他们自己每人出3万3千元，给了哈尔滨当地的某出版社出。编辑还说，由于版式统一，我给这本书写的"序"不能用。这位编辑做事外行可笑。

文徵明有一个题跋，叫《跋赵子固四香图卷》，《中国画论类编》摘抄并取名叫《论画花卉》，我让夏兴才和赵以保去核对，找到半夜也找不到。后来夏兴才终于在《文徵明集》里找到了。我提醒我的研究生，不能用类编这种资料性的书作为做注释的依据。这是学生学习用书，不规范。

3月3日/星期五

看到武汉大学文学院招聘启事，需要文艺学老师，可惜现在在读的同学没有合适的可以过去。现在的机会确实比我们年轻的时候多，只要肯努力，就有机会。跟我年轻的时候比，现在是机会很多，大家缺乏奋斗的动力；我们年轻的时候，努力奋斗，可是没有机会。

收到彭修银教授寄赠的《中国画美学探骊》《日本近现代绘画史》《中国现代文艺学概念的"日本因素"》三书。38年前,彭修银教授是我们在中国社科院文学研究所由蔡仪教授主持的美学讲习班的班长,我们曾经一起度过青春岁月。

下午去学校协助陈娟他们接收《中国美学研究》第20辑样书。

张硕说下星期二过来参加在读研究生的聚餐,他想约我做一次访谈。

一位朋友来电,正高职称没有评上,非常沮丧,认为自己科研分数非常高,不公平,所长对自己印象不好,想在省社科院内部调动。我安慰她要有耐心,不要泄气,职称总能解决。所长也会有各种烦心的事,有更多的矛盾需要处理,她也不会希望有更多的对立面。我让她不要激化矛盾,一定要缓和矛盾,缓和矛盾符合她们俩共同的利益,缓和矛盾才有助于自己职称的晋升。我劝她跟所长沟通,化解矛盾,在哪个单位,都是需要处理问题的智慧的。既然自己有实力,消解了不利因素,改变了局面,就会成功。不要以为换一个单位就万事大吉了,不一定更好,而且如果遇到反对还不一定能成,也不一定有助于职称解决。一定不要轻易调动,调动不是平复心情的好办法,新单位也会有新问题,要有心理准备。关键是解决问题的效果,否则会成为笑话,折腾自己,自取其辱,只会损害自己的利益,伤害到自己,跟自己过不去。做事不能冲动,不能任性,要容忍,要有勇有谋,头脑简单会吃亏。谁都会遇到不顺心的事,必须理性对待,要按规则处理事情。不要纠结于别人的好与不好,不忘要评上职称的初心。

3月4日/星期六

看到国家艺术基金一般项目2023年资助项目名单公示，给相关领导留言，我提出：国家艺术基金虽然不是科研项目，但是名单上的大部分项目，北大、清华、北师大、中央音乐学院、中央美术学院、中国传媒大学等多所名牌高校每年都有。虽然它们不是从科研渠道获得的，但是我觉得，我们学校有音乐、美术、设计、传播等专业，也需要鼓励大家争取，有利于艺术学科的教学实践、艺术创作与影响力。今年没有我们学校的，可能因为没有奖励，评职称不算，大家积极性不高，以前也有过一些。

与中央音乐学院前副院长（我们学校音乐学院荣誉院长）周海宏教授微信交流学术奖励制度的事情。他做过10年的科研处长和研究所所长，又做过14年央音分管科研的副院长。他说央音没有奖励制度，包括他的教育部百篇优秀博士论文。央音获得各种奖励和荣誉的人数太多，奖励不起。他说，他们评职称的时候，个人职业声望的印象很重要，许多小年轻早早地做教授了，都是一些大师级、天才级的。业务平庸的上不去。这样做的好处是：大家不为了别人做事，不做自己不擅长、不感兴趣的事——不卷，不浪费生命；坏处是，躺平的人也没有激励机制。但世界的文明进程从来都是由想干、能干的人推动，供不想干、不能干的人享受。所以重要的不是让不想干的人不得不干，而是让想干、能干的人舒心、畅快。其实想干的人，是为了"想干"而干——管理上，让他们舒心很重要;不想干的人,逼他干,也不出活,用他的话说,"那些文章还不够给人类添乱的"。所以,管理制度上,设计一个能够真正体现"岗位职业水平"的评价体系是关键。他认为,现在的评价体系,偏离了"岗位需要""职业需要",做的东西都是给外人(评委)看的,而不是给"岗位服务对象"看的。——做的越多(如发的文章,拿的项目越多),岗位贡献越小(如越不好好教学,越不钻研岗位工作所需的学问)。

周海宏的观点很辩证,确实有他的深刻性,但是在管理层面,操作起来可能比较困难。

徐燕婷问:"朱老师,请教您一个问题,我近期在修改一篇文章,主题是夏承焘日记与其中女词人群像的建构问题,主要是从日记中人物的交际出发,但是觉得特别单薄,一直修改不出来。您觉得一个群体群像的建构,还可以从哪些方面充实?"

我回答:"当时对词的评论文章,其他人的日记、书信等评价,其他回忆文章里的表述,作为参照行不行?"

徐燕婷又问:"对,这些可以丰富。如果从群像的角度,一般您觉得群像构建最必要的应该包含哪几个元素才能称之为'群像'?"

我回答:"几个主要的女词人即可。四五个都可以算群像,关键是不能遗漏最主要的。周围相关人物,如女词人的父母、兄弟姐妹、爷爷奶奶等亲戚,丈夫、老师、朋友,甚至蓝颜之类的。研究女词人,比如李清照,说八卦并不是无聊。要拓展阅读。"

中午询问魏群，宛小平近况如何。很惦念，她说小平来复查过，后面还会再来查。小平也给我留言。

与宛小平讨论重新出版《朱光潜全集》新版事宜，我建议小平，全集还是回到安徽教育出版社，他说十年前问过安徽教育出版社，因种种原因，未能合作。我说时过境迁，十年下来领导都不一样了，我和何客他们沟通试试。

给安徽教育出版社何客副总编留言，《朱光潜全集》第二版由中华书局版2013年开始出版，中间有分歧，未能出齐，十年版权期也满了。问他安徽教育出版社愿不愿意出新版，比1987年老版新增加了几卷。如果愿意，我可从中沟通。他答应考虑，后面来上海和我面谈。

晚上和陆扬通话，他说朱立元老师说，陈勇收集了一批蒋孔阳先生的佚文，编成《蒋孔阳全集》补遗卷，下半年会举办纪念蒋孔阳先生百年诞辰学术讨论会。

李晓红教授再次问我对叶星千画的看法。我还没有去看画展，只是从网上看到一点。我觉得，我们欣赏艺术，首先要回归常识，然后才能有更高的境界要求。首先，模仿前人的作品是非常必要的，但最终一定要形成自己的独特风格，呈现自己的独创性。这方面，叶星千还有待进一步努力。其次，中西方结合的抽象画，赵无极、朱德群他们已经在他们的时代发展到一个高峰，叶星千现在需要与时俱进。第三，艺术品是艺术家与观众交流的媒介，最终要进入互动才能产生效果，需要重视观众的感受效果。

3月5日/星期日

早上看到李晓红夜里关于艺术问题的留言，她强调理解力，强调升华是需要积淀的。确实，我也认为艺术家的成长需要通过积淀、升华，发生质的飞跃。所以伟大的艺术家不容易，没有人可以随便成功。

留言提醒曾依贝，三年硕士研究生，对考博生来说，时间很紧张，每天都是倒计时。关键是专业学术论文写作训练，要从现在开始行动。

王永梅从河北到扬州培训，约同届研究生董友、曹传安两人一起来看我。他们是我17年前在苏州大学指导的硕士研究生，14年前毕业，一直没有见过，很开心。他们这一届还有王怀义和丁飞也是我指导的。

陈彤留言，他女儿陈澈在武汉大学学工商管理，不再坚持要求转法学了。

看到小视频《12岁男孩在家跷腿悠闲作画，脑洞大开作品惊艳》，与朱杰军交流，我说："艺术天才从小一定要有人好好培养，否则太可惜了。"朱杰军说："就怕仲永伤不起。"

看到全国政协委员陈霞的提案：《推广逻辑教育，在日常生活中学会推理和说理》，深有同感。

与童世骏校长交流人文学术的国际传播和影响问题，他的意见是，必须先把学术本身做好，否则适得其反。

在夏兴才的协助下，把《中国艺术哲学》注释和参考文献整理好。

请庞晓菲推荐米芾、蔡京和蔡襄的字帖。她推荐米芾《苕溪诗帖》《蜀素帖》，蔡京《宫使帖》《跋赵佶雪江归棹图卷》，蔡襄《蒙惠帖》《暑热帖》《安道帖》。

董超要报考夏燕靖教授的博士生，请我写推荐信，我乐于写推荐信。他很优秀，我这里今年考生拥挤，未能录取。

3月6日/星期一

为董超打印推荐信，到系里盖上章，快递给他。

陈晓媛告知冯毓云老师早晨去世，悲痛，计划星期四发唁函。

范耀华说我主编的《美学原理》每人有500元不到的稿费，要拉一个作者群，王怀义协助我拉了一个群。

为蔡宗齐教授申请荣誉教授，系学术委员会11人投票，全票通过。

记得周来祥教授曾经出过一本意大利文本的美学著作。咨询正在意大利米兰孔子学院做院长的李宏祥，中国的美学著作除了英文、德文、法文、俄文外，有没有必要出版意大利文本？他觉得美学毕竟小众，担心没有读者。

下午给博士生讲"现象学美学概述"，晚上给硕士生讲"论意象的'意'"。

敦促赵婧洁抓紧做论文。

收到王宏超寄来的新著《美学的发明：中国现代美学的学科制度与知识谱系》。

收到匈牙利 Zoltán 教授的回复，收到了我的两本英文版的书。

3月7日/星期二

中国社科院哲学所马寅卯老师，夜里发来微信请求好友添加，告诉我俄罗斯哲学界最重要的刊物《哲学问题》最新一期（2023年第3期）发表了我的《中国艺术哲学》俄文版的书评。他还告诉我布罗夫教授6月会来北京中国社会科学院哲学所开会，我计划去北京看他。

中午请在读硕博士生在研究生公寓秋林阁三楼学士厅吃饭，欧阳华也来了。

收到方国根发来的同意我与劳特里奇出版社签合同的同意函，给孙炼写了信。孙炼要我把全部的版权授给她，我没有同意，否则其他语种的版本没法出版。

杨老师发来微信，说吴睿睿周末请我和许红珍老师吃饭。

跟顾文艳通话，商量邀请科隆大学 Stefan Kramer 教授前来华东师范大学讲学事宜。

下午做《中国美学史》明代部分的修订补充。

某出版社编辑让我把三审的修改改到电子版上，把三审稿快递给我，我看到有的地方改得还行，有的地方没有错，编辑以自己的语言习惯改掉作者自己的语言风格，作者的表达并无不妥。有的直接就改错了，例如"姿式"，肯定不能改成"姿势"，这主要是不懂专业造成的，而且改过了句子还不通了。

不少地方改动比较随意，好像没有明白我在说什么。有的删除是因为不懂。编辑的专业性很重要。我最大限度地保留编辑的改动，但是明确改错了的，导致硬伤和内容不通的，我必须改正。怀念已故的王英志教授，他在做《苏州大学学报》期间，我的论文他改动很少。

3月8日/星期三

把《中国美学史》修订内容发给张法教授。

收到巴西美学会议回复，同意寄来邀请函。

给冯毓云教授治丧委员会发唁函。

收到谭玉龙寄来的新著《20世纪以来出土简帛文献美学思想研究》，书很好，但新华出版社极少出美学书，不知道销售会怎样。

殷晓蕾要出版《海外汉学家对中国古代画论的研究》一书，让我帮她提意见和联系出版社。这个主题很好，书名还需要推敲。她今年计划申报国家社科基金艺术学项目"20世纪古代山水画论文献的文化转译与接受研究"，主要研究《画云台山记》《画山水序》《笔法记》《林泉高致·山水训》《画语录》这五种文献的英译本，这个主题也挺好的。

告诉吕新雨，朱立元老师下半年要举办纪念蒋孔阳先生百年诞辰学术讨论会，她说她将参加。

3月9日/星期四

在我的学生群告诉大家,今年下半年复旦大学会办一个纪念蒋孔阳先生百年诞辰学术讨论会,群里想参加的可以参加。我自己也会结合我目前的研究内容写一篇相关的论文参会。

我还告诉同学,我做学生的时候,是跟着导师学习的。蒋孔阳先生的代表性著作是《德国古典美学》,我博士论文就做了康德;他的中国古代美学研究成果是《先秦音乐美学思想论稿》,我的中国古代美学研究也重视先秦、商周。蒋先生的《美学新论》是实践美学的代表性著作,我对实践美学也是挺熟悉的,也有著作。我硕士导师汪裕雄教授研究审美意象,我也在审美意象领域进行拓展。我跟着范伯群教授做现代通俗文学博士后研究,研究内容和范先生完全一致。这些并没有影响我的学术贡献。而我自己所做的开拓,一是运用中国古代思想资源进行理论建构(《沧浪诗话》研究也是尝试理论建构);二是重视审美意识研究,提倡美学思想与审美意识统一的研究。

给陈娟、江婷、张艺静、何琪琦、许徐留言,《中国艺术哲学》第三版三审结束,不少地方改出了问题。下个星期,我和他们每个人分别看三四十页的编辑的改动,推敲一下他们三审的改动。照理讲,做编辑的,可改可不改的,应该坚决不改,不能以编辑自己的语言风格修改作者的语言风格。现在这种情况,可改可不改的地方,我们也只能听他们的。

下午跟毕笑核对《中国艺术哲学》第一章的法文翻译,前面译文的内容我不明白意思,后面稍好,看来核对内容需要花大气力。

吴金月周六来上海，吴晶也从北京回来，我邀请他们父子和朱军文、范国睿一起在环球港"城南往事"聚餐，结果还是吴晶结账了，我很惭愧。

晚上给本科同学讲艺术思维的课。

收到徐晋如先生寄赠的《诗词入门》《大学诗词写作教程》两书。诗词写作，说清楚也是一门大学问。

3月10日/星期五

给李欣悦留言，告诉她上次给我看的论文，有了明显的进步，我很高兴。到硕士第四个学期，她终于明白什么事情是研究深化需要做的最重要的事。希望她从现在开始，要一直处于论文的写作和修改状态，后面时间不多了。所谓改论文，绝对不是改一些错字和病句，而是大改。现在我本人的论文，也常常修改五六遍，硕士生写一篇论文大改七八遍很正常。

最近一位博士生经常让我看论文，这是好事情，我也提出意见。但是我也有郁闷的地方。我第一遍看了提出的问题，例如紧扣主题问题，结构的合理性问题，论证的条理性问题，大小标题的推敲问题，等等，这些都是刊物评审论文最基本的要求。可是我看到第二稿、第三稿、第四稿的时候，这些基本问题都还存在着。我一直郁闷，她让我提意见，是想听什么意见呢？为什么这些基本问题一直不考虑改变呢？提醒她注意。

留言请张艺静在论文写作进度、提纲调整等方面跟我保持沟通，写出来的论文内容，有空也给我看看。

丁弋桐的硕士毕业论文还有一点问题，提醒她尽快给我看修改稿。

想起2010年我在美国伊利诺伊大学香槟分校的时候，遇到两位经济学教授，有一个华裔经济学教授当时说，根据经济学规律，中方经济即将崩溃；另一位白人经济学教授，他当时非常看好中国经济，他说他每年去中国一两次，说中国经济有活力，有前景。他说这跟教科书上的理论是不一样的情景，有自身的规律，他说他在通过中方的经济现象总结新的规律。

我向上海音乐学院武文华老师请教中国古代音乐和民歌的研究，看看能不能从美学上做一点研究。武文华给了很好的建议。她说，这类研究非常有价值和意义，但需要先圈定在更为具体的古代音乐体裁、民歌种类上来进行，因为这种论域是极其广博的。另外，本土传统的东西在西学所谓调式、调性、曲式等概念上，其实早已是自成体系的（这可以从李重光乐理中涉及的传统的、相关中国部分的内容先了解起来，比如具体音名和调名的称谓、调式特征及构成方式、转调原则等都自成章法。然后要结合到要具体研究和说明的体裁、作品上进行具体分析，比如徵商调、徵羽调都是以徵为主音的调式，但调式原则不一样——分别为商调式和羽调式，因此不能一概而论）。我们的传统调式一般是以五声音阶即宫、商、角、徵、羽为主来组织的，但我们也有七个音的音阶，也就是在原本五个正音基础上再加入两个偏音（偏音形式有四种之多，比如清角音、闰音、变宫音、变徵音，因此偏音的名称也各不同）。不同的中国民歌或者古代音乐体裁在具体的构曲法和风格方面也各有不同,所以需要研究者先对中国传统乐理知识做到"一网打尽",再着手进入课题。这种知识其实很有趣,普及性的知识在学习时入门也较容易,但深入研究时是需要更多琢磨的,先把这个瓶颈突破了,那么在大学科的学理阐述之下对部门学科继续深入分析的可能性,就很大了。

我认同她的意见,确实需要涉及某一个具体的方面。我是做理论建构的,习惯于把零散的知识系统化。

武老师认为,中国古代的所谓曲式原则本质上很有自己的民族性风格,比如缠令、缠达这类形式,就和西方的现代曲式原则有异曲同工之妙,在音乐织体上都有某种延展性和回旋性。因此,是需要先了解这方面内容的。而且中国古代音乐对当代人而言没有实存音响(也就是真正的历史录音而非今人构想的创作与演绎),比如古琴艺术的音响就需要先打谱(打谱主要是把历史上古人的书写符号转化为有一定节奏组织形态的、可以演奏的谱式)后传谱(到当今,人们也能够看到五线谱、简谱形式的琴谱,这对当下的习琴与交流就非常好理解与传播),在这个意义上说,名家的打谱弥足珍贵。因此音乐业界面对人们对古代乐曲的音响诠释是否真正到位和专业,是会有具体争议的,仁者见仁智者见智之中,音响诠释出的合理性高者为佳。很多古代音乐的遗留甚至连古琴的这种曲谱形制都没有,只剩文字记录,有些文字记录还非常玄妙,很难真正参透,比如敦煌乐谱就是乐界长久以来的"千古之谜",吸引很多人努力尝试去解析其音响效果(比如席臻贯的译配,在可听性上算较好的）。因此，对中国传统音乐的理解与分析，要看从什么角度来说了。如果是地方性的民歌等具有民间音乐性质的东西，和中国雅乐的方式就不一样了（比如对琴曲《梅花三弄》有一说法，就是它里面有古代清商乐的遗韵，但古代清商乐到底音响状态如何，我们其实不能全然而知），她认可云南纳西古乐中也许是有点儿我们古代雅乐遗音的这种观念。所以分析这个论域里的课题，实际情况是比较复杂的。

我觉得还是要尽量选择实的内容，不要太虚的。

她建议我选择与自己家乡有关的音乐体裁，因为这样一个涉及当地风土人情、语音及审美习俗的研究内容，是优越于他人视角的局内人视角，很有学术上的说服力。传统的民族乐理对受众虽是有普适性的，但也只是一个大致的以汉民族为主流意识的乐理解读，而真正能够涉及地方性的东西，有真知灼见的话，还属当地人明白得更地道和专业。研究的东西如果不是自己熟悉的乡土音响范围内的，可能会有很多要补的知识点和相关内容的学习前提。

我对她说，我的家乡只有我的同乡作曲家何仿改编《茉莉花》，整理后1957年定稿，很快在世界流传。

武文华老师的意见非常值得参考，等我思考、积累之后，有问题再请教她。

3月11日/星期六

王怀义说，徐放鸣老师生病住重症监护室，我很关切，期待他早日康复，请王怀义等人代为问候，看看我能做什么。

美术学院崔树强他们办研究生论坛，留言鼓励在读硕博士生参与，建议夏兴才也考虑申请参加。

接曹姗姗通知，3月25日徐中玉先生骨灰在福寿园安葬。因为3月25日我另有安排，不能参加。给徐先生女儿徐平老师打电话问候和说明，问明她住的地址。

看到一个有关马斯克的小视频，马斯克说他不关心对手做什么，只要自己做到最好就可以了。我赞同。

收到谢金良教授新著《〈周易〉与审美文化论稿》。

吴金月来上海，他儿子吴晶也从北京回来，我请朱军文、范国睿、郅庭瑾一起吃饭，结果还是吴晶抢着付了账。

3月12日/星期日

截屏蔡京的字给崔树强看。他没有看出来是谁写的，说："用笔很好的，有少数字结构不稳。"这说明，书法名家的字，也不是十全十美的。

武文华留言，说到《茉莉花》有多个版本，例如1924年去世的普契尼在《图兰朵》里就有《茉莉花》的唱段。我发现，那个唱段不同于何仿整理的《茉莉花》。"好一朵茉莉花"和"好一朵美丽的茉莉花"是有区别的。

武文华提出，民歌不能作为个人的作品，不能过分夸大整理者的作用。她说："如果作为一个文化符号或者文化标签，茉莉花也不应当属于个人的能量，它本来就是民间歌曲。这就像王洛宾对于西部民歌的流传有极大贡献,但他并不是这些歌曲的作曲者,而只能算为编曲者(他在编配过程中的改动以便于更多人接受,这当然是其功劳),民歌的歌曲母体不是从个人角度来定性的,只能看作为世代口耳相传的民族的集体智慧的结晶。"我觉得有一定的道理,同时建议她做研究不要过度依赖工具书的词条。

朱生坚在朋友圈里说,他发现苏立文《中国艺术史》一书,居然把清代《凤凰花树饰漆屏风》的图版印倒了,我留言给李莹,请她转告责编,下次重印的时候改正过来。

晚上吴睿睿请客,杨老师、许老师、魏老师和我参加。

3月13日/星期一

下午和晚上上课。山西大同大学文学院凌建英老师来听课,西藏民大文学院文艺学研究生也来听课。

我一直有一个困惑,绘画的欣赏有瞬间性的特征,瞬间直觉可以作审美判断,但是音乐是一个时间绵延的过程,瞬间只能听到一个音符。那么音乐欣赏与绘画欣赏瞬间性相对应的特点是什么呢?

看到《中国艺术哲学》三版出版社三审稿,误改的地方很多。如"万有物趣"这是固定的专业术语,编辑竟然把它改成"万物有趣",无语。我告诉我的博士生,作为编辑,作者可改可不改的句子,一定不改;尤其不能把作者的语言风格改成编辑自己的风格;涉及非本专业的内容和吃不准的地方,务必多查资料，多与作者沟通。

看到王木青的国家社科基金后期资助项目《中国现代通俗文学批评史论》一书出版。王木青是王明居教授的女儿，以前是汤哲声的博士毕业的，论文跟我当年的选题接近。她从理论和批评的角度研究现代通俗文学。

给左媛发大学生创新创业训练计划项目选题"中国古代意象思想的当代价值"。

3月14日/星期二

记得李泽厚刚去世的时候，陈来写回忆文章，其中说李泽厚有一次在电话那头对他说："中国哲学你第一。"结果招致一些同行的嘲笑。我相信李泽厚说过这样的话，也觉得陈来是国内健在的学者中中国哲学做得最好的几个之一（俗话说"文无第一"），李泽厚这样对他说也没有什么不可以。但是他把这种场面上的应酬话拿到台面上说，显然不合适。在中国文化的环境里，别人可以转述，他自己不可以直接这样自我表扬。这也说明，陈来在中国文化的修养方面，还有进一步提升的空间。

收到上海纽约大学童世骏校长寄给我的《中西对话中的现代性问题》（增订本）一书，选题很好。我们研究意象的现代价值，也需要从中西对话的语境中思考意象问题。童世骏说："敬请指正。"我说书后面缺一个参考文献。他说还缺主题索引和人名索引。

把此书讯息告诉刘康教授，他近些年研究西方理论中的中国问题。童世骏教授说，他跟刘康教授蛮熟的。刘康教授说，他跟童世骏教授是 2009 年在法兰克福开会时认识的。

想起刘康教授说，国内有学者读了杰姆逊的中文版的书，引用其中的内容写信给杰姆逊和他讨论相关问题。杰姆逊回答："那不是我说的，那是王逢振说的。"王逢振是杰姆逊多本著作中文版的译者。

3月15日/星期三

思考意象的价值问题，感官快适、趣味和创造欲的满足这三个方面是意象的价值。

下星期三上午，汤拥华老师邀请我们去苹果教育集团的中小学参观，看看项目有没有合作的可能。何琪琦、于冰晓愿意参加。

提醒在读硕博士生，大家一定要把精力放在论文本身的写作和修改上，一定不要到处乱投粗糙的论文，反而会造成不好的影响，影响编辑的印象，给以后的投稿带来负面影响。论文进入程序如果被否了，即使是我的论文，也只能重新投稿，虽然这种情况极少，也曾经发生过。之所以极少，就是因为我对论文极端认真的态度。

去年 12 月 9 日，参加校长奖学金最后一轮投票，今天看到学校公众号对他们的宣传。2022 年的校长奖学金的本科生中，我最看重的是这位公费师范生刘一娇同学，她有科研的天分，科研能力特别强，相关成果发表研究型论文 17 篇，其中一作SCI 6篇，包括在SCI二区等刊物发表的一作论文，因为是公费师范生，只能去中学任教，对她的科研才华来说，可惜了。希望她以后能有契机成为优秀的科学家，人才难得。

给匈牙利Zoltán教授回信。

> Dear Zoltán
> Thank you for the update about the books' arrival. I really appreciate it that you like the books. Sincerely looking forward to your criticism and discussion of the books and to meeting you in person.
> Warm regards,
> Zhu Zhirong

看到网上有一个标注"阿敏谈艺录"的视频，尖锐地批评傅抱石。这是一家之言，学术民主，批评当然可以，但是这位女士评价过于苛刻，一本正经地胡说八道。

3月16日/星期四

与毕笑核对法文翻译的意思。有不少错误，我看不明白意思，必须逐句核对。

去商务印书馆上海分馆午餐，吴攸请客。商务印书馆编辑送我一本邓安庆主编的《西方道德哲学通史》导论卷，并送我两本2023年笔记本，里面有不少新译的艺术学著作，计划买一批。

下午《判断力批判》精读，我本人导读导言第六、第七部分。

晚上前期导师活动，讨论亨廷顿《文明的冲突》第十章、第十一章，点评邢赫朗、徐苏婷的论文，给他们提出修改意见。

订购下旬去成都的往返机票。

3月17日/星期五

到第五人民医院开药，下雨，叫出租车不顺利，路上堵车，挂号后又排队等了一会。我进去开药的时候，眼睛看着手机。医生问："老朱，你要开什么药？"我以为她认识我，抬头一看，不认识。各人的交流方式、交流风格不一样。

给李欣悦的论文提修改意见。

和陈娟核对《中国艺术哲学》出版社三审改动部分的1/4，不少地方编辑因不懂误改，闻一多的引文也要改动，编辑大概觉得闻一多的语言没有她的通顺。

跟童世骏校长交流某校校长与教授的冲突。他认为学校如果只有利害之争没有是非之争，是大学教育的失败。我觉得不少学校人才外流，利益平衡出了问题是重要原因，所谓公平问题，既是是非问题，也是利益问题。如果一个大学的校领导把资源都给了亲信和关系人，让优秀的人才做圣人，为学校无私奉献，不计较利益得失，很难做到。对于优秀的人才来说，公平原则是调动积极性、激发创造力的基础。

安迪和他妈妈下午从广东一路开车回到家里了。

准备写朱利安的论文，与法国学者李晓红教授沟通。

李晓红说她和朱利安先生接触过几次，在做留学生的时候，甚至还在一个法国文化性的旅游学会举办的场合一起做过报告，她说她当时真是无知，不知天高地厚。后来也听过他几次报告，所以，对朱利安的思想，以及朱利安在西方学界的地位略知一二。实际上，朱利安是法国学术界体系里对中国文化理解得很深的一位学者。因为法国人特别希望接触多元化的文化，他们也非常注重东方的思想和意识。但是他们中能够懂汉语的很少，读懂的更少，所以他们只是采取一种欣赏或观赏的态度。法国的文化部门、法兰西公学院（Collège de France）、法兰西学会（Institut de France）、法国国家图书馆，甚至包括很多以名人研究命名的学会都会经常举办各种与东方文化或哲学有关的主题讨论讲座，这种讲座常年地举办，已经成了文化圈的时髦，人们常常相约赶着场子去听。朱利安即为屡做讲座的"明星教授"之一（近年来讲座次数已大大减少），"坊间"对他的认可程度据说甚至超过他的老师汪德迈（不是官方评价）。他接触东方文化，特别是中国文化这么多，或许因为他本人是一个越南和法国的混血儿，或许是受他的家庭或是他所在的社会活动圈里的影响较多，所以应该这样解释他对东方文化有一定深层次的了解，也许这是他思想的根基。就如同汪德迈先生在越南的西贡和河内工作和生活过多年，且有一个越南裔的夫人（包括与夫人的母亲在同一个家里生活过），又去日本求学多年，受到东方文化的直接影响。再如汪德迈先生的老师戴密微先生，他从年轻时就赴越南，任远东学院驻越南西贡时的寄宿生，天天在具有烟火气的越南乡村的水田旁与当地居民"同呼吸""共患难"地一起生活过。您可以想象法国汉学圈的先驱、老师对东方都是一种什么样的崇敬心态！有朋友说，朱利安到中国，主要是为了宣传他的思想，他到过中国好几次，据说他不大与人多接触，学术上较固执己见，但是，他的学术研究水平很高，他是从"他者"观点解读中国文化。

李晓红说，汪德迈认为，朱利安研究中国学说或者中国思想是以古希腊、罗马学说和《圣经》为对比进行研究的，用古希腊罗马学说和《圣经》来解读中国古代的思想和语言。他的书中更多的是阐释古希腊的语言和柏拉图等方面的思想，他用这些思想去对比研究中国文化，解构中国文化。如果说他的思想中有中国元素，主要是对《易经》的理解，比如对"元亨利贞"的解读等，用西方学界的研究方法来为《易经》做注疏。当然，他的西方天性和阅历，促使他从希伯来、从希腊文化方面进入，这是他的强项，也是他的优势。他知识面广博，解读得很清楚。他是从一个旁观者的角度来谈中国思想的。而汪德迈则是跟中国学者一样从古文字、典籍、传统文学角度入门深究，他的中国学问水平相当深，很有中国古代文人的造诣和修养。应该强调的是他老人家在日本学习期间，曾受过水平极高的日本汉学家的教导和影响。汪德迈也谈"他者"影响，但两人的角度不是太一样。

汪德迈强调对应关系的研究，也就是说他站在中国人研究的角度，但他有自己鲜明的某些不同的观点。这些不同的观点，汪德迈认为，来自他年轻时在法国求学时所受的多门专业教育影响（用现在一个时髦的词——跨学科影响）。包括他曾获西方哲学博士（之一）学位的影响，更重要的是他在巴黎大学学的法律学（又称法学）的影响。

朱利安从《圣经》的创世纪来解读中文句子，用古希腊神话观点来解读、追踪中国、希伯来、希腊三种思维。他的研究领域主要是哲学。他认为，西方思想与中国思想是有间距的，中西方互为外方，从语言到地域都是。而在他的研究中，对方必须移位，必须要反问自己。对"哲学"一词，朱利安知道中国思想是最古老的思想之一，也知道中国思想在 19—20 世纪受外来影响，主要是欧洲影响。他认为，中国思想自称在近代融合了欧洲思想，即使欧洲思想已经在近代被掩盖或变异。他认为，如果要编一本中国思想史，则只能是一种类似西方特有的"戏剧化"形式的模样，将其放置于舞台上的效果。对"哲学"一词，虽然中西方均谈哲学（中国是到了 20 世纪初顺应西方学派，借用了"哲学"一词解释中国古代的"哲学"），但二者有很大差别。所以朱利安认为，我们是否要把中国思想认作是哲学。而汪德迈则认为，中国没有哲学，如果说有，那是放入文学范畴里的，是延伸出来的词。所以，朱利安认为自己总是在中国思想之外的。朱利安——他者；中国——他方。他认为，我们应该进入中国思想，为的是走出这个"威胁我们的意识形态"，倒是他为了让欧洲反省，理性反省。而进入中国思想，就不可能不经由中文，通过中国文言文进入中国思想。

实际上，朱利安是从一个"他者"的观点来解读中国文化的。

收到王木青赠书《中国现代通俗文学批评史论》，国家社科基金后期资助项目。

告诉夏兴才，书评偶尔写一点，不可写得太多。

管雪莲教授咨询来做访问学者的事，我查了一下网站信息，发现 2022 年目录里没有我的名字，问了张潇萌，她说接受国内访问学者，每年都需要自己报一下的，我这两年收到邮件忘了报。好像不报也可以接受，但是需要学者跟我本人联系，我表示同意。记得贺方刚就是这样的。今年我才发现我又没有报，我请张潇萌跟那边说一下，看看今年公布以前能不能补进去。

3月18日/星期六

凌晨看到叶松荣《西方音乐研究的中国视野之诠释空间》一文，转给吴睿睿看。我认为研究西方音乐，如果只是学习西方人的研究方法，肯定很难超过人家，需要从中国视角，通过中西参证，并且继承中国传统的研究方法进行研究，这样成果才会有自己的独特价值。

看到英国拍摄的屠呦呦短片，屠呦呦就是从中国古代医学思想资源里寻找灵感，服务于当代的医疗事业。我们研究中国古代的美学思想资源，也是想从中获得灵感，为当代的美学理论建构服务。

给李欣悦留言，鼓励她："能认真训练写作，我很高兴，研一的时间挥霍了，很可惜，现在务必抓紧。""题目一定要集中，要聚焦一个（且只能有一个）明确的问题。摘要、开头第一段，每个部分第一个自然段小引，结语，都需要认真对待。要注意三四个小部分之间的逻辑关系。每个自然段要概括一下意思，排列、推敲一下。"

早上看到教育部人事司的短信，要求评审人才材料，打开邮箱，进入系统浏览了一遍，有20份，计划明天评审。

与家人一起去特斯拉店付买车款，然后到健身房锻炼。

有朋友说他的博士生被人家打着刊发论文、主编教材的名义骗钱，我说没有听说我的博士生被骗钱，多年以前只知道有一位硕士同学被骗过一次。他说，说明你和你的硕博士生关系不够铁，他们被骗了不好意思告诉你。他说各种奇葩被骗的情况每天在发生，大家都不上当，他们骗子喝西北风啊？他们骗子以发论文、做主编为幌子骗钱，现在都过得挺滋润的。

下午坐在二楼阳台的桌子前，写了五分钟的字，实在没有时间和心情练字。请教崔树强，他说要注意字的结体和章法，要用有格子的纸练习。庞晓菲说每天要练一个小时，五分钟时间实在太短了。没有办法，每天练一个小时，实在做不到。

收到邹其昌教授赠书《工匠文化论》。

3月19日/星期日

浏览殷晓蕾《20世纪海外汉学家对中国古代画论的研究——以英语文化圈为中心》书稿，花了许多功夫，原始资料非常丰富，也有不少自己的领会和分析，但是在形式上，不合乎学术规范，不像一本学术著作，既不像论，也不像史。她告诉我，她以前所理解的学术规范，偏重于形式和道德层面。我对她说，学术规范的内涵本身首先是技术层面的，也包括形式层面，当然道德层面是最基本的。

崔树强来电，希望下星期二上午，我和朱军文一起，给美术学院申报项目的6份申报书提修改意见。

看到胡晓明教授发表在"文汇笔会"上的《家书，失落于忘川》，写得挺好。后面有心情、有兴致的时候我也写一点回忆随笔，为自传做点准备，当然要写得灵动、有趣味。

提醒即将进校的博士生夏兴才，以后不要在鸡毛蒜皮的小事上纠结，总在小事上纠结的人都成不了大气候。博士四年的奋斗目标，就是努力发表高水平期刊论文，毕业后争取进入名校平台任教，有利于长远的发展。

李晓红教授提醒，法文译本里说不清的句子一定要加注释说明，否则法国读者根本读不懂，法国人崇尚笛卡尔精神，重视表达的精准和严密。受此启发，我给毕笑留言说，法文版翻译，从作者的角度，追求准确；从法国教授的角度，追求语言的规范；从专业读者的角度，追求他们可以理解，容易引起误解，或者他们一头雾水的地方，多加注。后面法国教授容易改错的地方，就加注说明，让法国人明白。

　　李晓红教授还说，卓立是朱利安书的译者兼助手，交流一定深入，能精准领会。我想起有朋友说，海德格尔的书，也是阿伦特英译得最好。

　　咨询新疆大学外国语学院教授、新西伯利亚国立大学孔子学院院长毕新惠女士，可不可以招一名俄罗斯留学生来攻读博士学位，除了申请国家的留学生奖学金，再给一笔翻译费，把我的一本书翻译成俄文，有没有可能？她答应问一下他们孔子学院的俄方院长。

3月20日/星期一

　　刘浪（笔名文清）编剧并导演的《我们的鲁米》将在深圳演出，我让他届时给深圳大学李健教授和妇联叶海燕女士送票。刘浪是非常聪明、非常有才华的孩子，北漂真不容易。

　　晚上给硕士生上课，讲"象外之象"，提到艺术创作时艺术家会"捕风捉影"，后面有机会对此展开讲一下。

　　与仲霞讨论中国古代思想资源中的意向性思想。她说没有涉猎过，她推荐了杨春时教授的两篇相关论文：《中华审美现象学的构成》和《中国现象学：本体·方法·特性》。

　　与石春轩子交流。我觉得，我需要了解中国古代音乐思想，古代音乐、民歌、戏曲音乐的乐理、乐律，中西音乐的各自特征（差异）和中外音乐交流情况（如新疆地区音乐交流）。我要找一个学习中国音乐的本科生或者研究生做我的家教，教我中国古代音乐、民歌的乐理、乐律,只有了解了基本知识,才能心中有数。许多音乐学著作,不可能是零起点的人能读懂的。石春轩子觉得很难,岳冰也觉得,我应该在本专业的文学领域写作。

3月21日/星期二

应崔树强的邀请,上午到美术学院看了四份国家社科基金艺术学项目的申报书,这几天也陆续为别人看了几本申报书,个别申报书非常好,有实力。有的申报书一塌糊涂,不客气地说,就像小学生作文给C刊投稿,这种申报除了给评审增加工作量,给评审专家增加一点笑料外,没有任何意义。我总觉得,申报老师一定要认真填写申报书。如果申报书不理想,总是找各种客观理由,解决不了问题。申报书填好了,才有进一步努力的基础。

在群里提醒我的学生,申报项目,自己一定要把自己的事当一回事。自己不认真对待,总是抱着撞大运、买彩票的心理,肯定拿不到。填写申报书一定要极端认真,广泛征求专家意见,认真打磨,专家都说好,拿到的可能性就比较大。

提醒江婷,明天到中文系4330室听陈引驰教授"英语世界中国古典文论研究例说"讲座,李欣悦也说要过去。

与孙炼讨论劳特里奇出版社出版《商代审美意识研究》一书英文版。

刘康教授到昆山杜克大学上课,曾军晚上在上海大学附近宝山区聚丰园路205号轩乐诗大酒店请客。

3月22日/星期三

早上5：40起床准备去学校。路上想起40年前，我们年轻的时候，目标是希望美学界通过努力，把作为美学大国的中国变成美学强国。那时，蒋孔阳先生、朱狄研究员等许多学者，都把《英国美学杂志》和美国《美学与艺术评论》等刊物上的论文，还有苏联的许多美学论文，翻译成中文，就是想跟国际接轨。我们当时总是想，我们这一代人先天不足，我们下一辈肯定可以赶得上，而且超越他们。可是现在的情况是，我们的学生辈，许多人不仅不能用英语写论文占领国际美学界，主导主流话语，就连在国内发C刊论文、申请项目都比较难，和我们当年的初心、使命感相去甚远。虽然国内理工科总体薄弱，我们现在还不如理工科，华东师范大学理工科有许多本科同学已在SCI二区发表一作论文。

6：45从东川路500号门乘车去浦东私立金苹果学校，讨论思维导向课程研发事宜。对他们的校本教材编写提出了自己的看法，我认为基础知识和能力培养不是冲突的，适当将应试教育的任务考虑在内；在进行思维拓展时应把握尺度，不脱离语文教学应有之义。可以结合学生必读书目的精彩片段进行拓展，一方面引导学生理解当时的情境，提高共情能力；另一方面可从批判性、创造性的角度进行解读，鼓励学生发散思维。

下午中文系开会，开学通报情况，布置工作。

3月23日/星期四

评审国家人才项目，提交。下午用毛笔抄写清华大学韩敏芳教授的诗，赵丹龄老师说纸太大了，只能有A3纸那么大，晚上又抄写一遍，带到成都展览。

偶然得知《中国艺术哲学》英文版要出平装本。

3月24日/星期五

收到大学本科同学刘运好教授的赠书《陆士衡文集校释》和《陆士龙文集校释》。

启程飞成都天府机场，在飞机上看了7篇下载的论文。电子科技大学外国语学院法语系吴瑶老师来机场接机。

把用毛笔抄写清华大学韩敏芳教授的诗的原件交给电子科技大学会务组。

下午和晚上与一批各地不同学科的教授交流。

3月25日/星期六

下午参观三星堆，人很多，有上万人参观。看到陶器、青铜器，其中有与中原类似的，当然也有古蜀国自己的特色，还有一些与古滇国青铜器类似的，肯定多少受到中亚、西亚传来的影响。

晚饭的时候，我到邻桌对郁振华教授说："你是研究形上学和知识论的，有空我要向你请教，和你讨论，我如何在继承传统、借鉴西方、面对当下建构中国美学理论体系，使它们成为知识。"郁振华说回来后找时间聊聊。

3月26日/星期日

在电子科技大学参加新文科活动，下午参观外国语学院实验室，和青年教师座谈。在电子科技大学遇到研究语言神经机制的高山教授，她费过很多周折终于成功了，在国际著名刊物发表了多篇相关论文，她自己也是儿童心理学专业出身的。她要跟我们分享她的经验教训，此前她还担心这些经验教训派不上用处呢，甚至不排除明年向我们推荐硕士生过来读博士。她会指导我们完成任务的。我这几年郁闷，过去多年我的计划都可以完成的，只有这个儿童心理研究，一直没有推进。我相信后面会有进展的。

华东师范大学国际汉语学院搞活动，让王安忆和余华对谈，粉丝无数，都在连夜排队领票，黄牛高价卖票。朱国华昨晚提前回上海，主持该活动。这两天我的学生群里好像没有人跟我要余华与王安忆对话的票。我觉得听听是可以的，要虚心学习，善于学习，但不必追星。我从小不屑追星。小时候我弟弟朱志鸿在我们老家院子里背书"郭沫若，四川乐山人"，我对他说："朱志荣，安徽天长人。"其实郭沫若是一个天才，有人批评他的人品又当别论。但是他成就非凡。他的新诗、古文字、历史研究，乃至哲学思想史，每一个领域都有一流的成就，有一个领域的成就就非常了不起了。我小时候太轻狂了，我这辈子远远比不上他。他的书法也非常好！

说到余华和他的小说《活着》，我想起我的大舅舅周国铨。家里应该是个地主兼营工商业，都是我外公辛苦留下的产业。可是他吃喝嫖赌，抽大烟，把家产败光了，古镇上最好的楼房，后来卖给高家的，高老九家的，本来都是他的，还有许多田地，后来都败光了。再后来，他肺病早逝。所以我看到余华的长篇小说《活着》和张艺谋改编的同名电影，很明白那个主人公福贵，我大舅舅就是这样的。我后来做学问不写小说了，我如果把我大舅舅的故事写出来，就是余华的《活着》这样的情节，当然写不到这么好。

在机场候机想心思。我退休后一定要把小时候的爱好捡起来。小学的时候写毛笔字，初中的时候写格律诗和填词，初中和高中的时候写小说。本来小时候珠算特别好，现在完全没有用了。1949 年春天以前我父亲在上海市审计处工作，1949 年 6 月以后在上海市财政局工作，他以前珠算特别好，不过我觉得我母亲的珠算更好，特别快，还不会出错。我小时候同学和老师的珠算都不如我。还有美术字，宋体字和黑体字，花了那么多时间练习，除了当时刷过大标语外，只在我硕士毕业论文答辩的时候秀了一把，现在电脑时代也完全没有用了。

在飞机上看了初娇娇发表在《中国文学批评》上的论文《论中国古代艺术意象的空间性特征》，确实不错，有灵气，与我《中国艺术哲学》一书和意象系列论文在风格上接近。鼓励她继续投稿。提醒她注意两点：一是投刊登类似论文的刊物，二是如果刊物从来不刊登讲师及以下的论文，就不要投了。

3月27日/星期一

与有关老师商量《商代审美意识研究》书名的译法，给Routledge出版社的合同加上签名，发给孙炼主管。

给电子科技大学聂韬副教授快递两本英文版的书，期待日后有合作。

上午到中山北路校区文科院参加人才计划投票，中午和历史系梁志、哲学系朱承同车回闵行。

下午和晚上上课。丁弋桐报考江苏省选调，晚上课间主考方连线了解丁弋桐情况。

3月28日/星期二

核对完《中国艺术哲学》中文第三版的三审三校书稿，发回去给责任编辑了，其中误改较多。

3月29日/星期三

与安徽教育出版社何客副总编商量"中华美学精神丛书"的封面问题，同时聊起《中国古代美学思想研究方法论》出版英文版和申请国家社会科学基金外译项目事宜。与聂韬商量联系英美出版社和翻译事宜，聂韬说届时先联系牛津大学出版社试试。

请学生群里王怀义、马鸿奎、夏兴才等人对《中国古代美学思想研究方法论》一书提出批评和修改意见，我争取三年内好好修改出一个修订本。想起我初中的时候，读到《阿Q正传》里阿Q临死前想努力画好那个圆，印象深刻，让我终生难忘。我每次修改论文和书的时候，就会想起阿Q临死之前，想努力画好那个判他死刑、让他画押认可的那个圆圈。

上海师大外国语学院黄立教授，又发来一篇意象论文给我看。她本来不是做意象研究的，对意象的了解很粗浅，论文写作规范也不太懂，比我们很多博士生、青年教师给我看的论文都差得多，但是她的最大的优点是，很有耐心，反复修改，十几遍改下来，论文到C刊发表的水平，所以终于一篇一篇地发表，表现出了她作为一位学者的高素质。我们的博士生同学有两大问题：一是没有耐心认真修改，改三四遍都不想改，我写了几十年的论文，都得修改五六遍，博士生居然没有耐心改稿子，匪夷所思；二是非常固执，听不进别人的意见，两三遍改下来，基本问题还在那里，谁也帮不了。

督促丁弋桐、郁薇薇抓紧把毕业论文定稿发给我，督促赵婧洁尽快写毕业论文，向前推进，有困难和我讨论。

西北大学办一个文摘，让一位硕士生同学把我的《意象创构中的观物取象》压缩成3500字，两次都不理想，我打算让另一位尝试一下，她说最近太忙，没空。我本来是想让她锻炼一下、教她一下的，被回复说她自己最近很忙，我就自己做了，我明天抽半个小时可以做好。当同学把培养能力的事当成负担，我就没有办法了。

记得当年高海燕做莫里斯·梅洛-庞蒂美学思想的硕士毕业论文，给新出生的女儿取名为"莫丽思"。我想，如果我要对这位法国思想家表示敬意，可以写一本《耳与心》吧，讨论中国古代音乐意象的创构思想。

许一明来电话，说傅雷翻译基金要求她承诺放弃国家社科基金外译项目，即给她公示入选傅雷翻译基金。对她来说，有一个就完成"非升即走"的考核，目前外译项目结果尚未出来。年轻教师不容易，我尊重她的选择。我和华东师范大学出版社种道旸讨论下来，认为傅雷翻译基金在申报的时候不作这种要求，现在临时以此为条件要求译者放弃，不合适。同时，外译项目万一通过了，许一明放弃了，对她以后申报也不好，法国出版社也是华东师范大学出版社联系的，译者单方面放弃不合适。许一明忍痛放弃了傅雷翻译基金。

3月30日/星期四

和曹传安提起，郁振华非常推崇熊十力先生在《佛家名相通释·绪论》中的两句话："根柢无易其固""裁断必出于己"，这非常值得我们重视。曹传安说，这两句话王元化先生也非常推崇。曹传安十几年前研读熊十力，并写出以熊十力为研究对象的硕士论文，是他人生中"学术事业"最高光的时刻，感谢我作为老师的宽容和悉心指导。他还说，刚开始硕士论文他想写杜甫来着，被我"收拾"了一顿，后来改成熊十力，我就支持他了，放手让他干。

我说我现在不敢随便批评学生了,现在的师生关系跟我们那时完全不同了。当年汪裕雄老师批评我,有时候是他弄错了,我也不敢辩解。现在许多硕士生不懂事,等明白过来,为时太晚。没有办法,人生最重要的差异是先知先觉与后知后觉的差异。有的同学虽然后知后觉,但是借用导师的先知先觉,也能够发展得好。

对夏兴才说,做学问,一定要有根,要么有"中学"的根,要么有"西学"的根,没有根,就像浮萍浮在表面,是不行的。我读本科的时候,汪裕雄老师就跟我说过几次类似的话。我认为,硕博士期间研究问题、写论文的原则,就是既打基础,又出成果。所以我不认同他博士期间做现当代意象研究。这种研究,王怀义老师这样博士毕业10来年的可以做,因为已经有了一定的基础。

与华东师范大学出版社龚海燕总编沟通许一明遇到的情况。龚也希望尽量照顾年轻教师,不过觉得种道旸说得有道理。

和江婷一起落实邀请新书发布会的参会专家名单。原定与毕笑核对《中国艺术哲学》法译内容,因为今天太忙,只好再作打算。

与"中华美学精神丛书"作者们讨论丛书的封面选择。

鼓励李欣悦好好修改论文,争取投到影响大一点的刊物发表。

筹划清明节回老家扫墓事宜。

国外学者对我的批评,我计划写论文回应。比如,有国外学者批评我的《中国艺术哲学》中不少地方讨论诗歌，我就想写一篇论文《论诗歌在中国古代艺术中的地位》作回应。

下午带许徐、于冰晓读《判断力批判》导言的第八、九两个部分。

晚上给本科同学导读《文明的冲突》，告诉我作为前期导师指导的这几位本科同学，导师是学校配给同学的资源，同学们应当充分利用起来。

3月31日/星期五

有一位书法教授鼓励我说："你还是有学书法的天分的，每天苦练几个小时，会大有长进的，一定可以写出像样的字的。有的人天生学不好，无论多用功也学不好。"我叹了一口气，说："我也知道，要想学好，一定要苦练。可是我现在每天应付各种杂事，哪有时间练字呢？"

龚妮丽教授告知，将快递送我一本她的《乐韵之思：音乐美学论稿》论文集。龚妮丽教授是音乐世家，她父母都是音乐教授，她弟弟在欧洲也是音乐家。我问她如何学习音乐知识，提高对音乐的理解能力。她建议我首先学会钢琴。学钢琴哪有那么容易？她说，不学乐器，不学钢琴，光看音乐理论的书，是找不到门径的。太难了。

中午朱立元教授请吃饭，讨论蒋先生百年诞辰纪念会事宜，陆扬、李钧以及朱立元老师的三位学生参加。

收到邹元江教授赠送的《艺术审美非对象化思维》一书。

辑二

April
·
四月

4月1日/星期六

下午在松江开元名都酒店开中文系务虚会，系里提到辑刊编出来以后考虑请退休编辑审读。

告诉在读硕博士生，为了学习基本的音乐知识，我作为一个60岁老翁，每天又忙着很多杂事，不得不抽空学习弹钢琴。作为一个音乐盲，我学起来一定极端困难（这不是写字和画画，我还有点基础。我确实是音乐盲），可是为了在听觉艺术方面有体会、懂行，让我的艺术理论研究真正能出成果，我必须努力一下。

告诫李欣悦和于冰晓，在硕博士生导师中，我是同辈人里非常规范的导师。我的导师汪裕雄教授如果健在，虽然年事很高，他也是60年前的研究生，我是受过正规学术训练的，从学术的规范、视野和格局看，都是完全合格的硕博士生导师。你们现在年轻，不懂这些，可惜等你们明白了这些，时光已经过去，不能倒流了。

收到龚妮丽教授的《乐韵之思：音乐美学论稿》论文集。

4月2日/星期日

酒店里自助早餐非常丰富，大家都很克制，吃多了有害健康。我很感慨，想一想如果是难民，为抢粮食可能会送命。

上午参观深坑酒店外景，下午参观广富林。

请夏兴才核查《商代审美意识研究》注释，我自己标注了需要核查的注释。

21级中文系本科生王易星申请大学生科创项目，主题是关于我的审美意象的当代价值研究，建议她选择我做后导。

向张春凤要中国文字术语中英文对照转给罗娜。董超给我一份常用中国书法术语中英文术语对照资料转给罗娜。

提交所主编的教材供审查，寻找几本教材的书号，王怀义、范耀华先后提供。

4月3日/星期一

敦促丁弋桐抓紧整理毕业论文，告诉她万一硕士毕业论文出问题，就无法正常毕业，找工作的全部努力化为泡影。

为教育部中外语言交流合作中心汉学研究工作处进行2023年"新汉学计划"博士生项目通讯评审，总的看来水平大都较弱，攻读博士学位有难度。

中午博士后刘玉萍前来报到，让我签字，我把她拉进同学群，并请马鸿奎告诉刘玉萍做博士后的经验教训。她还没有办校园卡，因为我要准时上课，请同学带她吃饭，郁薇薇主动过来陪她。

收到 Routledge 出版社编辑助理的信，告知《商代审美意识研究》英文版交稿的注意事项。

下午博士生上课，何琪琦串讲《眼与心》。晚上硕士生的课讲意象和意境的关系。

跟同学们说，我从本科习作《论美是主客观的统一新论》开始，到读硕士，研究美学就围绕"物我关系"展开。几十年下来，我研究的就是审美活动中的"物我关系"。贡献只在于如何研究"物我关系"，如何看待"物我关系"。我之所以重视现象学，也是因为它在"物我关系"方面与中国古代思想有相通之处。

在群里留言，请在读同学协助丁弋桐、曾文韬、郁薇薇推敲硕博士论文初稿，三天后要上交查重送盲审。

计划在宝龙广场艺悦酒店开新书发布会，建议新进来的博士后刘玉萍参加会务，跟中国美学界的教授们多沟通交流。

4月4日/星期二

联系沟通22日"中华美学精神丛书"新书发布会住宿和签报的事。

中午和朱军一起出发回天长扫墓。

路上在朱军车上阅读《琴曲解题与古代琴乐美学思想研究》博士论文，要写出评审意见。

下午在朱军车上跟上海音乐学院武文华老师讨论我学钢琴等乐器的问题。我有畏难情绪。武老师觉得，钢琴是西方乐器，要学习五线谱；而古琴是中国乐器，可能难度更高，但是很值得去领略。不管学哪样，她认为都有好处。她劝我不要把还没有接触的事情想得那么艰难，其实乐趣多多，从侧面看还可以训练左手，对大脑、对思维都有好的影响。我说我小时候其实是左撇子。她就顺势鼓励我说，那朱老师好聪明啊，左边手厉害，那么如果弹琴就练习右手的灵敏了呢，反正双手配双脑，很好的。

她还说看书著书累的时候，弹弹琴，是调剂，更是享受。她说，历史上有专业性而不搞专业的人很多很多。爱因斯坦小提琴也拉得好，基辛格钢琴也弹得棒。我强调视听是两大主要审美感官，研究美学如果不懂音乐，我的思想会很受局限，阿多诺就很懂音乐。她说，阿多诺除了懂之外，还有极强的批判性，当然这和他的好恶观有一定的关联，在他眼里，斯特拉文斯基远不及勋伯格，但是如果真的懂了斯氏的心，就也理解了斯氏的创作。

武老师进一步鼓励说:"我觉得您是位非常谦虚的谦谦君子,您应该有信心介入音乐艺术。很多不懂的人还特别有勇气说一道二的,您这样谦虚好学的人,倒是应该好好介入才对啊。"我说:"学音乐要有天赋,要勤奋,我估计我都不行。"她说:"其实任何专业都需要天赋和勤奋这两点呢,是不是?您可别轻易否定自己哦!我觉得主要是兴趣要保持,因为学琴过程中遇到困难是需要好好磨炼的,如果没有兴趣了就会半途而废,很多人就是这样的。"有武老师这样的鼓励,我觉得自己至少应该尝试一下。

在群里询问两位在外校音乐学院工作的我的博士生孙喜艳、刘莉,问她们会不会弹钢琴,她俩都说不会。

吴腾凰先生寄来他新出的书《蒋光慈宋若瑜情书全集》和《书信中的现代人文风景》,家里已经收到。他还跟我要陈元胜老师的地址和电话,以便寄书给他。我告诉他:"陈元胜老师2019年国庆节前后去世了,我当时正在俄罗斯访问,他的夫人凌惠卿老师发短信告诉我的。"他惊讶、感伤:"仁者怎么不寿呀!哀!哀!"

晚上周文斌请我在他住处附近吃饭,朱庚云、栾金生、王刚作陪。阴差阳错,弟弟志鸿夫妇也提前请了缪凤玲夫妇、姨侄女万玉红夫妇、杭东风夫妇和儿子夫妇及孙子,朱军参加,我中途来了一会。

晚上在朋友圈里看到安徽省美学学会计划在合肥开会的会议通知,点名让朱良志和我等学者作主题发言。

晚上跟老同学朱和平讲,我们小时候在镇上中学上学,师资太差，一直没有合格的外语老师和历史老师，地理也是体育老师教的（但体育老师人很好，对我很好）。同年考上北大、复旦中文系的同学，分数比我们高100多分，许多同学能力不比我们强。我们是被师资耽误了的。如果是上海、北京的中小学师资，肯定不是这样的。现在我还是悔恨自己难以用英语写论文和讲学。

4月5日/星期三

苏州大学美术学院李超德教授在朋友圈里说："一篇硕博士学位论文需要不停打磨，一般情况下来来回回不下十多个回合，大概这也是学位论文必须有的常态。以前没有答辩前平台盲审一说时，确实也曾经遇到过极个别同学采取'鸵鸟策略'，拖时间避见导师，多次催促就是不让导师看论文。到临近上交论文极限期，告知导师工作已落实，而且如何不容易，道德绑架，让导师无法再提意见，也没时间修改，也不能延期毕业。"我转发到学生群里，对今年毕业的郁薇薇、丁弋桐、曾文韬说："你们只计算写论文的时间，没有预留修改论文的时间，现在就显得仓促。我写论文，常常一个月读书、思考、做笔记，笔记做好后，10天之内写成初稿，然后20天修改打磨，一般要修改五六遍。这一点，李欣悦、于冰晓以后要引起注意。"

丁弋桐早上7：54终于把硕士毕业论文修改稿发给我看了，我浏览了一遍，还不错，比我想象的好，条理比较清晰。

我叫她让张艺静他们帮她再好好读一遍,推敲细部。叮嘱她一定要认真推敲。

我在朋友圈发文:"盲"的第一个含义是"眼睛失明看不见东西","瞎"的意思,少数专家"盲审"就是"瞎审"。应届毕业的硕博士生不要庆幸遇到"瞎审"的专家,一旦他们胡说八道把你的论文毙了,你是百口莫辩,有理说不清。

中文系一位教授在我的朋友圈里留言,她的研究生毕业论文,致谢部分是复制粘贴的,连致谢老师的名字也没有改。

在学生群里告诉学生,我候车、坐在车上、坐在飞机上,都是要带书和资料看的,我时刻都牢记需要完成的任务。当然我不能以我做学问的态度要求硕博士生,但是学业的基本要求还是要努力完成的。有志于读博的硕士生必须严格要求自己。没办法,竞争对手那么努力,你们不可能躺赢的。

给刘玉萍留言,期待她用功、用心写论文。跟新进来的博士后讨论她的研究计划安排。目前两件事,一是抓紧填写申报书,好像博士后基金也正在申请,教育部项目也要申请,很快要截止了。二是尽快确定一个题目,开始写论文,论文的内容就是将来的出站报告。我建议她聚焦问题,紧扣目前有一些积累的中日韩美学思想的关系,好好做两年,不要分散精力。肯定是做这个题目,别的题目她没有任何积累,至少要四年。每天至少要花 6 个小时以上的时间在博士后出站报告里的论文上,不是不允许她写其他论文,她实在没有这么多精力去分散。她需要尽快弄出一个中日韩比较美学的研究计划,申报项目,论文一篇一篇地写,她现在没有时间挥霍。申报项目也很重要，她需要有一个项目才能出站。论文选题，绝对不要随便。

招她进来，我除了要花钱，还要费力进行学术训练，压力不小。她主要不仅要增长知识，更要提高能力，尤其是研究能力和论文写作能力。最大的任务，是训练她有能力把论文发表到 C 刊上，需要她努力。我冒险把她招进来，她能珍惜，肯定可以出成果，训练的过程很辛苦，一旦掌握了写论文的技巧，将会终身受益。两年要合格出站，以后还要找工作，还要评职称，不发表 C 刊论文肯定不行。任何花里胡哨的事情都不要做，重点要提高研究能力和论文写作能力。写论文、发论文是天大的事，研究能力充分体现在论文里。我不会教她投稿，主要教她如何写稿。论文不认真对待，她无法出站，现在我们给她这么高的待遇，她是专业研究，不上任何课，不出成果无法交代。她需要正面对待目前学术论文还不会写的这个事实，真正用功、用心学习写论文。太多的业余爱好这两年务必克制一下。我问她在南通大学工作几年有没有论文发表，她说只在一个不重要的杂志发表过一篇论文。

她既然来做博士后，完成任务是应该的。两年后年龄更大了，找工作难度也更大了。她必须保证努力提高自己，达到要求，这对她今后发展很重要。博士后两年，我希望在学业和做事方面，能对她有积极的正面的影响。我提醒她后面南通大学的两三年的工作档案还是要弄回来的，档案完整对她后面发展很重要。如果她后面拿档案不方便，我找人帮她拿过来归到一起。不要以后遇到烦恼了才想起这件事，注意细节。做事要稳妥,不要忙中出错。

批评一位博士后的出站报告马虎了事,没有同意他就此出站。

4月6日/星期四

早上起来习字,写了一幅孟浩然《春晓》,请几位方家提意见,刘志基说再加强一点竖画的用笔。

许国书记说,结字章法相对较好,唯用笔还须下些功夫。第一步先把笔画写实,写干净,不要抖动写成锯齿。如"来"字的撇,"雨"左边的竖。"处"的第一横、"夜"的撇都很标准精彩,应广大之。有时间多看一点帖,临摹不要多,要努力追求像。崔树强建议,第三行行气再直一些,可以连绵一些笔画,偶尔加入几个草书,效果更好。庞晓菲说墨不要太燥,要写出对比关系,要注意调锋,不能一直侧锋。

上午和下午,与毕笑老师核对《中国艺术哲学》的法语翻译,很累,错的较多,这种核对跟自己翻译一本书的工作量差不多。

上午核对译文的中途被某出版社催促,主编丛书的一位作者要对历史负责,坚持校样慢慢改,出版社很着急,我与他沟通,他不理睬,我很着急,发飙说了一些话之后,他和出版社说愿意配合。

跟群里的学生说,有的老师和同学希望我推荐论文发表,我统一回复一下:除了李欣悦、于冰晓这样硕士发普刊的,我能推荐一下外，C刊我确实没有能力推荐，他们投稿，我认识的，可以帮忙关照一下，只能这样。我们《中国美学研究》有老师为博士生投稿，初审没有通过，我也直接回掉了，得罪人也没有办法，刊物要生存。同样，不管是我本人，还是各位的论文，我也不想让人家为难，人家刊物也要生存。我自己也是从人家的刊物系统里投稿。

发论文、拿项目、评职称，都是刚需，一定要完成，非得完成不可。我在单位里，很多奖励计划，我都是有意不报，有的报了也拿不到，有的报了有可能拿到。我有我的人生目标，这个目标不是抢夺资源，不是多吃多占多少荣誉。供各位参考。

晚上作为前期导师与本科生讨论亨廷顿《文明的冲突》。

4月7日/星期五

凌晨五点起床，和丁滁菊一起去武汉大学参加李建中教授重大项目开题。

在群里留言，再次提醒刘程，填表就是回答问题，完全对照着回答上面的问题。表格栏目里要求填什么，你就回答什么，一定不要胡说一些文不对题的话。

中午王怀义接站，带一位硕士生一起请我和丁滁菊吃饭。后去王怀义的办公室，看到他买了不少书和高仿中国画，我笑着说："怀义已经开始买奢侈品。"

在校内珞珈山庄住下，2004年我去武大工作的时候，开始也住在珞珈山庄。

下午出来和高建平、朱俐俐等一起散步，遇到张江准备去做讲座。高建平提到明年申丽媛希望来华东师范大学跟我做博士后。

晚上李建中宴请，党圣元、高建平、詹福瑞、蒋述卓夫妇、李春青、社会科学文献出版社杜文婕（詹福瑞的博士毕业生）和她上小学的女儿、丁滁菊和我等人参加。李建中对我说，他们的重大选题说明和重大项目的结构，参考了我们前年立项的审美意象重大项目选题说明和投标书。

4月8日/星期六

李建中教授主持的国家社科基金重大项目"中国文论关键词研究的历史流变及其理论范式构建"开题，张江院长主持，党圣元、高建平、詹福瑞、蒋述卓、李春青、胡亚敏、刘石和我参加。我的建议是，子课题一的第一章元典中的关键词研究，与子课题二的第二章经学释词范式、第四章子学博通范式，在内容和侧重点上要注意拆开和互补。子课题一的第三章文评中的关键词研究和第四章诗话中的关键词研究与子课题二的第五章集部诗性范式，两者的侧重点要明确。这也涉及项目是归类展开研究还是以问题为导向进行研究。子课题三中的"概念"与"术语"之间的关系，也需要斟酌、界定。子课题四的第四章比较诗学范式，要不要涉及海外汉学研究？要不要涉及中国文论关键词的外译与研究？当然以后也可以进一步展开研究。第五章话语重建范式中如何处理继承传统、借鉴西方、面向当下这三者的关系？子课题五主要讲如何构建问题，能不能增加第六章，尝试建立一个理论体系范式？

突然想到，《中国古代美学思想研究方法论》第五章和第六章可以调换一下位置，更合适，咨询曹谦、简圣宇、马鸿奎、王怀义，都说合适。

下午3点半，我外甥陈彤的女儿陈澈过来见面，她在武汉大学学习经济管理，本科一年级。她数学比不上理科的，但在同学中应该还不错，不比班上同学差。她逻辑思维能力强，想转法学专业，但笔试就被淘汰了，我劝她端正学习态度，热爱本专业。既然今年被淘汰了，明年再转专业，肯定要推迟一年毕业。我建议她立足经管专业，认真学习。本科生涯要提前规划，等待机会。转专业笔试之所以是这样的结果，与她没有做充分准备密切相关。大一就要提前了解学校保研、交换等相关政策，跟辅导员和学兄学姐多多交流，在机会到来的时候抓住它。绩点非常重要。不管是平台课、通识课还是专业课，都要充分重视，不能因此松懈。在参与一些课外活动之余，还是要把学习作为核心任务。有时学习遇到困难感觉会把课外活动当作避风港一样的存在，但是，这并不利于解决问题。要在一个领域持续钻研，而不是广撒网，最终一事无成。在自己选择的领域努力打好坚实的基础，为将来的发展做好充分准备。不能有畏难心理，任何学科都有困难。数学对于个人发展来说有很大作用，不能因为怕学不好就心生怯意，遇到困难时要解决它而不是回避它。

善于利用好学校的资源，要有与国际接轨的意识。了解一些交换的信息，与老师和同学多交流，充分利用好学校的学术资源，学好外语。

自己的一些能力在很多学科其实都有作用，逻辑思维对于经济学科同样重要。感觉自己过去有很多先入为主的观念，觉得要怎么样就非要去做某一行不可，但实际上人的发展路径是多元化的，自己以为的正确道路也未必是真正正确的选择。

晚上王怀义请客，高建平、陈望衡夫妇、朱俐俐、湖北工业大学李映彤以及陈望衡的两位博士参加。

4月9日/星期日

上午王怀义带我们去东湖边上散步，他提到学术研究成果要进入知识体系，美术作品的赏析内容，应该与画家们有共识，获得他们的认可，很重要。

中午王怀义和李建中的三位研究生一起来为我们送行，詹福瑞、刘石和他儿子、杜文婕和女儿、陈澈参加。

下午乘G600回上海。

收到文学武教授的赠书《故都的文化记忆与文学书写：京派文学与中国现代都市文化空间关系研究》。

4月10日/星期一

查看《中国古代美学思想研究方法论》校样。

下午 3：30 下课，见本科生创新创业项目团队的同学。

帮助杨天奇阅读博士后特别资助申报书。

朱月生老师留言说，《汪裕雄先生讲美学》的讲稿题目被要求修改，不能出现汪裕雄的名字，向夏兴才了解了一下情况，他说他在群里看到侯宏堂说，是 CIP 申请的时候未通过。我对朱月生老师说，具体不了解，以前好像都可以的。并且安慰她，直接用《美学讲稿》"汪裕雄著"也可以。我后面写一篇评论发表，让大家了解这本书。

4 月 11 日/星期二

修改、补充 2011 年 3 月 30 日在夏威夷火奴鲁鲁写的回忆胡经之老师的文章，题目改为《胡经之老师的关怀》。

下午 3 点见梅兵书记，谈到学校计划让我做《华东师范大学学报》主编事宜，她说了一些需要注意的问题，希望能把《学报》工作做好，后面要经过学校领导层面的审核通过等一系列手续。

看硕士生李欣悦写的批评陈世骧"抒情传统"的论文，确实有了非常大的进步，同时提醒她五点：一是批评研究对象的时候，需要对人家的观点作设身处地地同情理解，对他的贡献要有充分的尊重。二是不能只像"泼妇骂街"那样抨击别人的观点，要充分地展示自己的立场和观点。三是论文设正副标题是不得已而为之的，能用一个标题说清楚的，就不要用正副两个标题，更不能以正副标题为时髦。四是能用已有的词语说清楚的意思，不要轻易地生造新词。五是标点符号要注意规范，引号之内、引号之外的标点符号都是有讲究的，需要明白。

4月12日/星期三

规划办来电话，催促评审国家社科基金艺术学项目结项成果。

习作书法苏轼《题西林壁》一幅，请朋友提意见。

许国书记建议，"看"字下面应有点，"在"字的横要直一点。后面的题款可写成两行。并说行楷的排列，既可以整齐一点，也可以错落有致。

崔树强说，用笔太快，需要慢下来，慢而不停，可以增强控制能力。

刘志基老师说，行书竖要成行，横不能也成行，要错落有致，横竖都成行，是楷书的章法。

陶霞波说，落款掉下来了，可以往上提一点。

杨建虎提出了具体的建议：行书中可以插入一些草书，行书"看"字下面一点不能省，"峰"字多把山字写在上面，"低"下面一点宋代多写成小横，繁体"识"的言字旁可写得简略一点，"缘"的上部古代多写成"彐"，"壁"下面的"土"多写在左下方，"各"的笔势要顺势，落款的顺序，先写作者和篇名，再写时间，最后再写书者名字。

记得夏开丰读博士前夕，他的硕士同宿舍同学杨建虎看到我写的毛笔字，批评很犀利，觉得我根本没有按部就班地好好临帖学习过古人的字，野路子，夏开丰都不好意思转告我。他以前的看法没错。其实我小时候练过字，也临过帖，几十年不写，效果差。这两年疫情期间，我课间休息临临帖，虽然还没有花多少工夫，但有了一些进步，他给予了充分肯定，并且进一步提出了指导意见，否则他会觉得不值得点评和指导。提醒在读同学，我练字的这个例子，值得在读硕博士同学参考。对于别人的批评不要不高兴，要承认现实，通过努力改变别人的看法，通过努力加以提高，一旦提高了，就会改变别人的看法。现在论文写得差没有关系，如果比我好，就不需要来学习了。差才来提高的，需要通过自己的努力改变别人的看法。

接国际交流处蔡琰通知，申请蔡宗齐教授荣誉教授的事，下星期四答辩。

经杜文婕介绍，联系社会科学文献出版社国际出版分社吕秋莎，和她讨论合作申报相关外译项目的事情。

4月13日/星期四

请教徐兰婷，在财务系统认领教育部中外语言交流合作中心"新汉学计划"博士大师课录制经费。

上午与西藏民族大学来华东师范大学交流的文艺学研究生田雨讨论她的开题报告，帮她大幅度增加参考文献。

我告诉田雨，现在她准备的东西都是基础性知识，这些是研究问题所必要的，但不能作为研究的主要问题来写。写论文要有自己的创新点，所有的这些材料都是为了论证观点服务，要聚焦一个问题，突出观点，对新观点加强论证，说清楚理由。另外对于资料的收集来说，一定要全面，参考的文献里的文献也要看，涉及"卍"字纹的相关论文、专著都要看。她现在的主要任务就是看资料，从中发现问题。

石春轩子介绍沈阳音乐学院的白宁教授加我微信。白宁教授是1980年生的，是研究中国古代唱论和民族音乐的声乐教授，有不少著作和论文。我很高兴认识她，可以向她多请教。

请兰芳、刘玉萍加入"中华美学精神丛书"发布会会务组。

下午帮助田雨查找万字纹"卍"的相关资料，是她以前找到的好几倍，告诉她查资料要竭泽而渔，读得太少很难写好论文。

晚上和文贵良、汤拥华一起给本科同学上"人类思维与学科史论"课程的最后一次课，听他们的汇报。其中有同学提到诗歌语言的多解性。我在点评的时候说到语言的张力问题，提醒他们既要看到诗歌语言的特点和优点，又要看到语言表达的局限，要分清语言的模糊性与歧义的关系。

《商代审美意识研究》译者罗娜要求把其中的文言文译成白话文，我布置我做前期导师的几位本科同学先把第六章文言文的译文做出来。

4月14日/星期五

早上王怀义发来信息，《戴震全书》卷十七是《原象》，我计划抽空可以好好读读。中国古代的象文化传统，是意象思想的基础。王怀义说，像王弼《明象》、戴震《原象》，都是专门的象论文献，可以专门做个课题。提醒有关同学记住做资料集的时候用上。

坐出租车到中山北路校区，为文科院做评审。路上想起小学五年级的时候，我家附近有一个饭店，里面有一位姓高的老会计，我有时候去他那里玩。他就出题目考我，类似于脑筋急转弯，说有人上街买鱼，买了6条无头的，8条半边的，9条无尾的，一共多少条，猜出来有奖。我猜不出来，回家问家里的大人。大人说，这种题目要打破常规，不要从鱼去想，跟鱼没关系，而要从数字本身去想，这样就接近了答案，是0。这两年又有人把题目搬到微信上来，我看到后立即想到了小时候的这件事。现在的许多智力游戏，许多都是古代传下来的，或是国外传过来的。

文科院上午跨学科创新团队和学科交叉融合项目年度检查评审会。总体上看起来不理想，大多数是出一个题目，报一个项目，拉一个草台班子，拿30万元，然后把团队这些人的各种成果填出来凑数结项，有的成员同时被三个团队作为成员，同样的成果被重复使用，更重要的是这些填进表里交差的成果，许多跟项目无关。这个时间长了不好，把风气弄坏了，将来可能要进一步规范，尤其要在选题规范和考核规范上更加严格。结项项目需要是本课题成果，标注本项目名称，不能是标注其他项目的成果，甚至标注文科院其他项目名称的成果，否则成果已经拿了学校的其他经费的钱，还要再拿过来做这个项目的结项成果。

下午参加文科院组织的国家社科基金项目申报体会分享，跟朱军文院长一起，并答疑。

晚上跟沈阳音乐学院白宁教授交流，她建议我不妨学习学习中国传统乐器，对我来说，这既难又没有空。我向她说明，我今后更侧重于探讨中国古代音乐思想。如果我们研究西方的交响乐、歌剧等，我们永远超越不了西方学者。而如果我们研究中国古代的乐理和民歌等，会有独特的贡献，值得中国和西方学者重视。

晚上为姜蕾博士招生与有关老师沟通。

收到朱媛新出的《中国岩画的原始信仰及其审美生成》一书，这是她出版的第二本岩画著作。

在群里看到本系古籍所刘永翔教授12日"古籍整理和我的治学经历"讲座报道，有三点值得重视：一是要"以小见大"；二是要在踏实中有创见，在传承中敢质疑；三是要做到"博观约取"。

4月15日/星期六

计划请周建华吃中饭，这两天他女儿女婿出去玩了，他们要照看孩子，不方便。

给李欣悦、何琪琦、刘玉萍三个人布置任务，请她们三位三个月之内，即7月15日之前新写一篇论文，内容都是她们毕业论文或者出站报告里的，李欣悦作为硕士生，争取达到C

扩、C集刊的质量,何琪琦是博士一年级,至少是C扩、C集刊的质量,刘玉萍是博士后,必须达到C期刊的质量。到时候不要跟我强调任何客观理由,身体不舒服也不可能三个月不舒服,其他事情忙也不可能三个月都忙。三个月时间,我要的是定稿,不是初稿。不懂可以请教。

惊悉华东师范大学外国语学院日语系高宁教授去世,沉痛哀悼。他是一位性情极好、做事极认真的人,才64岁。他是安徽芜湖人,也写小说和散文,孝顺母亲。我在西渡买房子的时候,他曾经陪我去看房子。听说前几年就生病,被病痛折磨了好几年。

朱立元老师来电讨论上海人民出版社计划出一本《蒋孔阳先生全集·补遗卷》的事。在中华美学学会微信群留言:哪位老师手上还有蒋先生写的书信,麻烦提供给我们,也可以是复印件。潘知常教授拍照片发来一封信。

我做前期导师的几位同学先把《商代审美意识研究》第六章文言文的译文做出来了,总体上做得很好,我只改了一点,供英译者参考。

评审全国艺术科学规划项目结项成果,写评审意见。

马景娣在我的朋友圈里看到朱军的论文和照片,留言说:"没见朱军很多很多年了,几乎认不出了!"马景娣是我家的隔壁邻居,从小一起长大,比我小几岁,小时候曾经同校读书。初中的时候,我和她在各自的班上都是名列前茅的学生,可是有一次考试失利,两个人居然考试都亮了红灯,被黑板报广告栏通报批评了,灰头土脸地回家。镇上消息传得很快,我俩放学刚到家，她家的大人就讽刺我们，说两个不及格的放学回家了。我听了很尴尬，相信她也是。她16岁考大学，本来成绩很好的，居然发挥失常，没有录取，我觉得那年她即使考上专科也会去上学的。结果补习了，第二年考了极高的成绩，比当年清华大学在安徽的分数线高出一些，她要报清华，但她父母坚决反对，让她求稳，中学老师说至少可以报浙江大学，结果进了浙江大学自动化专业。本科毕业工作两年，23岁又考回浙大读研，从此一直在浙大工作，先后担任过浙江大学图书馆副馆长、档案馆馆长，现在是浙江大学艺术与考古博物馆常务副馆长、艺术与考古学院副院长，跟我的专业倒接近了。

4月16日/星期日

与白宁教授交流，她谈到目前学界用中国古代的乐律比附西方的十二平均律，不好。我也觉得不好。我说我相信中国古代乐律在技术层面上与西方十二平均律是不同的。现在许多音乐专业之外的学者，都研究中国古代音乐思想与政治、社会、文化的关系，我认为如果不懂中国古代乐理，这些外行的研究没有多少道理。

在上海交通大学办理报备手续，4月18日下午去做讲座，题目是"论中国古代美学研究对西方美学的借鉴"。

在网上看到陈良运先生《中国诗学批评史》的书评。陈良运先生功底扎实，理论素养好，又极其勤奋，曾经多次赠我书，可惜早逝。怀念他。

4月17日/星期一

下午给博士生上课。我提到黑格尔（1770—1831）批评孔子（公元前551—公元前479）："《论语》所讲的是一些常识道德，这种常识道德我们在哪里都能找到，在哪一个民族中都能找到，可能还要好些，这是毫无出色之点的东西。"国内学者，尤其是研究西方哲学的学者，特别是黑格尔的粉丝，盲目地跟着黑格尔攻击孔子。实际上，孔子早于黑格尔2300多年。2300多年前，孔子的思想不是常识道德，各大文明里都没有孔子的这些道德思想。而经过2300多年，到黑格尔时代，孔子的思想变成了常识道德，恰恰证明了孔子的伟大，证明了孔子思想的巨大影响力，说明世界受惠于孔子。

忙于布置新书发布会的会务工作。

准备《中国文学导论》样书，有译者计划申报翻译基金。

接受《从传统走向现代：中国"新音乐"思想研究》博士论文盲审。

4月18日/星期二

院子里的铁线莲等花开了，经常会有人采摘。丁滁菊让我用红纸写一幅杜甫诗《江畔独步寻花》："黄四娘家花满蹊，千朵万朵压枝低。留连戏蝶时时舞，自在娇莺恰恰啼。"左侧写上"谢谢观赏，请勿采摘"八个字，塑封好挂在旁边的树上。

我晒在朋友圈里。马景娣留言戏说："别人不摘花，摘告示牌回去收藏。"许国说："横竖撇捺基本笔画还要花功夫。"我小时候练过一段时间的新魏书，这次的"满"字、"莺"字还有一点痕迹。

应译者要求，沟通华东师范大学出版社与社会科学文献出版社联合申报日文版外译基金事宜，出版社要求提供日语样稿。

晚上参加金苹果学校校编教材的线上会议，谈了自己的体会。

4月19日/星期三

下午和罗岗、彭国忠一起给系里有关老师和博士后社科基金项目申报书提修改意见。

用新微信加汪荣明校长微信，他这才知道我旧微信不用了。他说了一些主编交接事宜。

给社会科学文献出版社吕秋莎《中国文学导论》的英文、俄文、西班牙文和阿拉伯文的版权授权书，要求提供6本样书，正在旧书网上买。

4月20日/星期四

上午上海交大王宁通知去上海交大答辩，再去星安口腔补牙，未果。得到消息，聘蔡宗齐教授荣誉教授答辩未能通过。

中午到中北校区午餐，然后为参加巴西会议拿材料，去因公出国办事大厅拍照和采集指纹。段吉方邀请去华南师范大学讲座和主持答辩。3点钟赶到闵行校区，辅导赵崇轩搜集学年论文资料。与王焰沟通成中英自传出版事宜。得知陈娟优博基金申请顺利通过。晚上本科生前期导师导读和讨论《文明的冲突》。布置本科同学把《商代审美意识研究》中的文言文继续翻译成白话文，其间陪同王怀义申请暑期高端课程答辩，顺利通过。全天沟通新书发布会会务事宜。四川美院宋慧羚加微信，说巴西美学会如果成行，期待一起走。

4月21日/星期五

下午新书发布会会议报到。

晚上晚餐后，请王怀义代我请朋友移步夜宵，我私人请客。

4月22日/星期六

举办"中华美学精神丛书"新书发布会暨中国古代美学的当代研究学术讨论会。王嘉军主持开幕式，学校曹友谊副书记、安徽教育出版社副总编何客、中华美学学会副会长刘成纪致辞。作者毛宣国、陶水平、李祥林和张同标，责任编辑徐鹏、江舟，下一个重大项目子课题负责人施旭升、王怀义、黄立参会。其他学者有古风、薛富兴、宋伟、朱存明、邹其昌、余开亮、王耘、李昌舒、谢金良、崔树强、朱浒、王宏超、简圣宇、李新、张曦以及《中国社会科学报》上海记者站站长查建国等参会。

查建国初次相识。人很好，很给力，给我们拍了很多很好的照片，包括合影。

我做了总结发言。我说，不管是国内学界还是国际学界，人家对我们中国古代美学研究有成见，需要我们自己通过努力改变。就像是我们的意象研究，前些年有期刊主编朋友跟我约稿，我说我在写意象论文，他就说意象是个老话题，很难做出新意。几年后他主动跟我约意象稿件，认为我们的意象研究有新的拓展。这说明他对我们意象研究的看法有变化，他的这种看法的变化是我们的努力带来的。他们可能对我们的中国古代美学研究有这样那样的成见，我们可以通过努力改变他们的看法。我们几代人，一代一代地通过努力，十年下来，我们可以改变美学的整个格局，让国际学术界看到我们的进步。我们现在的研究成果主要是国外汉学家关注，将来能不能超出汉学家之外产生影响。他们要想超出自己现有的思路，有重要的创新，可以到我们的著作里获得灵感，获得启发。就像莱布尼兹从宋明理学获得灵感一样。中国古代美学研究，目前有不少文章讨论应该怎么做，应该怎么做当然也需要反思，但是关键是要尝试，要做起来。理论体系建构要试着通过中国古代美学思想进行整合，通过资源进行整合的尝试，建构一个体系，做得不好我们再进一步改进。我写中国古代的美学研究方法论，最重要的是要有可操作性。我期待我们这一套6本书能够得到各位专家的指点。

江舟编辑给我转发刘运好"二陆文集校释"座谈会议程，我有书面发言，差点忘了，明天上午完成。

4月23日/星期日

阅读会议报道和综述。

起草刘运好"二陆文集校释"座谈会书面发言。

我的本科同学刘运好教授年长于我，是我的兄长。早在大学本科时代，我们曾经都有进取的理想，一起努力用功，参加考研，争取深造。他天资聪明，悟性极好，理论素养高，是我学习的榜样。我很庆幸我在本科和研究生读书期间，身边有志同道合、趣味相投的同学，互相切磋，互相促进，互相勉励，给我的人生道路补充了正能量，促进了我的成长。这次他的近两百万字的《陆士衡文集校释》《陆士龙文集校释》共6册大著隆重出版，我原计划参加出版座谈会祝贺和学习，无奈因我们自己有个学术会议，时间上冲突了，加上五一调课，星期日需要补课，不能前往，非常遗憾。

运好教授功底扎实、学养深厚，他曾经著有《文学鉴赏与批评论》和《魏晋哲学与诗学》，是我学习的专业方向，拜读以后深受启发。同时对二陆的文献整理与校注奠定了他文论方面的扎实基础，显示了他精湛的考辨功夫和极其严谨的治学态度，俨然是一派学术大家的气象。

我对二陆的了解，过去主要是陆机的《文赋》，本科读书期间，梅运生教授为我们开设了"中国文学批评史"课程，要求我们背诵，并且给我们讲解，所以熟悉。后来因为发现钟嵘和严羽等人对陆机的评价大相径庭，出于好奇的心理，倒是读了一些陆机的诗歌，但也谈不上做过研究。因为我对汉魏六朝文学与文论的喜爱，多年来先后购买了 200 多种相关著作，也收到运好和学界同仁寄赠的著作，但其实我真正读过的并不多。今后我要认真拜读运好兄的大著，向老同学多请教、多学习。

给社会科学文献出版社快递 6 本《中国文学导论》样书。

晚上 6 点，有硕士一年级"论文写作与学术规范"拼盘课，这次轮到我。

4月24日/星期一

上午 12 点半，贵州大学音乐学院对口支援教师读博面试，在 4108 会议室。

下午上现象学美学专题课。对达·芬奇、精神分析学等，有感悟。

会后办理报销琐事。

责任编辑发来《中国艺术哲学》最后需要核对的校订本，其中"藉以"只能改为"借以"，起初我以为编辑改错了，请教了期刊主编群里的老师，才知道真的要改为"借以"，否则质量检查要扣一分。还要通知安徽教育出版社，同样情况也需要改。没有办法，我们的思想高度只能以制定规则的专家们的高度为标杆,他们的思想高度是我们的天花板。

晚上很困,上中国文艺理论专题课,对学术知识体系有感悟。

课后郁薇薇来谈找工作的事,向以前的学生推荐。

4月25日/星期二

上午从虹桥机场飞咸阳,去西藏民大文学院参加文艺学研究生开题并做讲座。在飞机上看朱利安的《画中影》。

把《中国艺术哲学》《中国审美理论》的书名题字送到崔树强家里,请他帮忙扫描成高清图片,然后发给出版社。遗憾的是出版社编辑不同意用繁体字题写书名。崔树强在单位,他夫人廖丹老师下来拿了。

4月26日/星期三

一整天为西藏民大文学院的文艺学研究生开题。我先后提醒参加开题和旁听的研究生同学,主要说了四个问题:第一,完成硕士毕业论文是硕士三年最重要的任务,请各位务必认真对待,能否毕业,主要取决于毕业论文。那些格式不规范,病句、错别字多的开题报告,都是不认真的表现。第二,占有资料要充分。从他们的开题报告看,我深感他们文献资料找得少,看得少,这方面需要花更多的时间。应该搜集、阅读的基本资料还不到30%,这是远远不够的,查找资料要竭泽而渔,资料读得太少,写起来太难了,而且很难有突破。那些在该学术问题研究史上关键的、在学术史上有重要地位的优质文献、权威著作都没有读过,对问题的研究现状缺乏准确的了解,肯定无法深入研究。第三,要聚焦问题,从题目到章节标题都要体现出问题意识和创新点。有的同学把正副标题的搭配看成技高一筹,实际上一个标题能说清楚问题才是最好的。第四,论文是写给专家看的,普及性知识、常识性的介绍必须避免。

其中刘金霖的硕士论文计划研究王一川,我把王一川的联系方式给他,让他有问题可以请教王一川教授本人。

与王军君沟通赵婧洁学业和毕业论文写作事宜,希望赵婧洁在查找资料和写论文思路不顺的时候,积极与我交流沟通。

与谭玉龙讨论艺术的雅俗互动在艺术发展历程中的作用。谭玉龙说雅俗互动的重点是人的审美趣味的变迁。但他说应该是人推动了艺术的发展,而且雅俗只是人的审美趣味的一部分,不足以推动艺术的发展。我认为人通过推动雅俗互动,促进了艺术史的发展。

咨询崔树强,他认为雅俗转化是书法史发展的推手之一。

给沈阳音乐学院白宁教授留言,咨询她国内各民族的民歌在乐律上有没有共同的规律。她说有的有共同规律,有相似之处,有的相差很远。一般中原地区有共同之处的情况较多,同时音阶有南北之分,北方往往以七声音阶为主,而南方以五声音阶为主,把两个变音规避掉了。各地的音乐也是不断地被吸收到中原音乐里来了。传统的西域地区,他们的调式调性非常有特色,隋唐以后中原的燕乐宫调,就是受到了西域龟兹的琵琶等方面的启发而成，把它们吸收进来了。

北方的一些少数民族旋律与传统中原音乐风格不太一样，例如蒙古族、朝鲜族等。其他如西南地区、东南福建那边，也有一些不同的情况。东南一直流传到现在的南音，据他们自己说是古音。那里客家人传承下来的中古语音，传承了汉唐以来的音乐。在日本发现的《碣石调·幽兰》，相传是唐代的曲谱，目前被视为现存最早的中国乐谱方面的资料。

关于中国古代音乐的雅俗问题，白宁说，宫廷音乐与民歌的区别，在社会功能上，宫廷雅乐包括祭祀天地和歌颂帝王（例如歌颂黄帝、周文王等）的丰功伟绩，通常是在重大场合仪式性地使用。宫廷音乐较为中正平和，比较缓慢。当然宫廷音乐中也有娱乐性很强的俗乐，通常是王公贵族在吃饭等轻松的场合下使用的，例如"房中乐"、"燕乐"（宴乐）等。包括白居易在宫廷里听到的，应该就是这类宫廷里的俗乐。秦代以来的音乐机构乐府，搜集民间的音乐，旋律方面没记载下来，音乐多以口传心，代代相传为主。民间音乐来自田间地头，是人们在生活中即兴创造的，旋律生动活泼，往往较为好听。优秀的民间乐曲会流播到不同的地域，受到各地的方言和欣赏习惯等方面的影响，会有一定的流变和发展。相比之下，民间音乐的生命力更旺盛一些。

俗乐在唐宋以来，尤其是宋代以后，在民间蓬勃发展，生命力强。宋代商品经济开始萌芽，勾栏瓦舍的演出跟商业收益挂钩，大家花钱买票，可能赚得盆满钵满，当然如果技艺不精，就会被冷落。宋代的曲艺和音乐都得到了极大的发展。

晚上给何艳珊微信留言，请教中国古代音乐的雅俗互动问题。她说汉代以前有雅乐与俗乐之分。汉高祖刘邦出身于下层，特别注重扶持民间音乐。汉代宫廷里就分雅乐和俗乐两块，雅乐属于太乐署，包括祭祀和盘古舞等正规场合用的音乐。另外宫廷里还有俗乐，供贵族阶级享乐、娱乐用，集中在乐府里，"相和歌"（丝竹相和）。刘邦的乐府机构促进了宫廷乐舞和民间乐舞的交流与融合。诸如赵飞燕、李延年妹妹李夫人这些民间歌舞者还被招到宫廷里，成为皇后。

4月27日/星期四

上午在西藏民大做"中国古代美学研究对西方美学的借鉴"讲座。中午魏策策请吃午饭，张翠玲驾车带她过来。魏策策送我一本《莎士比亚在近代中国》，张翠玲送我一本《古代中国生活审美论》。

敦促丁弋桐、曾文韬答辩前认真修改论文。

转发葛兆光文章的帖子到学生群。他提出好的学术著作的三个标准：新材料、新思路、新方法。

跟欧萌莲沟通买俄文书送人和翻译新的俄文书的事宜。

乘飞机从咸阳机场回到浦东机场。与有关学校的老师协调5月份做讲座和答辩时间。

4月28日/星期五

据说杨老师做甲状腺手术，留言慰问，抽空去看她。

催促何艳珊《中国舞蹈美学史》赶快交稿。

咨询了多家出版社，认为书法题写的书名可以用繁体字，考虑与华东师范大学出版社继续沟通。

评阅扬州大学博士学位论文《从传统走向现代：中国"新音乐"思想研究》。

约请黄金城审读旧著《康德美学思想研究》。我很在意有无硬伤、是否凸显了我的中国视角、反思康德对我的影响这三个方面。

主编的《中国审美教育经典文选》，由江苏凤凰教育出版社出版。

在朋友圈里读到商伟的《我的老师韩南：一位老派的绅士学者，一种存在的方式》。最初了解韩南教授，是范伯群教授推荐我读他的《中国白话小说史》，后来在苏州的一次哈佛燕京学社主办的学术会议上见到他。

晚上听到梅纽因演奏的门德尔松《e小调小提琴协奏曲》，年轻的时候我特别崇拜梅纽因，敬仰他的天才。

4月29日/星期六

上午录入博士学位论文《从传统走向现代：中国"新音乐"思想研究》评语提交。下午去医院拔牙，看书。晚上查找资料。

给《光明日报》理论部曹建文先生留言,计划给他投一组论文。他说他主持的是哲学栏目,尽量给他美学论文。

约周建华见面请他吃饭,他已回家。约法语翻译者毕笑、许一明两位老师后天见面。

想起2019年通过教育部语合中心去白俄罗斯和俄罗斯讲学,6所大学都讲了同一种内容,后悔没有每个地方讲不同的内容,6讲如果是不同的内容,可以付翻译费请各地师生译成俄语在俄罗斯出版。

收到《中国审美教育经典文选》样书,建议他们要在扉页上列一下参加者的名字,要让参加者有存在感。

晚上一位以前的老同学跟我语音通话,说她儿媳妇(华师大现代史博士毕业),要写美学论文来投稿《中国美学研究》,评职称用。我跟她说,美学学科是有门槛的,不是谁都能写好美学论文的。不少美学专业博士生投稿,也通不过。如果两位专家评审都通过,当然可以。结果骂我搞得这么盛气凌人。《中国美学研究》虽然是个集刊,也不好做,也要得罪许多人。

东南大学吴艾玲老师的女儿曾依贝在上海师范大学美术学院读艺术设计的研究生,给我留言请教关于《中国老年人的特点及成因》的论文。我提醒她不要写与艺术设计无关的论文。写论文要有专业意识,不是什么人都能在各个领域写出专业论文来的。非专业的万金油文章不建议写。如果是专业论文,即使花费十几倍的精力也值得,毕竟是打基础,毕竟是专业训练。《中国老年人的特点及成因》以她本人的专业基础,没有能力写出专业水平的论文来。我建议她对专业研究要心存敬畏，各专业都不是零起点可以一蹴而就的。她说她没有说清楚，她是在讨论医院涉老化的专业设计的时候涉及老年人的心理问题，包括中西老年人特点的比较问题。我说老年人的心理因素，一是查找有关资料，二是咨询专门研究老年人心理的教授，做专业研究，细节问题都必须请教专家。查看老年心理问题的专业书籍和论文，并且重视这些作者的参考文献，必须是专业处理。即使是跨学科的内容，也需要专业处理。有些超越专业的问题可以规避，不是所有涉及的问题自己都能解决的，而对于论文里必须要解决的问题，建议作专业处理。写学术论文，不能因为某些部分不熟悉，就可以马虎处理，同样需要按专业的方式处理。我告诉她，我懂的地方，我可以跟她切磋交流，我不懂的地方，也愿意给她一些建议。

4月30日/星期日

读朱利安的书。

接江苏师范大学方忠兄的电话，让我5月13日参加他的重大社科基金项目开题。

朱浒推荐请唐际根教授审读《商代审美意识研究》，看看在英译之前还能不能再校正一下。

为赵丹龄的画《蒹葭卧波》题诗：

蒹葭迎客近，

桥远枕波涛。
天水涵秋色，
心潮逐浪高。

  我水平不够，顾得上格律就会影响意思的表达。写格律诗就是戴着镣铐跳舞，只有在格律上能够得心应手，才能写出好诗来。

May
五月

5月1日/星期一

给张学海老师留言,国家社科基金重大项目最近正在征集选题,他们西藏审美文化有了一些前期成果,有了一定的基础,还是要报,不报没有机会,报了有很大的可能性。后面有两道关要过。一是选题申报的时候学校要通过,学校不报上去没有办法。二是选题列上表以后防止西藏大学抢标。他们目前缺少前期成果,抢标的可能性小。

上午约定与我的书的法译者毕笑老师和许一明老师见面,核对毕笑的翻译稿,改正了一些翻译错误。

中午在研究生公寓秋林阁三楼请毕笑、许一明老师吃饭。

想起韩寒在高中退学的时候，一位老师苦口婆心地劝他，一定要拿到高中文凭，日后如果连高中文凭都没有，在社会上立足很难。韩寒事后回忆，多少含有讥讽那位老师迂腐的味道。同为教师，我对那位老师心生敬意。韩寒后来的成功，有很大的偶然性，而且也是不可复制的。

到打印店拿朱利安的研究资料。

毛笔书写赵丹龄的画《蒹葭卧波》题诗，快递寄给赵老师。

告诉巫鸿教授的姐姐巫允明老师，拙著《中国古代美学思想研究方法论》已经由安徽教育出版社出版，她说要向今年考取北大、北师大的两位博士推荐，我让她给我地址，我快递给他们三人。

5月2日/星期二

张进和张跣先后转来《中国社会科学文摘》2023年第4期目录，里面转载了拙作《论意象范畴的转译会通》。

敦促硕士生李欣悦、博士生何琪琦、博士后刘玉萍抓紧写论文，强调任何理由都不是不写论文的借口，要把写论文当成最重要的正事对待。

提醒江婷、何琪琦，博士四年，对于C刊论文还写不了的同学，最根本的还是提高学术论文的写作能力，然后才是出国访学等次要的事情。他们不懂事，但是我有义务提醒他们。据说北京大学取消博士生发表C刊论文的规定，结果没有发表过论文的同学找工作很难。

提醒一年级硕士生,如果后面有想报考我博士生的意愿,最低限度要在今后三个月之内训练写作一篇学术论文,正规训练学术论文写作。这与期末做一篇课程作业有本质的区别。如果一年级都不接受正规的论文写作训练,我根本没有能力指导。我也不愿意整天活在博士生写不好论文的惊恐压力之中。

《中国审美教育经典文选》的五位编者(丁月华、谭玉龙、张颖、高丹、魏刚)已陆续收到样书。我给他们留言,如果有意跟我一起走到下一轮的,希望三四年内能在中国古代美育思想方面写三五篇论文发表,各位努力写好,我尽力推荐发表,关键是论文质量;然后我们申请一个重大项目,完成《中国审美教育通史》,这可能是我计划完成的最后一个重大项目了。

看朱利安的书和资料。

与中山大学郭丽娜教授讨论朱利安问题。

我对郭丽娜说,我们中国学者如何写出中国的思想,与欧美学界交流,是一门大学问。我们通过写书向欧美学界表达自己的思想,这不仅仅是一种表达,更需要深化自己的思考——如何在全球化视野中思考和表达自己基于中国传统而生成的思想。

5月3日/星期三

中午请周建华一家吃饭。

向博士生江婷强调查资料要竭泽而渔的重要性。

提醒研究生们关键要重视论文质量，即使请人推荐，也是要看质量。有些替人家推荐稿子的人有一种变态心理，觉得推荐了优秀的稿子不算本事，优秀的稿子总能发表。推荐了差稿子发表了，才算是自己的本事，说明自己很有面子、很牛。

博士四年训练下来还是不会写论文的，研究型大学确实不能进，这也是用人单位对求职者负责。现在二本高校也有科研要求，也要根据C刊论文发表情况来筛选求职者。

据说某农业大学的一位女副教授，指导了一位女研究生，近40岁，农业科学方面的专业基本不懂，八个月没有进展，导师反复跟她说的，她也完全不懂，这位女老师急火攻心，在她们两个人之间的微信留言中，多次用粗鲁的话骂这位女研究生。现在女研究生直接告到学校纪委，目前该老师已经被停止招生，但是该同学不依不饶，强烈要求该大学开除该老师。老师辱骂学生也是太没有素质了，同时提醒我的学生群里各位研究生导师，要妥善处理好与研究生的关系，一定不能辱骂，也要谨慎选择学生，尽量避免指导基础差的、不好沟通的研究生。

晚上到西贝简单吃了一顿。安迪不经意地说了一句，西贝的老板应该姓贾，我一想有道理。查了一下百度，果真如此。

晚上在同学群里看到本科老同学刘运好教授，在群里引用了烛之武对他的顶头领导说的话："臣之壮也，犹不如人，今老矣，无能为也已。"我等何尝不是如此呢？

5月4日/星期四

护照过期,去奉贤出入境中心补办护照,顺利。又去附近找照相馆拍证件照。夫妻店,前面丈夫为一对夫妻拍照,后面妻子为我拍,原以为妻子不如丈夫拍的效果好,拍出来一看,拍得很好。

给夏兴才留言,我对博士生的最大责任,是把他们的水平训练到 C 刊(这是论文质量的标杆)发表的水平之上,让他们以后在大学里有生存的基础。

提醒群里已经是教授或即将是教授的老师,不要仅仅满足于"著书"写论文发表,还要有"立说"的理想,形成一种自己的学术理论特色。

有一位四川的老师,把项目申请书拖到最后一天才提交,结果今天因太拥挤而提交不了。她在朋友圈发牢骚,我给她留言:"系统确实因拥堵而无法操作,别泄气,下午继续努力!希望以后不要把事情拖到最后一天,一定要把这句话当作信条,会终身受益。"

思考山水画的雅俗问题,绘画史上所谓匠气、俗气的画,就是俗的,是崇雅贬俗。

王怀义的硕士生(即将升博士)翻译了余宝琳的书,要找国内中文出版社出版。提醒各位,以后翻译外文版的书,一定要事先落实好版权,如果版权已经在别的译者手里,自己就白费力气了。

社会科学文献出版社吕秋莎编辑要《中国艺术哲学》日文

译者提供日文个人简介,给臧新明教授留言索取。

晚上请任其前期导师的 9 位同学吃饭,然后上最后一次课,邢赫朗感冒请假。

5月5日/星期五

田义勇教授在朋友圈里说,一般都是在强调"照着讲、接着讲",其实还有"反着讲",读书也有"反着读"。我认为,反着读是有道理的,有的著作触发了我们的灵感,刺激我们表达了截然相反的思想观点。这也是给我们带来启发的好书,我们可能为此把自己的思想整理成一篇论文,甚至写成一本书。这也有利于培养求异思维的习惯。

臧新明教授发来《中国艺术哲学》日文译者日文版个人简介。

跟硕博士研究生同学们再三强调,学习写论文,就像学开车和学游泳,仅仅听讲和旁观是没有用的,一定要在实际写作训练中才能掌握方法。

帮助陈娟、李欣悦看论文提意见,特别强调要重视新意,没有新意的一定要舍得割爱,几个部分的逻辑关系要重视。

今天公布的国家社科基金外译项目,《中国审美理论》法文版未能入选。广外罗娜老师申请到一个翻译项目,但她同意继续翻译我的《商代审美意识研究》英文版。

与武文华讨论中国古代音乐思想中的感官快适问题,没有明确的文献专论此问题。但是在讨论中我想到,郑卫之音、郑声，应该是好听的音乐。孔子认为韶乐"尽善尽美"，尽美之中应该包含着感官快适，区别在于，古代要求应该重视心灵的愉悦和道德的完美；俗乐能够满足基本的愉悦，但是格调不够高。武文华认为，高层次的东西涵盖低层次的，尽善尽美之中也应该包含着感官快适。能够颐养人心品德的，就得是德音。前者是口腹之欲，后者可以长久。中国古人对感官快乐的认识一要适度，二要服从于心的愉悦。

提醒赵婧洁，写下一篇论文的时候，我要从查资料一步一步地教她，像现在这样一年写一篇根本不行，现在四年级了，后面没有时间了。

5月6日／星期六

分别给田义勇、曹谦寄《中国古代美学思想研究方法论》一书。

同意本科二年级的钟会同学申请我做他的后期导师。他发来美学课期中作业，鼓励他后续进一步学习论文的写作规范。希望他后面争取直研深造。

咨询杨扬做主编注意事项，他说要加强校对、内容要稳妥、严控本校作者论文质量、重视转载率。咨询彭玉平主编注意事项，他说质量一定要严格审查，避免编辑部人员"搞江湖"，一切按照规则来；那些题目太小、话题不新、原创不强、论述无力的论文，一定要毙掉，时间长了，大家形成习惯了，就不会再做无用功了。咨询汪涌豪主编注意事项，他说严抓论文质量，多请大佬和新晋才俊写稿是第一等事，把学术质量抓上来；其他该别人管的环节，别去多事。

5月7日/星期日

上午学校农工党外出活动，参观奉贤区庄行镇（田园里）金农栖居，基本上是退休党员，午饭后做米糕，然后返程。

请王怀义加强《中国美学研究》审稿，请夏开丰、李三达、谭玉龙协助《中国美学研究》审稿。

刘锋杰教授希望他和他的博士毕业生尹传兰教授合写的《曾繁仁"生态美学"的基本范畴建构》一文年内能在《中国美学研究》发表，我建议他再把知识性介绍压缩一下。

与何艳珊讨论快感问题，她说蔡仲德《中国音乐美学史》魏晋南北朝之前说得详细，后面比较简略。李欣悦毕业论文做乐象研究，我留言建议李欣悦把中国古代音乐思想方面的资料、文献、研究著作做成一个参考书目，有的电子书也尽量收集一下。新旧图书，能买的书我尽量买齐。

跟朋友聊天，我说问心无愧，不仅是对别人问心无愧，对自己也要问心无愧。

评阅某校硕士毕业论文，大多数写的是西方文论述评，多数同学一知半解，通病是外文文献读得很少，国外研究现状不了解，与国外研究水平当然不能同日而语，对中国文论思想缺少基本的了解，没有中国视角，所以质量马马虎虎。有两位在末尾的"致谢"中还感谢了男友。提醒我的在读硕博士生同学,建议学位论文一般不要感谢男友或女友,更不要指名道姓,万一分手了,不一定有必要把这段恋情昭告天下。

《学报》周萍请我帮她向南帆和傅修延两位先生约稿,我帮她联系了。她还不知道我下周将成为她的同事。

兰芳嘱我向彭圣芳推荐她的研究生报考彭的博士生,彭圣芳表示已经知道这件事,我问她今年报考的人数多不多,彭圣芳回答说挺多的,可能是全校今年报考人数最多的一位导师。我让兰芳知道这种情况。

5月8日/星期一

早上接到孔旭荣的留言和语音,一位 Zhangyi Li 跟余宝琳教授联系,问是不是我的学生。经了解,她是王怀义的硕士毕业生李张怡,即将读博,联系翻译出版《中国诗歌传统的意象读法》一书的事宜。而江婷尚未与余宝琳教授联系。江婷说她也翻译了该书,也要联系,怎么办?只能请余宝琳教授看谁译得好选谁。我可以向中文出版社推荐。

准备行李去广州,应华南师范大学文学院院长段吉方之邀,去参加华南师范大学文学院文艺学硕士论文答辩,并做讲座。段吉方新冠阳性,委托李艳丰教授接待。晚餐有李艳丰老师和文艺理论教研室的于奇智、史风华、陈立群、张成华、张巧老师参加,我夜里睡不着。

5月9日/星期二

上午华南师范大学文学院五位研究生硕士毕业论文答辩。

发现他们研究生的论文中一些常见的问题，我也有必要提醒我的硕博士研究生。

首先要提炼问题，抓住关键问题，不能面面俱到。论文的结构一定不要像给大学本科同学上课的讲义或教材。讲义或教材可以把某人的文论或美学思想系统地评介一遍。而论文必须聚焦具体问题，写出对某一问题的独到见解。

二是要从特定的问题本身的发展历程中去揭示某人的思想贡献、价值和特点。要把基本问题的内涵和渊源弄清楚，虽然写作时不一定要涉及。

三是外国人名第一次出现的时候，一般要加括号标注原名，那些特别有名、众所周知的伟大思想家可以除外。在同一篇论文中，包括同一篇博士学位论文和硕士学位论文中，译名一定要统一。出现两次以上的名字不能不一样。当然引文中的译名与自己的译名不一样或与习惯译名如果不一样，不能随便改，可以括号加注。但是在查阅资料的时候，要用不同的中文译名去检索，不要遗漏。

四是研究外国学者，需要阅读大量外文资料，仅仅靠读译本，会有很多误读和误解。

五是某章开头到第一节之间，最好要有一个自然段的小引。

六是结语应是全文的"结论"，主题的价值、特征和研究意义等，适合在论文的绪论和其他部分使用。

七是标点符号问题，除了问号和感叹号在特殊情况下可以连用外，一般不能同时使用两个标点符号。

八是注释问题。引文出处一定要核对经典著作的权威版本，核对原始出处，不能引用诸如作品选、选读、资料汇编等二手资料，那是提供给初学者、本科生、研究生学习使用的文本。在同一篇论文中，同一作者的同一本书不能使用多个文本作注，除非不同文本确实有独到之处。注释中的出版社如果注明出版地，要注明城市，而不是某省。出版地一定要核对，不能想当然。例如有的研究生把广西师范大学出版社的出版地想当然地注成南宁，就错了。

九是列出参考文献的时候，一定不要隐匿对你影响最大的著作，也不要隐匿虽然观点相反，但对你有启发的著作。

十是论文在修改的时候要看一下，首先、其次、第三之类，有没有序号重复或遗漏的情况，特别是多次修改调整后要核对次序和序号。论文在完成后要和其他研究生交换通读，错字、病句容易看出来。这也是一种"陌生化"。

下午给华南师范大学文学院研究生做讲座"中国古代美学思想体系的建构"。

晚上李艳丰请客，于奇智和马茂军参加。于奇智送了一本他写的《福柯的政治哲学》，马茂军是安徽师范大学的校友，1983级的，现在是华南师范大学文学院副院长。

5月10日/星期三

由程静副校长、吴瑞君校长助理陪同,去《学报》上班,担任《学报》社科版主编,在单位里的同仁表示欢迎。以后星期三上午和星期五上午,要尽量到中山北路普陀校区坐班。

我首先感谢学校领导对我的信任,让我加盟《学报》,和大家一起工作,为《学报》工作增添一份力量。我会认真地向哲社版和其他版期刊的各位老师学习,多向大家请教,和大家一起把哲社版做得更好,让哲社版锦上添花,与时俱进,努力争取更多的优质稿件,进一步保持和拓展特色栏目,有事多沟通,多商量。

5月11日/星期四

下午到徐州江苏师范大学文学院,准备参加艺术学硕士毕业论文答辩,做讲座,参加中国作协新时代文学研究中心(江苏师范大学基地)揭牌仪式和方忠重大项目开题会。兰芳开车和李新来徐州东站接站,住在绿地铂瑞酒店。

5月12日/星期五

上午主持江苏师范大学文学院艺术学9位硕士的论文答辩,周建萍在德国,线上答辩,线下有朱存明、种海燕、方艳、周珩帮。最后根据盲审意见,商量3位优秀硕士毕业论文。

中午和北京大学中文系张辉一起午餐。

下午做"审美意象的本体问题"讲座，文学院副院长王立增教授主持。

晚上吴义勤到徐州，有关部门邀请他参加晚宴。方忠宴请我们，张福贵、刘勇、王兆胜、栾梅健和我等人参加，本校和文学院的领导黄德志、葛大伟、王立增等参加。另一桌还有叶祝弟、李玮、张丽军等人。

试图协调江婷和李张怡合译余宝琳《中国诗歌传统的意象读法》一书。在学生群里对同学说，做事做人，要有气度、格局，做事要大气，要阳光，否则会影响以后的发展的。

提醒江婷，在今后的人生中，很多东西需要凭实力，按规则做事才能得到。翻译英文著作，不要以为翻译了，就可以出版。余宝琳老师和我目前愿意让江婷和李张怡两位合作，希望她们俩慎重考虑。要培养和别人相处和合作的能力。翻译是需要付出很多精力的事，对能力的提高有意义，但是在名利方面，并不实惠。翻译著作的权益主要是作者的，译者的稿费很少，要有心理准备。译著原则上是不算成果的，但是翻译也会有一定的影响力，同时对于英语著作的阅读理解会有很大的帮助。要么不做，要么投入更多的精力，必须把它做好。做人做事，不要太功利。

家里收到正在广州美术学院任教的意大利汉学家毕罗赠的《尊右军以翼圣教》一书，是对我赠他书的回赠，他的汉字写得挺好。

咨询沈阳音乐学院白宁教授一个问题：绘画有"眼中之竹"和"胸中之竹"，中国古代音乐思想有"耳中"与"心中"之分吗？白老师说，此前没有人提出过这样的问题，她说唱工和乐工也会有他们的心中之乐，他们会通过技艺把心中之乐表现出来。但是耳中之乐，演唱者听到的声音与观众听到的声音是不一样的。观众是在空间中经由空气传播听到的，演唱者则通过骨肉震动，这二者会有细分的音差，高低远近都有差异。观众主要侧重于耳中之音，表演者主要侧重于心中之音。

5月13日/星期六

上午中国作协新时代文学研究中心（江苏师范大学基地）举行揭牌仪式，我在发言中提出通过中国传统文论思想和方法对新时代文学进行评论，彰显中国本土文学批评的特色。中国古代的意象等思想，不仅可以用于批评中国古代的文学作品，而且可以运用于中国当代乃至西方的文艺批评。通过批评实践的成果，来确证中国古代意象等思想的当代价值。

下午方忠"华文文学与人类命运共同体研究"开题，我提到子课题一需要把全球各地华文文学做一个概述，可以简要论述一下东北亚、南亚、西亚、澳洲和非洲华文文学的特点。欧洲华文文学研究是否要对东欧、西欧、北欧等不同境遇中的华文文学作区别；进一步强化各子课题的问题意识，紧扣主题加以阐发。晚宴方忠、张福贵、刘勇、王兆胜、栾梅健、娄峥嵘、黄德志、葛大伟和我等人参加。

5月14日/星期日

上午去徐州东站乘车回上海。

与朋友交流。我觉得人生需要战略眼光,要把事情放在人生大视野中,从长远的眼光看问题。我以前处理问题,喜欢焦虑,经常搞得情绪很坏,慢慢才学会放松。很多人遇到事情,不是不明白,但是真正经历的时候,会迷茫,会沮丧,心情会坏,情绪会失控。需要冷静,需要朋友精神上支撑。每个人都有困难的时候,细水长流,保持健康和良好的心态。精神状态好很重要,精神状态好才能处理好事情,过得轻松一点,不能经常陷入负面情绪之中。在很多时候,自己只能尽力,不能改变现实,也没有办法。遇到困难的时候,心态要调整过来,调适好心情,让自己的生活里有阳光。既要尽力,也要自己多保重,也要为自己活。要顺变。问心无愧不仅是指对别人,对自己也要问心无愧。对于无可奈何的天灾人祸,我们需要让自己轻松一些,才能打持久战。对话很重要,对话的用处,理解得不能太狭隘,度过愉快的时光,也是一种用处吧?愉快的时光有比没有好,可以积少成多。

又咨询武文华中国古代音乐思想中"耳中"与"心中"的问题。她认为,从逻辑上讲,艺术的意象产生之前,都会有所谓的物甲过程,未成型之前在联觉的各感官中有所反应,只不过不像视觉艺术说得那样鲜明和具体化而已(因为音乐艺术的抽象性使然),所以没有直接对应的思想。但类似的认知一定有，如《乐记》就是一个最为经典的表述，其中的《乐本篇》中开篇就讲了从音到声再到乐的生发成型过程，原点都是"有人心生也"，是感于物而动的诸多结果。

咨询李莹，余宝琳《中国诗歌传统的意象读法》一书在文景出版的可能性。又咨询陈飞雪，她说推荐给上海古籍出版社试试。

5月15日/星期一

下午的现象学专题课，讨论梅洛-庞蒂的《表现与儿童画》，认为梅洛-庞蒂是从自己的思想体系出发发表对儿童画的看法的。

江婷告知，余宝琳给她回信，同意她翻译《中国诗歌传统的意象读法》，提出希望由国内的江苏人民出版社、上海古籍出版社、北京三联和商务印书馆中的一家出版。

余宝琳教授不反对合作翻译，但是李张怡拒绝了合译。

晚上中国文艺理论专题课给硕士生讲艺术意象。我提出，视觉是人的第一感官，听觉是人的第二感官，音乐作为听觉的艺术，通常要借助于联想的画面等视觉效果来理解。

5月16日/星期二

上午参加本专业博士生的毕业论文答辩，本次一共五位博士生毕业，除了我指导的郁薇薇外，我参加其余四位博士生的答辩，包括点评、提问和投票等环节。

下午参加新晋教授陶国山"中国文化的'和'思想与共同体理论"的学术讲座。

石春轩子过来咨询博士导师资格申请的问题。

提交《中国社会科学》论文盲审意见。

催促赵婧洁加快论文写作进度。

我让江婷给我看了她翻译的余宝琳《中国诗歌传统的意象读法》五章中的四章译稿。

联系江苏人民出版社社长王保顶，看看余宝琳《中国诗歌传统的意象读法》出版的可能性。

一整天，胡范铸和何卫华拉我进了不少编辑群。

5月17日/星期三

早上到普陀校区上班，路上车很多，看来早上需要6：10出发才行。见到付长珍，她强调《学报》常务副主编实际负责是惯例，问我领导怎么对我说的，我说领导对我说，《学报》是主编负责制，具体分工我们内部讨论、协商处理。慢慢来吧。第3期目前已经到四校准备付印阶段，施有文老师说要把我的名字加上主编和编委，付长珍也应和，我说下一期再说，我先学习和熟悉一段时间。

上午9：30在516会议室进行集体理论学习，邀请中国高校科技期刊研究会理事长张铁明做专题报告"开放科学与学术期刊发展新方向"。

中午赶回闵行校区，到东川路555号河畔8号楼二楼紫玉轩精菜馆，参加金衡山宴请刘康教授。系里朱国华、吴娱玉、嘉军、金雯、王向民、李守石等人参加。

下午参加吴攸和张雯引进人才的应聘面试，加上彭国忠和朱国华的两位博士后进站面试。

上海音乐学院武文华向我推荐李民雄《民族器乐概论》（上海音乐出版社1997年版）一书。

5月18日/星期四

题写繁体字书名"中国审美理论"和"中国艺术哲学"。请几位朋友提意见。杨建虎说，比上次简体看上去明显好，希望字间距拉开一点，让笔意看着上下更连贯一些；收笔虚尖处，可以去一点，会更耐看。苏北（陈立新）则尖锐批评，说："你现在的问题是每个字结构都好看，间架非常好。好的标志是字稳（中心正）。但不足是笔法不足，比如一横的切行收，一点的切行收。看赵孟頫或者赵朴初，他们即使简写也好看，主要是笔法干净、准确（美）。我笔法也一塌糊涂，主要是没有童子功（没有在生理发育前好好学习，之后再努力也只是少胜于无了）。"顾琴则认为："您老同学所描述的童子功是一种心手相应的控笔力，笔毫与纸面接触瞬间包括落墨之前的空间动作，确实要儿童时期经过反复临摹经典书作，对磨砺技法有实际之用。但目前您的书写早应脱离此畴域所囿，更重要的是表达自己多年文心积蓄的日常书写的力量与独一无二的一种味道,这也许就是古人所谓人书俱老之味。这就是一般书法专业人最缺失的'道',更动人。您的字属学者书法,清正,文气,有几处远比所谓职业书法人的字好,就因为真实素朴,毫无那种炫技样貌。"许国也安慰我:"可以写好。关键要从零开始,从基本笔画开始,克服掉自己不对的习惯。你喜欢颜,可多关注点颜的行书。如果把基本笔画的写法掌握了,又注意习得颜行书的自然书写中的雄强博大,就成功了。不要把问题想复杂。"崔树强则说,字的结构和笔画还是可以训练的,学者一般没有时间训练,比较文气,没有匠气。丘新巧则说,行笔可以再慢一点,起笔和转折之类的也可以专门训练。

下午参加本教研室硕士生的答辩,提醒有关同学注意三个问题:一是最核心的概念要有定义和界定,基本范畴一定不要含糊;二是要把具体问题放到思想流变的背景中去理解,揭示出它的独特性;三是结构不能是两三章孤立成两三块独立的内容,要把论文的全部内容统一成一个整体。答辩结束后忘了合影留念。

晚上赶往金华,参加张法教授博士毕业论文答辩和几位硕士生毕业论文答辩。赖勤芳和即将毕业的博士生郭嘉颖到高铁站接站,住在浙江师范大学国际交流中心。稍后中国人民大学哲学院余开亮也到了,据说他是第一次到金华。

5月19日/星期五

程相占发来他的《康德美学九论》电子版,计划写一本有关康德美学的研究著作，要我提提意见。我也希望他对我的《康德美学思想研究》提出批评意见。

上午博士生郭嘉颖毕业答辩，浙江师范大学外语学院李艳老师来答辩现场看我。见到高玉，也是答辩委员会成员之一。郭嘉颖美术专业出身，研究董其昌绘画美学思想，资料非常翔实，通画理，是懂画的写出来的博士毕业论文。

下午8位硕士生答辩。总体上说，浙江师大文学院文艺学的硕士毕业论文比较好，研究西方文论的也认真阅读了不少外文文献。其中也发现了一些问题，提醒答辩的同学注意：不少正副标题不合适，尽量用一个标题，具体明确，阐述一个核心问题；结语正常写全文结论，一般不要用余论，余论中的现代价值可以保留在结语中，诸如特征之类正文没有涉及的内容，可以前移到合适的位置；注释一定要规范，转引文献务必核对原始出处，体例一定要统一；全文征引的同一本书内容，要用同一个版本，当然专门的版本比较可以例外；参考文献一定要竭泽而渔。

晚上，多年前在苏州的老邻居陈玉兰教授来看我，他们专业正好第二天也有答辩，晚上也在国交中心吃饭。很晚的时候，俞敏华加上了我的新微信，说明天要来见我，告诉她明天大早要去咸阳西藏民族大学。

5月20日/星期六

上午6点出发，从杭州萧山机场飞往西安咸阳机场，路上看朱利安《大象无形》，张颖翻译的中译本。11点10分到咸阳机场出口。司机来机场接，晚到25分钟。张学海老师和吴宁老师新好望角宾馆等候，一起吃饭，饭后休息了20分钟，赶去老校区答辩。

下午8位硕士生答辩。总的看来，还是需要态度认真。有两位答辩同学居然藐视答辩，要在线答辩。个别同学居然说"司马迁《左传》"云云，这些错误都是态度非常不认真的表现。其他问题主要有：有的论文内容还行，但标题文不对题，可以考虑改题目；不少论文的结构不够严谨；文艺学的论文需要强化理论性；论文主题的重要著作不能遗漏，参考文献中罗列的论文，没有好好读过，良莠不齐，有的很差的论文也列在参考文献里，论文在写作过程中应当多请教专家，就会知道本课题的重要文献；答辩陈述的PPT结尾应当是"谢谢倾听"，而不是"谢谢聆听"。

晚上吃完答辩同学谢师宴，回宾馆一楼参加王军君院长的欢迎宴，办公室主任李杉参加，查屏球、张宝贵、刘川鄂也在。因这几天累，十点多就提前离席，和刘川鄂一起上楼休息了。

家里收到陆扬快递的《当代西方前沿文论》一书。

本校研究生院招办褚书地老师向我推荐美国学者伯顿·克拉克主编的《研究生教育的科学研究基础》，浙江教育出版社出版。

5月21日/星期日

上午 8:00—8:50 给西藏民大文学院文艺学一、二年级硕士生答疑,也有比较文学等专业的同学前来旁听。向研究生强调,查找资料要竭泽而渔;要充分地读资料做笔记,读了以后没有自己的想法要认真地读,反复地读,读十遍八遍也正常,甚至读 20 遍也是正常的;论文是写给同行专家看的,不能讲常识;论文可以从读书笔记中发现问题,再进一步深入地研究问题,不能列一个讲义式的提纲,然后根据提纲填充内容,反对观点的先入为主;作为文艺学的研究生,概括能力是需要自己长期训练提高的。

王军君院长带着张宝贵参观文学院楼上的藏戏艺术展示厅。

中午王军君带我们到老博物馆附近吃面条,为张宝贵、刘川鄂和我送行,张学海也在。

下午乘飞机回上海,在飞机上继续阅读朱利安《大象无形》的中译本。

5月22日/星期一

下午上现象学美学专题课。晚上给硕士生讲艺术意象问题。

收到杜瑞华《〈野草〉意象释评》一书,用意象范畴分析现代文学作品确实是值得尝试的工作。

5月23日/星期二

去绍兴文理学院,下午主持8位硕士论文答辩,晚上做讲座。

看到网文研究西南联大教授罗庸先生给研究生逯钦立、阴法鲁两位拟定的《研究工作提要》,有感慨。

5月24日/星期三

上午乘高铁回到上海,中午参加毕业生合影。

获悉李芸又生了一个儿子,3000多克。

下午参加中文系党代会选举,被推举为校党代会代表。

5月25日/星期四

上午乘高铁到安徽大学参加宛小平博士生博士毕业论文答辩,见到吴家荣、钱念孙诸位,获得吴家荣、钱念孙和宛小平赠书,分别是钱念孙的《君子文化:中华文脉的精神内核》、吴家荣的《思忆流芳》、宛小平的《李石岑哲学与美学思想研究》和《美的争论:朱光潜美学及其与名家的争鸣》。

下午主持答辩,提醒博士生,博士论文每一章都要紧扣主题。

想起明年是王明居师逝世十周年,打算跟王木青一起编一本研究王老师的论文和回忆随笔集。为汪裕雄师也编一本,出版事宜求助于侯宏堂，侯宏堂愿意支持。

因为明天上午《学报》开定稿会，连夜从合肥赶回上海。原定去看望朱万曙兄，只好下次再说了。

5月26日/星期五

上午主持《学报》社科版第4期定稿会。

下午在郁薇薇的协助下填写上海市社科奖申报书，颇费周折。

抽空跟夏兴才商量，汪老师的论文和回忆随笔编辑工作，由我和他合编，夏兴才欣然同意。

收到王洪岳赠书四种，《审美与启蒙：中国现代主义文论研究》《文学批评与反思》和两本研究莫言的书。

5月27日/星期六

审阅上海大学刘旭光指导的昌从兰博士论文《宋代工笔花鸟画的审美精神研究》，想到"妙得"在艺术意象创构中的重要性，也引发我思考技巧对于意象生成的价值和意义，"匠心"与"匠气"的关系等。

应《上海师范大学学报》陈吉邀请在虹中路黔香阁晚餐，彭青龙、《上海师范大学学报》及《高等学校文科学术文摘》主编洪庆明、上海教育出版社缪宏才社长参加。

我是主张博士生必须练习好论文写作基本功的。文科博士生毕业，凡是有 C 刊发表要求的，毕业时找工作都容易得多，甚至抢着要；凡是不作任何发文要求的，博士毕业生找工作都极其困难，某顶级大学也不例外。我们是花大气力教博士生学会写论文呢，还是努力想办法让学校取消论文发表要求，给他们毕业提供便利？有一点是肯定的，全国各大学不会在短期内取消全体教师发表论文的要求，毕业生到大学任教依然必须做科研，发论文。人往往是有惰性的，取消发文要求，到底是爱学生，还是害学生？

5月28日/星期日

看到小孩以筷子敲碗奏乐的视频，效果挺好。想起我小时候好奇，看到科普书上说，把每个碗里倒上不同量的水，就可以敲出不同的音，可是我不懂基本乐理，当然无法敲出曲子来，但是这一类的尝试小时候我是经常干的。

评审国家社科基金艺术学重大项目。

5月29日/星期一

上午继续评审国家社科基金艺术学重大项目。

江苏人民出版社康海源询问江婷的译著何时交稿，我问江婷，江婷说是年底。我在学生群里提醒各位，出版译著是一项复杂的工程，比出版咱们自己的中文著作要复杂得多，涉及国外出版社和译者各自的版权和权益，国内的出版社也会考虑到对方的知名度和发行量（发行量不足的，没人提供出版资助）。群里蒋乃玢翻译凯萨琳的书（大象出版社），江婷翻译余宝琳的书，目前都已经落实了。群里有意出版译著的，至少咨询我一下，不要不懂就乱来。

5月30日/星期二

看书，偶然看到宗白华说："书法的空间不像雕像和建筑里的几何透视，而是显示一种类似于音乐和舞蹈所引起的一种节奏化的空间，这个音乐化、节奏化的时空合一体，是中国艺术家追求的灵魂。"他把乐舞看成是中国艺术的灵魂，艺术之间是相通的，书画都应该体现出生命的节奏与韵律。乐舞还需要重视乐与舞之间的互补关系。

告诉在读同学，师门学习氛围很重要。

殷学明老师发给我两篇他关于"事象"的论文，这对于我们研究小说、戏曲等叙事作品会很有启发。

夏兴才转述安徽师大的陈文忠老师的话："朱志荣是个人才，更是个人物，我一直视他为安师大人，以他的成就为荣！"陈文忠老师是我的老师，他在别人面前表扬我，也在情理之中，如果我以此自我陶醉，就显得太幼稚了。

5月31日/星期三

上午7：20体检，结束后吃早饭，吃到小米。小时候读到

"春种一粒黍，秋收万颗子"，对"黍（小米）"没有概念，因为我们老家天长只有白米，没有金黄色的小米。最近几年经常去咸阳西藏民大，宾馆早饭都是小米，还不太习惯。9:20到学报，见到付长珍和周萍等人。

请江婷记录，6月份我们需要把大师课"学术方法"10次课程视频录像做完，抽空沟通一下时间安排。

敦促博士后刘玉萍抓紧敲定博士后出站报告题目，告诉她千万不要变来变去的，一变化，几个月就完全浪费掉了，时间挥霍不起，要抓紧行动起来。

我的电脑出问题的时候，如果我3个小时修不好，我知道自己没有能力弄好，就请会修的人花半个小时把它修好。可是我们有的同学写论文不是这样的，遇到困难不是请教专家、请教老师，及时推进，而宁愿花30个小时、50个小时就在电脑上瞎折腾。明明3个月可以写一篇论文，催了6个月还没有写出来，还不跟导师沟通，不跟专家交流。硕士生、博士生如果无师自通可以写论文，还要导师干什么？还要学校干什么？

某华裔教授提出投稿给《学报》，这需要请付长珍和外审专家看了以后才能决定。

评审完昌从兰《宋代工笔花鸟画的审美精神研究》，这篇论文是懂画的博士生从美学角度研究工笔花鸟画之作，有对画的行家感受。文中所涉及的"妙得""逼真"，灵气与匠气的关系，乃至花鸟画的风格问题，材料和效果的关系，以及花鸟画与古代诗歌的关系等问题，都是富于启发性的。

跟赵婧洁约时间，指导她查资料，她说她最近忙。

June

・六月

6月1日/星期四

约请张婷婷教授和她父母张新民教授、龚妮丽教授吃饭，张新民教授赠送他的论文集《存在与体悟：演讲・对话・讨论》给我。张新民教授一直研究王阳明哲学思想和儒学的返本开新问题，他跟我说，王树人教授20世纪八九十年代到德国大学讲学，他以为自己研究了几十年的黑格尔哲学，就讲黑格尔哲学，结果听众本来不少，20分钟全走光了，这对他刺激很大，他从此开始研究中国哲学。

张婷婷教授因面试博士考生迟到了一点。她提到盛唐琴家曹柔创立的古琴减字谱，是由文字谱简化而来的。她的意思是说，古代并没有因为没有乐谱、录音设备，乐曲就传不下来，古人也是在想办法传承曲调的。那么古代的文字谱能不能识别和演奏呢？这与词牌中的《减字木兰花》之类的"减字"就是填词时减掉几个字应该不同。未及展开，改日请教音乐学教授。

龚妮丽教授则提到了纽姆谱，西方早期的一种记谱方法，是五线谱的前身。我查百度，知道纽姆谱大约产生于8世纪，在9世纪被普遍使用，查理大帝时期，为了有利于推广格里高利圣咏促成了记谱的发展。为了帮助记忆，就在歌词上方写下简单的符号，以提示声调的变化，但是不能准确地标明音高。

龚妮丽教授还说到年轻时和孙景尧老师一起工作，是贵州铜仁文工团的同事，很聊得来。龚妮丽老师是乐队中的小提琴首席，孙景尧老师是编创人员，他们还一起到乡下去搜集素材搞创作。

张婷婷教授的爱人小陈送我到地铁一号线。他们刚来上海，以前孩子在南京是上最好的小学，现在来上海，学校不如以前。她爱人以前在事业单位，现在做私募基金，自己创业挺艰难，确实很不容易。

国家级人才项目公示，一些熟悉的朋友通过评审了，也有一些朋友入围答辩后落选了。

晚上上海大学文学院刘旭光的博士生论文答辩，邀我做答辩委员会主席。另参加上海大学文学院两位博士后中期考核和开题。

6月2日/星期五

就减字谱的问题请教白宁教授。她说：减字谱能演奏的，它一般为四部分，上方记录左手指法，下方记录右手指法，左上为左手按弦用指，右上为所按徽位，下方外部为右手指法，内部为所弹、按弦等。这种谱子，如果仅仅读谱，需要有很强的音律感觉，谱面上看不出谱面的高低。而其他的谱子，例如工尺谱、五线谱或简谱，大致能看到旋律的线条，减字谱需要上琴演奏才能知道它的大致旋律，而且减字谱上没有节奏，需要演奏者根据自己的理解作出规定。不同的节奏，音乐的色彩和旋律的感觉是完全不一样的。

就减字谱问题又请教了上音武文华老师，她说减字谱是一种简约符号，琴家看到后会将其打谱、传谱后才能演奏，现在不用减字谱了，都是五线谱或简谱。中国古琴的打谱很重要，相当于音响真正地具体化的一种译制工作或创曲工作，将古人模糊的神秘的记谱变成有较为明确的音高、指法、技法的谱式。现在都是五线谱或简谱了，特别是近现当代以来，从减字谱而来的音乐信息是经名家打谱为五线谱或简谱后流传，当然每位习琴者都可以不断地打谱，所以在不同的流派中可以看到对同一题材的不同打谱，对内部信息的理解是见仁见智的。

武文华老师还说，纽姆谱最早是四线谱，是中世纪的僧侣圭多所创制，最早和人的手掌纹路有一定关系，为演唱时记忆具体音名，后来多加了一条线变成五线谱，吉他用的是六线谱。

咨询徐燕婷，印证了我对《减字木兰花》的印象。她说："《减字木兰花》是就《木兰花》词牌进行了删减，变成了新谱。"

下午和毕笑老师核对《中国艺术哲学》的法语翻译，现在比以前好多了。《文心雕龙》她参考了宇文所安的翻译，不少地方错得离谱，看来宇文所安的翻译也有不少问题。

给《学报》几个月前刚退休的刘晓红老师留言。我初来乍到，许多方面不懂，请他多指教。他以前联系的优质作者，请他们继续赐稿，我会认真处理。他如有合适的年轻的编辑人选，也请他推荐一下。

晚上请会务组同学吃饭答谢。

6月3日/星期六

为去美国加州大学开会，把订洛杉矶的票误订成旧金山的票，烦恼，想办法弥补。

评审并提交国家社科基金一般项目。

宋晓云老师留言和语音通话，希望我能在新疆师大文学院兼职，支持他们的学科发展。我告诉她，我现在比较忙，兼职就不必了，可以为他们做点讲座，加强联系，协助他们学科建设工作。

把《中国审美理论》最后注释本提交给华东师范大学出版社的朱华华编辑。

6月4日/星期日

早上练习写了一幅字,是杜甫的《江南逢李龟年》,发给行家批评指正。许国留言:"注意一下用笔,笔要用力(巧力)抵纸涩行。把墨调淡一点,把笔画写干净,不要有过多的枯笔破笔。"顾琴提醒我:"胆小了一些,要敢于提按顿挫,原本字里的文气要不断深化。枯笔和渴笔在书写过程中还是需要适当用好的。"

请教《学报》里的资深编辑施有文老师有关编务的情况。

为张薇国家社科基金教育学项目申报书提修改意见。

为山东大学威海分校艺术学院李新教授研究"写意"的论文提修改意见。

下午看姜荣刚《"意象"范畴现代嬗变新探——兼论与"意境"的理论纠葛及其现代建构》一文,该文写得不错,向学生推荐。

6月5日/星期一

下午给博士生上现象学美学专题课。谈到自己年轻的时候用功的动力,主要是本科毕业当年没能考上研究生,后来到中学任教一年半,电大任教两年半,太难了,没有考研机会,好不容易有机会读研,决心珍惜机会,努力用功。1987年、1989年先后在《文艺理论研究》发表两篇论文,分别是《中国古典美学的和谐》和《外师造化,中得心源——中国古典艺术生命的生成观》。1989 年在《学术界》发表《中国艺术的节奏韵律观》（《新华文摘》等刊物摘要），在《学语文》发表《谈"清空"》。《中国美学的时空观》发表在《文艺研究》1990 年第 1 期。《儒道禅美育思想谈片》在《安徽教育学院学报》1990 年第 1 期发表。作为硕士毕业论文一部分内容的《论艺术作品的"道"》在《江海学刊》1992 年第 5 期发表后，《新华文摘》1993 年第 2 期作为封面标题论文重点转载。这些都说明我硕士阶段确实用功了。后来 2010 年到美国伊利诺伊大学香槟分校访学，看到同住的广西工科访学老师，起早贪黑泡在实验室里，晚上回家吃饭后准备好第二天的午饭，用饭盒带到实验室里，用微波炉加热。只有周末才会有一天去超市购物和洗衣服，放假也没有时间玩。我深受触动。文科生如果这么勤奋、这么刻苦，怎么可能不成才？

我小时候在古镇秦栏关帝庙读幼儿园，只读了一年，就跟我妈妈下乡了。乡下没有幼儿园，我就直接上一年级了。那里师资差，语文老师把"毡子"读成"毯子"，我有字典，纠正他，被他打了。他用细竹竿做的教鞭打我，我把他教鞭抢过来掐断了。当时特殊时期，我没有好好读书，逃学，一两个月后才被我妈妈发现，揍了我，让我降了一级（比留级再降一级），结果我 18 岁考上大学，大学本科同学最小的有 16 岁入学的。

收到曾军教授的赠书《文艺学研究论文写作：案例与方法》。

6月6日/星期二

一大早出发去上海大学,参加申报上海市哲学社会科学奖的初选。

构思明天下午的沙龙讲座内容。

夏兴才把陈元贵记录的汪裕雄老师讲座内容"选题三要"照片发给我看,很有感触,勾起了我对往事的回忆。希望大家铭记。当年我做硕士研究生的时候,主要是做中国古代美学思想研究,汪裕雄老师提出"不追热点",我印象深刻。他当时特别提出某些中青年学者追热点,看起来热闹,将来不会出息。现在36年过去了,情况确实是这样,那些成果现在看起来不足挂齿,其中个别人深耕了中国古代文论思想,做出了成绩。热点不是一般人有能力驾驭的,我驾驭不了,你们更驾驭不了,只有大师才有资格"追热点",引领学术潮流,如李泽厚。所有热点的贡献是非常有限的,我们一般人追不起,也没有必要,事实上99%都是泡沫。

晚上把昨天晚上上课边讲边随手记下来的内容输入电脑,3000多字。然后和李健、王耘和余开亮三位教授讨论这个问题,他们的意见对我有启发。一是如何界定审美价值;二是对美的正面评价的概念范畴,就是审美价值的评价。这样做确实比较宽泛,但是可以引发进一步思考。

6月7日/星期三

早上乘校车去普陀中山北路校区，在群里留言批评一些申报项目不认真的老师：现在每年申报的机会也不算多，有的老师，每次申报都是挥霍浪费机会。好像拿项目跟研究没有关系，以为项目多得没人要了，想硬塞给你似的。有的人更搞笑，同样的题目连报几年，一篇本课题论文都不写，不发表，不知道是把评委当白痴，还是自己真的不想要项目。那些十年还申请不到项目的，主要责任在自己。如果确实认真对待了，第一年没有批，第二年好好深入地研究一年，写几篇本课题的论文，思考肯定更成熟，如果还不行，再认真地研究一年，再写几篇论文，第三年同样这样，如果第四年还批不下来，就有了70%的成果，报后期资助怎么就批不下来？只要发扬"范进中举"的精神，当然可以拿到，顶多五年。我认识的会评专家，好几个开始几年拿不到，最后通过后期资助拿到了。会评专家都是通讯评议专家，要说郁闷，他们应该更郁闷了。他们想对你说的话，也许只是："不要迷恋哥，哥只是个传说。"

上午到中北校区《学报》办公室，与黄薇老师交流，与付长珍老师交流，与吴瑞君老师交流。

成中英教授来电话，询问他的《自传》在华东师范大学出版社的出版问题，我告诉他出版社要求删减、定稿的必要性和重要性，敦促他配合删减，尽快出版。

下午回到闵行校区，13：30沙龙讲座，讲"论文写作与学术规划"，结识了一些国政、外国语学院、国汉、社发学院、历史等文科院系的青年老师,凤媛教授主持,文科院杨建老师参加。

我下午讲座的内容提到本科毕业没有考上研究生,工作后获得考研机会极难,立志日后考上研究生一定倍加珍惜。硕士期间在重要刊物上发表论文,对自己的激励意义大于学术贡献。

对于论文写作谈了以下体会:

第一,需要把学术作为志业,要有对专业的使命感。把学术作为兴趣,必须用心,必须专注,给自己在学科领域定位,用成就给同行留下印象,有自己的成就和特点。写论文如果很痛苦,是很难写出传世精品的。

第二,基础很重要,要重视基础。年轻的时候既打基础,又出成果。从修养的角度讲,没有一本名著是不能读的,也没有一本名著是非读不可的。学术训练很重要。早年的学术训练,让学术有高起点,有高度和深度。当然,人生有涯,在一定的知识面之后需要向精、深、尖的方向发展,基础可以慢慢补,带着补。

第三,要重视灵感。科研的灵感稍纵即逝,要随时记录下来,学术只有在精神亢奋的时候才能做得好。学术研究不是开自来水龙头,不是随时花功夫就可以有特大贡献的。许多伟大人物的成就往往是年轻时代作出的。

第四,人文学术要有规划,要避免赶时髦,吸引眼球和人文成就是两回事。

第五,论文写作要重视严谨的学术规范,从选题到结构到论证到语言,一定要讲究规范;摘要、关键词,开头第一个自然段，结语（结论），必须高度重视，必须精辟，又必须要有新意，必须要有喜出望外的亮点和创新点，让同行专家眼睛一亮，让人耳目一新。

第六，欢迎校内青年老师给《学报》投稿，期待与老师们同步成长。

6月8日/星期四

早晨 8:00 乘 G6 高铁去北京南站，到北京站对面的宝辰饭店去见俄罗斯科学院院士布罗夫教授。他这次来北京和广州开会，时间紧张。他刚到宝辰饭店入住一个小时，我就他翻译出版了我的《中国艺术哲学》俄文版向他表示感谢，并且送了《中国审美理论》《商代审美意识研究》《中国古代美学思想研究方法论》给他，期待以后有机会他的学生把我的书翻译成俄文出版。布罗夫教授年轻的时候就是著名学者，冯契教授曾经请他来华东师范大学讲学。他今年 92 岁了，身体硬朗，还说自己打算再干五年。我非常羡慕他的健康长寿。

Palgrave Macmillan（麦克米伦）出版公司中国分社的白桦编辑，看到丁尔苏教授的"中国苦戏与西方悲剧"讲座海报，她很感兴趣，想约丁老师就这个问题写一本英文著作，在 Palgrave Macmillan 出版，不知道他愿不愿意写。我向丁尔苏教授转达了，他回答：Palgrave Macmillan 不是十分权威，但可以考虑。

白桦跟我说，他们请我主编一套中国美学的英文著作。这事不容易，要有很强的研究能力，还必须适合欧美学者的阅读口味，以后能产生互动。我答应他们考虑考虑。他们希望是著名学者，我的学生群里有意愿的，我可以优先考虑，是本人写，还是请人翻译自己决定，反正交稿得交出规范的英语文本。我们需要思考的问题，一是我们能写什么，二是欧美学术界需要我们探讨什么，什么内容可以被他们接受，或引起他们的讨论。英文著作在战术上一定要提高学术质量，战略上要有走向世界的抱负，要能够真正符合欧美学者对我们书的学术期待。正规的英语出版社不会跟作者要钱，都是给作者版税（稿费）的，至于能拿到多少版税，取决于发行的数量。联络了王怀义、杨明刚和朱媛，看看他们是不是有意向，但是丁尔苏教授建议，最好找一家知名大学出版社。

6月9日/星期五

早晨 6 点从宾馆出发，赶到北京南站，乘 7 点的 G1 高铁回上海。高铁晚点 22 分钟，大概 12 点钟到上海站，我现在在火车上订饭吃，到站后准备直接打出租车到闵行校区，应该来得及。我下午 1 点从上海站乘出租车赶到闵行校区，郁薇薇已经把丁尔苏教授夫妇接到中文系 4330 室，讲 "中国苦戏与西方悲剧"。他准备得非常认真，很有启发。他的翻译很严谨，对悲剧和苦戏的内容分析得极其细致、准确，指出一些大家的疏漏与信口开河，确实可做楷模。可惜现在的一些硕博士生，只满足于听一些时尚快餐，对严谨、专业的学术讲座根本没有兴趣，只有十几位同学来听。

讲座后请丁尔苏夫妇晚餐，郁薇薇、张艺静、江婷、许徐陪同，餐后丁尔苏夫妇返回松江上海外国语大学校区。

今天高考结束。我们当年考试虽然有4%的考生考上本科，但是我的高中学校文科很差，当时没有重点中学这一说，按地段入学。我有个表哥在教育局工作，他建议我到市中心的天长中学，他帮我去商量。我妈妈叹了一口气说："城里生活费高，我们家经济情况不好。"只好作罢。我是1979年7月考上大学的，我父亲是1979年2月落实政策，提高工资待遇的，那时经济情况就有所好转了，如果是1979年上高中，我家会考虑让我读天长中学。我的地理课是体育老师教的，不过他对我非常好。历史老师原来是中师毕业的小学老师，办校办工厂失败后，来中学教历史，经常弄错。反正此前文科从来没有人考上大学。我从理科转向文科后，曾开玩笑地说，我要担负起本校文科同学考上大学的重任，实现零的突破，结果考上了。当年我也是学校唯一考上大学的文科生。我们学校虽然文科老师总体不好，但是语文老师还是认真的。有一位名叫陈元胜的老师，高一到高二教了我一年半，他是厦门大学毕业的，是个牛人。他后来陆续在《文艺理论研究》《中国现代文学研究丛刊》《学术月刊》《社会科学》《鲁迅研究月刊》《新文学史料》《学术研究》《文献》《读书》《中州学刊》《红楼梦学刊》等多家重点刊物发表论文多篇，并且出版过三本书。我高二上学期结束的时候，他调到天长中学去了。他后来在中学写论文，我在大学里帮他借图书资料。再后来，他也调到广东的一所普通高校任教了。2019年国庆节后我访问俄罗斯的时候，他夫人给我发短信，说他生病去世了，享年74岁。

1979年全国参加高考人数468万人，录取人数28万人，录取率6.1％，其中本科占70％，专科占30％，本科生19.6万人，才4％。由于部分省份提前搞了预考，正式高考前淘汰了一部分考生，实际比例比这个更小。我中文系79级的同学中，有两位只有小学毕业文凭，有一位一天校门都没有进过。我很佩服这几位自学成才的同学。

和本科生意象批评课题组开腾讯视频会议。我希望各位先把中国古代意象范畴的含义搞清楚，包括中西意象异同比较，并且讨论叙事作品意象批评的可操作性，再结合当代文学作品、英美文学作品运用意象范畴进行文学评论实践。

朱云晚上打电话来谈博士论文写作，我让她沉下心来，聚焦问题，认真看书做笔记，有自己的体会以后再讨论怎么写。

6月10日/星期六

把给硕士生上课时随手写下的艺术意象感想输入电脑。

此前杨芳通知报名参加今天下午中文系主办的"王铁仙先生追思会暨学术思想研讨会"，因为王老师生前兼任过《华东师范大学学报》主编，准备代表《学报》前往参加，上午突然在朋友圈看到会议议程，没有安排我发言，我去了尴尬，下午在家看书。

提醒毕业工作了的学生，在完成评职称等基本任务后，在做学问方面要有国际视野，要研究能够引起国际学者关注的重要问题，能与国际学者沟通交流，在国际学术界产生重要影响。

程相占吐槽，说现在外译的书，译者对意思不理解，英语表达也是中式英语，许多意思看不明白，很麻烦。我说我也遭遇过类似的情况。我们还就美学研究国际化、与国外学者交流等问题交流了意见。相占说他的美学研究的原则：全球共同问题、国际通行话语。

与相占、黄金城交流李泽厚《批判哲学的批判》英译本，书名改为 A New Approach to Kant：A Confucian－Marxist's Viewpoint，李泽厚自认为他的康德研究是"儒家马克思主义者"的观点，一种新方法。这种"六经注我"的著作，欧美学者反而感兴趣，如果只是局限于翻译和文本注释，德国学者应该是不屑看的。值得我研究康德美学时多加思考。我的博士论文《康德美学思想研究》如果修订，我的想法，一是准确性，准确性是基础，不能错得离谱；二是中国视角；三是反思康德对我本人的影响。

给梅书记微信留言，《学报》的事已逐步走上正轨，请她放心。我会以耐心、公心、责任心，把事情做好，让《学报》锦上添花。

除了歌词外，音乐本身有没有类似于诗歌里的"比兴"的表现手法呢？我需要问几位音乐教授。歌词有意义、有意思，比就是比方，比如歌词里，把女性比作画，就是比；兴就是引发，比如歌词里，"树上的鸟儿成双对"，就是兴，引发后面讲

"天仙配"。石春轩子说,颤音、滑音可能应该算类似于文学中的比兴。武文华说:"我认为比兴本身属于文学叙词,歌词肯定最符合。但如果要从声音艺术中找歌词之外的比兴手法,那么音响具象化表达比如切实模拟自然界和人的世界中的现实之物可看作比(经典例证如中国的唢呐曲《百鸟朝凤》、西方的雅内坎《百鸟之歌》),而音响张力所表达的被引申发挥的情感、情绪、情怀等可以看作兴,特别是如中国唐代大曲高潮之处的'乱'部,可以看作是比兴手法在声音艺术中的典型化。"

晚上继续看朱利安的书。

陈贝贝看了电子工程大学一位老师翻译的《中国古代美学思想研究方法论》样稿,两点意见,一是理解的准确性问题,二是中式英语问题。

另外请了本校外国语学院做过外译评审的专家看了样稿,他的四条意见是:

1. 英文翻译没有做灵活处理,基本跟在原文后面亦步亦趋,可能需要作者授权,做比较灵活的变通处理。

2. 英语的句法处理上有很多可以提高的地方。总体上贴中文句子过紧,导致句法冗长,甚至出现"ing"、从句等错误。

3. 直接引用孔子、庄子那一段的处理不佳,拆句不够灵活,导致英文繁杂。引用部分译为句子,加在主句之中,显得臃肿。

4. 此译文在准确性上做得是比较好,但通顺流畅上不足。需要作者和译者加强合作,做进一步的修改润色。

6月11日/星期日

在学生群里提醒同学：在读博士同学，以后每人要参加一次师兄师姐的国家社科基金项目的填写和推敲，因为毕业以后自己就要填表申报项目，什么都不会，怎么能拿到？我本人也会帮助提意见。不要以为我又让大家做事了。这不是做事，这也是博士生学习内容的一部分。

中午应届博士毕业生郁薇薇、硕士毕业生丁弋桐和曾文韬在研究生公寓秋林阁博士厅请师门吃饭，我让安迪和他妈妈也过去。据说王中栋也从扬州来了。

曾文韬去深圳的中学任教。今天张硕没有来，以后我要请张硕来。听说张硕一年能在权威和核心刊物发表八九篇论文，我们群里不少毕业后到中学里做语文老师的，他们也需要发论文评职称，请张硕以后多指导。

收到李平教授的两本新著《范文澜〈文心雕龙注〉研究》和《范文澜〈文心雕龙注〉版本研究》，他把《文心雕龙》范注研究得这么细，确实令我敬佩。

在朋友圈看到冯黎明教授荣休致辞《我们这一代人的宿命：历史对时间的殖民》，堪比法兰西院士的就职演说，为国内的荣休致辞立下了一个高标杆。一般人都是说一些场面话、客套话，致谢师友学生，祝福单位学科，他居然做了一场高水平学术讲座。

6月12日/星期一

下午现象学美学专题课,刘玉萍讲"间接的言语及沉默的声音",准备得很认真,讲得不错。我给同学们纠正了书中排版排出的错别字。

征求周黄正蜜关于我的《康德美学思想研究》一书的修订意见。她关于康德美学研究的意见是:"1. 很多问题国际学界讨论得很深入,有很多分歧,可能也没有定论,这些有争论的地方很难说谁的解释更准确。2. 中国学者的视角可能也要首先跟上国际研究的基本进展,毕竟客观上说,德国和英美学界的康德美学研究还是比国内研究成果数量更多,问题研究也更深入。当然,如果您是定位在创造性解读的话,与中国哲学相结合做创新,可能是另一回事,是自己的哲学,不太是康德哲学的解读。"

我提到李泽厚的康德哲学研究,《批判哲学的批判》的英文本。英文题目有意思。他自认为是"儒家马克思主义者"的观点,一种新方法。当然,我觉得李泽厚也有局限,他离康德本身太远了。

我重点考虑三个方面:一是准确性,避免误读;二是强化中国学者的视角,有自己的特色;三是对我产生了哪些影响。我认为,如果没有明确的中国视角,我们的研究在国际上很难有自己的特色。我们按照西方的方法研究康德美学,我们的贡献将极端有限。中国视角对我们极端重要,它决定着我们对康德美学研究的贡献。

她说:"我赞成您的观点,现在这也是大多数中国学者的志向。但问题是中国视角是什么视角呢?中国哲学的视角吗?如何结合中西?我个人粗鄙的观点是,我们本来就是中国人,思维方式本来就跟他们不一样,只要认真地做,用我们的思维方式去想问题,就是中国人的视角,就会跟他们不一样。我在做的过程中虽然跟随他们的问题和讨论热点,吸纳他们的成果,但我的结论和想法跟他们很不一样,可能有一些中国思想中根深蒂固的东西。我自己说不好是什么,但觉得终归会跟他们不一样。"我回答说:"您的理解有道理,每个人的知识结构不一样,视角也有差异。比如我是长期做中国古代美学思想研究的,与从来不做中国古代美学思想研究的中国学者也很不一样。人与人之间也有很大差异的,我也重视我的知识结构带来的优势,当然也有我的局限。"周黄正蜜的意见非常值得重视,我需要认真消化。

补订旧金山到加州大学河滨分校的机票。

晚上上硕士生的课,我主讲"审美意象的当代意义",贾世端批评犀利,他认为我们根本就不懂现代艺术和后现代艺术,奢谈什么现代艺术和后现代艺术的意象批评。他说得有道理。在我的意象论文的被引用中,可能也有一部分是评论当代文学艺术的,甚至外国文学和艺术作品的,我有空找来参考。

给陈娟、张艺静留言,希望她俩八九个月之内争取发表3篇C刊论文,才有可能问鼎985、211高校,获得进一步发展的好的平台。江婷、何琪琦、夏兴才也要有思想准备。

6月13日/星期二

早上与汤拥华、教务处王华文老师一起到金苹果学校讨论校编教材的编写。我的意见，第一，校本教材也是教材，不是教案或备课笔记，不是教学参考书，不是教学手册和阅读理解的试卷，体例、形式要符合教材的基本形式。应当以经典文本为主，不宜用自己的文章或名不见经传的文章，除非特别优秀，当然也要顾及五年级的阅读水平和阅读趣味。从正本必读书节选片段作为校本教材，也是可以的，目的在于教他们读书方法，引导学生读书。第二，作为校本语文教材，既要重视知识性和思维，也要重视它的趣味性，引导学生把自己的情感移注进去，理解其中的意趣。知识性与趣味性要统一，益智与怡情要统一。家国情怀、地理知识固然需要培养，但语文教材更要突出语文课的特点。第三，对学生的思路要积极引导，不能用几个条条框框生搬硬套。可以设计引导学生的阅读，可以把自己的引导和意图凝练成思考题，让其他老师上课的时候有可操作性和发挥的空间，不能以自己的思路限制学生的思路。任课老师和学生都要有进一步拓展和发挥的余地；校本教材可以把经典文本、思维导向和课后练习统一起来，总体体例要统一。第四，无论是文选还是图片，要有版权意识。

订了加州大学河滨分校附近的酒店。

去工商银行打了流水清单备用。

田军发来《晚明文人的生活美学研究》书稿，要求我月底前写一篇序言，月底前没有时间，跟责编郭晓鸿商量，稍微晚一点提交序言。

6月14日/星期三

在学生群里对在读的硕博士生说,我们系里徐燕婷副主任、副书记,读博士的时候非常了不起,当时是办公室主任,一个人带孩子(她爱人当时在外地),每天熬夜,把博士毕业论文写到30万字,顺利毕业。希望他们能向她学习。

上午赶到中北校区,上午《学报》编辑部讨论第4期稿件。说到去年年底退休两位,目前需要招进两位新编辑。此前有投稿者向校领导反映,说我们《学报》不看投稿系统的稿子,我说我不了解情况,需要了解一下。问了几位同事,说是还是会从投稿系统遴选稿件的,但是有海投、群发的稿件,需要警惕。

提醒学生群里各位投稿的老师和同学,海投、到处投的稿子,甚至留有投给其他刊物痕迹的,编辑是不会阅读的。必须非常认真地修改格式,按照特定刊物的要求定稿,才有可能被编辑关注。我们《学报》论文字数要求一般在11000—20000字之间,估计其他刊物一般也是这个数字。

下午学校开会选举。

大雨后到中北校区门口工行师大营业部兑换美元,去加州大学河滨分校开会的时候用。

晚上在家里三审《学报》第4期稿件。

6月15日/星期四

早上遛狗，黄黄一天天老了，对它的狗生来说，已经步入老年。

上午编第22辑《中国美学研究》论文，编务做得不好，乱七八糟，请许徐和郁薇薇帮忙，一直忙到下午，只能从美国回来再完善了。

中午收到金苹果学校校本五年级教材，第一课选了郑振铎的《猫》，阅读链接是巴金的《狗》，让提意见。我留言说，两篇课文选得好，相参照的立意也很好，思维拓展也还行。后面是课文注释问题，要不要再出两道语文知识方面的思考题？参照正常的课本，再出点小问题。

许一明来讨论《中国审美理论》法文版翻译的事宜。

收到初娇娇寄来的《唐代意象论中的时空观研究》，在花木兰出版的。

收到全国高校文科学报研究会的评估、评审和申报通知，和付长珍等几位同事商量，布置填写申报书和自查等事宜。

收到李欣悦乐象论文修改稿，明天带在路上看。

得知杨义先生逝世，在微信群里表达哀悼。记得多年前夏天的某一天，朱栋霖教授让我陪杨义先生去常熟一天，探访钱谦益、柳如是生前的踪迹，包括红豆山庄、柳如是墓等。

得知中国国家博物馆孙机先生逝世，享年94岁。孙机先生是我尊敬的前辈，他的知识既是我所需要的，又是我所不懂的。

6月16日/星期五

应黑龙江大学《求是学刊》于文秀、李宏弢的邀请,参加他们的第二届"期刊高质量发展与学术前沿问题"论坛。晚饭见到《中国社会科学》徐鑫、《新华文摘》陈汉萍等人。

看到哈尔滨中央大街上有人穿着"牵手门"女事主穿的裙子,消费大众心理趋于娱乐化、狂欢化。

晚饭后和徐鑫在外面聊天,聊到人文科学与国际交流的意义与方法等。

其实我虽然目前主要做中国古代美学思想研究,但是从来不排斥向西方学习,从来不排斥兼收并蓄。我从小时候开始,就崇敬爱迪生、爱因斯坦、居里夫人这样伟大的科学家;数理化课本里提到的许多定理、定律等,大都是西方科学家做出的成绩;伟大的作家巴尔扎克、狄更斯等,都是西方人,革命导师马克思、恩格斯也是西方人。另外政治经济学等课本里也提到许多西方学者。哲学就更不用说了,从柏拉图、亚里士多德到康德、黑格尔,以及杜威、罗素等,都是人类历史上伟大的人物,当然我们也很敬仰古代的贤哲们。洋为中用、古为今用,说明洋和古都需要学习和继承。高中学习近代史,知道魏源的"师夷之长技以制夷"。无论如何,学习是基础,在学习的基础上创新,以作出更大的贡献。

哈尔滨街头有不少白人男女,估计大多是俄罗斯人,还有一些混血儿,彰显了资深国际大都市的风范。

6月17日/星期六

上午在第二届高质量发展论坛，先后见到姚文放、王秀臣、张永清、吴子林、周丹等人。

《文学评论》副主编王秀臣发言说，现在好论文太少，他们较多地发博士生论文的，有的博士生三年内发两篇。《文学评论》最近第3期编后记说，第3期总共发文24篇，90后6位，占25%，1/4。转告我的学生群各位以后投稿，首先把论文推敲好，可以投稿。务必事先按照刊物格式修改。不按格式改稿，许多刊物会认为是群投的，编务发现群投的论文就会剔除，没有被选中的机会。《文学评论》虽然很难，但是他们不歧视博士生的论文，许多C刊根本不考虑博士生的投稿。如果形式上合乎规范，又有让人眼睛一亮的创新见解，确实可以投《文学评论》。如果我现在回到硕博士生时代，我也会尝试投稿。我前年看到《文学评论》编辑胡明老师多年前为我的稿子争取发表的审稿单，我当时并不认识他，我很感动，虽然那篇论文后来并没有能发表。我最近想去看他，前些天问蒋寅，蒋寅说胡明老师现在有些老年失智了。

因为要赶回来处理几件事，会议结束后我立即赶回机场，张永清和我同一时间，都是下午3：45，他回北京，我回上海。同一辆车去机场。

与赵婧洁约时间，指导她查资料写论文。

6月18日/星期日

黄黄大早闹，起来遛狗。三审《学报》第4期稿件。指导赵婧洁查资料，告诉她竭泽而渔的重要性。这次准备全程指导她写论文，争取让她能够毕业。请郁薇薇整理申报上海市社科奖成果辅助材料。告知黄薇老师和付长珍老师，我要出差一个星期，沟通有关事项。

分别留言告知梅、程、吴三位领导，《学报》工作已步入正轨，请他们放心。

6月19日/星期一

准备行李，去浦东机场飞往旧金山。

半夜12:10到加州大学河滨分校的万怡酒店，酒店刷卡机刷不了信用卡，只得硬着头皮给武汉大学哲学院博士生袁雨梦、周衿瑶打电话，用他们的卡刷卡。

6月20日/星期二

会议第一天，见到成中英教授，把《中国古代美学思想研究方法论》附录他访谈的稿费给了他，身上有130多美金，差不多。

6月21日/星期三

在人生的旅途上，我很幸运遇到了好老师。我在高中的时候遇到了真正做学问的中学老师陈元胜老师。大学时代汪裕雄老师指导我本科论文，他鼓励我一定可以做出学问来。我硕士期间两位导师，王明居老师从1980年50岁开始做学问，每天非常勤奋，出版了十几本学术专著，对我寄予厚望；汪裕雄老师追求高标准，有建构意象体系的梦想。博士导师蒋孔阳教授更是大家风范。我虽然有种种的局限，天资也并不是很好，我在职指导学生期间，一定要给在读学生做出榜样，努力用功。

我和斯洛文尼亚汉学家沈德亚（Téa Sernelj）在一组发言，送了她我的那两本英文书。

6月22日/星期四

成中英教授从夏威夷大学来加州参加学术会议，他说英美大学出版社原则上只出版个人写的书，不出版翻译的书。由此可见，范伯群教授的《中国现代通俗文学史》能在剑桥大学出版社出版非常不容易。

在网上看到龚鹏程教授否定屈原存在的文章《关于屈原的糊涂账》。我不赞同，我认为屈原确有其人，是巫师，也是楚臣，后来有很多附会内容和传说，但我们不能因为附会和传说而抹杀他的存在。

6月23日/星期五

提醒在读同学，无论是找工作，还是投稿，一定要第一时间往指定邮箱投送简历或论文，只给个人以为就算联系了，多半会误事。

会上遇到《哲学研究》的张丽丽编辑，她认识我，说是几年前我去新加坡开会的时候，她在新加坡南洋理工大学做会务。她说每个月要送三批论文外审，每次100篇左右，海量的外审，工作量非常大。他们可以刊登少量的博士生投稿，但是不采用博士生和教授合作的论文，原则上接受独立作者投稿的论文。梦想还是要有的啊，假如实现了呢！我硕士期间就给权威期刊投稿了，何况现在的博士生呢。

6月24日/星期六

我的《中国审美理论》一书的法文译者许一明老师，属于非升即走的，去年申报了国家外译项目和傅雷翻译基金，傅雷翻译基金本来同意给她，但是要求她放弃外译，并要求她半天就回复意见，但是当时华师大出版社版权编辑不同意，结果是她放弃了傅雷翻译基金，也没有拿到外译项目。我觉得愧对她，愿意在她申请社科项目的时候，帮她推敲推敲申报书。现在她填的申报书不理想，请兰芳教授帮她提了修改意见。

6月25日/星期日

在旧金山机场附近的皇冠假日宾馆休息，到湖边转了转，看了李欣悦的论文《乐象在象历史嬗变中的转折意义探赜——以先秦到魏晋为中心》，告诉她论文的副标题不规范。还告诉她需要删除文中几百上千字的没有新意的内容，否则会影响编辑的取舍。有时候，咱们对不熟悉的知识，花了几天甚至一两个星期才弄清楚，舍不得割爱，写进论文，但是对于同行专家来说，只是弄清楚了一个常识而已，而论文是发表自己的独特创见。"音声艺术"主要指朗诵，需要推敲一下。每个部分的开头不要太突兀。总的看来，全文的中心思想不够明晰，题目、摘要和正文的思想不统一。线索需要理清楚，理论驾驭能力有待提高。

继续看朱利安《大象无形》的中文版。

6月26日/星期一

从旧金山乘美联航飞机回上海。在旧金山机场排队通过海关的时候，前面一位印度人掉头跟我聊天。他问：你去上海？我说你也是？他说不是，是到德里。然后他说，他去过中国的上海、北京、广州、深圳。

路上继续看朱利安《大象无形》的中文版。

6月27日/星期二

张艺静、陈娟要我帮她们看论文。张艺静打算先做博士后，我建议她不要找一般省属院校，否则更难找到平台高的高校任教。

下午到普陀校区参加学术贡献奖终审评审。

由于先前我的审美意象研究可以解释绘画，不能解释音乐意象现象，所以，《审美意象创构论》一书完成以后，我想再写一本小书《耳与心——中国古代音乐意象的生成》，涉及中国古代音乐思想、名曲、戏曲音乐、民歌分析等，《茉莉花》《二泉映月》《梁祝》《彩云追月》这些也可以涉及。咨询几位研究中国音乐的老师。张婷婷回复要重视琴曲，重点是琴曲、戏曲和民歌。武文华建议把民乐经典列在一个表上。对于琴曲，史风华说她最近弃钢弦，在从头学习丝弦演奏，发现只有丝弦才能得木气。史风华认为，理论和实际的音乐体验是两回事，从音乐本身的意义上来说，太难言说了，只可意会，不可言传。不过她认为理论家完全可以纯粹做理论研究。斫琴三年多，她反而觉得能说的话越来越少，所写的大多数是体验和过程。为此，史风华批评了理论的造作，认为其与古琴实践脱节。

周衿瑶来电，告知她的银行卡和身份证在洛杉矶机场丢失，希望我联系美国河滨万怡酒店及时扣款，以免银行卡挂失扣不了。此前用了她的银行卡支付房费，给她增加了麻烦。

回复高建平关于高等教育出版社的"樱下丛书"一事。跟张岩讨论给高教社书稿的选题，《耳与心——中国古代音乐意象的生成》《中国现代美学方法论》二选一。

陈元贵询问汪裕雄老师20世纪60年代在复旦大学中文系做研究生时候的导师，我曾经咨询过汪裕雄老师，名叫郝孚逸。

与付长珍老师和编辑部其他老师商量招聘一位法学编辑或法政编辑，唐忠毛拟了一个招聘启事。把唐忠毛起草的招聘启事发给期刊社主任黄薇老师看。黄薇老师回复："朱老师见面商量吧，编辑学科方向跟之前的招聘要衔接，还有相关权限都在人事处，要先沟通一下。"

与一年级硕博士生沟通补课事宜。

6月28日/星期三

黄薇老师发一个启事过来，很规范，表达很严密。要招2名，其中一名是法学或政治学编辑，另一名是历史或哲学编辑，年龄不超过35周岁，说已经发给学校分管领导审核了。这是期刊社招聘编辑，理应他们决定。

下午1：30系里开研究生督导视频会议，讨论四个议题，方笑一点名让我先发言。我提出：中国语言文学硕士生的一级学科招生问题，至少语言和文学需要分开，两个学科差异较大，相当于两个一级学科；研究生教材建设问题，研究生教材不同于本科生教材，更不同于中小学教材，各兄弟院校列为研究生课程的必读书或参考书，就相当于是研究生教材了；减少学术硕士的名额，最好是导师人均1位，其他都改为专硕；硕士生一年级方法论课程同学有意见，这个方面，我觉得可以系统规划一下各位任课老师的讲授内容，强化内容的条理性，或者按二级学科开设方法论，或者按两三种形式开让学生选。

访问学者贺方刚老师期末总结，让我签字。我关切他孩子的上学情况。

编辑发来《中国艺术哲学》封面，不理想，我建议修改，他们态度强硬，不愿改，最后妥协改变一下色彩搭配。虽然我是做美学研究的，封面设计做不了主。

华东师范大学出版社时老师发来校对的内容，以后还是希望责编校对得更细一些，常见的校对错误，总结出几条规律。

回复考博生的咨询，强调考博生的论文写作要达到发刊水平。

6月29日/星期四

有青年学者向我咨询，关于成才的素质，我说了四句话：义不容辞的使命感，百折不挠的意志力，一丝不苟的严谨性，云淡风轻的平常心。

王怀义在群里转发中国人民大学刘建军教授的谈治学的帖子，说："导师要把自己研究与写作的过程呈现给学生。"其实我早说过类似的话，也做过类似的事。我让硕博士研究生看我的初稿、二稿、三稿、四稿，好好对照着看，他们没有耐心看，不屑看。我也希望把我查资料、做笔记、列提纲、整合笔记的过程展示给他们，他们不太愿意怎么办？这是最规范的指导方法。我相信我说的很多话，博士生毕业后大多数都会明白，可是时间会流逝，人生不可逆。

请周萍填写学术期刊参评表等，请付长珍老师、施有文老师提修改意见。

思考中国古代的乐舞关系问题。音乐在意象呈现上有什么特点？乐与舞是相辅相成的关系。舞蹈是如何帮助音乐意象呈现的，涉及通感问题。音乐的意象是流动的，舞蹈的意象是动态的。视觉画面伴随着曲调展现。乐与舞在生命的节律上是一致的，诗歌、舞蹈与音乐是紧密联系着的，值得进一步研究。

北京舞蹈学院的黄际影老师说，中国历史上留有舞蹈形态记录的文献包括会典、地方志及其他乐书，如《敦煌舞谱》《德寿宫舞谱》，如朱载堉的《乐律全书》，又如流传到朝鲜半岛的《乐学轨范》。舞蹈的意象是在动作过程中形成的，目前我们无法得知古人的用力部位、节奏、劲力、空间、运动轨迹、动静格局等。

曾经有专家对已有的舞谱进行过复原。各位专家复原的依据不一样，如刘青弋老师复原《德寿宫舞谱》是借鉴了戏曲的运动方式，刘凤学老师复原唐代乐舞，借鉴了日本雅乐及宫内厅保存的乐舞。但是，这些都不能说他们完全复原了古代舞蹈，因为舞蹈与身体联系太密切了，现代人的身体和动作方式与古代不同。例如，所穿的鞋子不同会影响重心、体态，抬头挺胸的常态与古代、民国时期都不相同，所以当代人的身体习性与古人有很大差别。同时，相应的古代音乐也较难复原，可以说当下难以达到完全复原的基础条件。

舞蹈的意象是在不同的过程中形成的。腋下用力，手从腰、从肩往前伸，着力点不同、用劲不一样，节奏也会不一样。快速地伸出去与缓缓地伸出去，是不一样的。如果配的音乐不一样，效果也会不一样。舞蹈与身体联系太密切了，古代的舞谱很难复原。

目前中国传统的戏曲（昆曲、梨园戏等历史较悠久的戏种）、民间舞蹈，还保留着一些古代舞蹈的遗风和遗存，这些对我们理解古代舞蹈和舞谱有启发作用。民间舞，如秧歌，在大部分情况下，舞队的动作跟着鼓点走，有时候不同的秧歌动作的质感、速度跟唢呐有点关系，如胶州秧歌。从中可以看到，传统舞蹈的动作往往要合音乐的板眼、鼓点。

在当前的中国舞蹈史研究里，普遍认为中国舞蹈的辉煌时期是汉代至唐代，汉代有"以舞相属"，如鸿门宴里项庄舞剑，当时有没有伴乐，仍有待考证。汉代的宫廷舞蹈里，有部分是来自楚地乐舞，而楚地乐舞的一大来源是巫舞。目前还没有将汉代至唐代的音乐与舞蹈结合起来的研究。

研究舞蹈与音乐之间的关系，一大切入点是节奏，再进一步是心理的节奏。这个心理节奏可能跟人类的心跳，语言的速度、节奏、声韵有关系。有时候看动作合音乐的舞蹈，心里会非常舒服，我猜测一种可能是，舞蹈将心理节奏视觉化、空间化，而音乐使心理节奏听觉化，在视觉和听觉的共同作用下，心理节奏在不同的感官体验上得以实现和释放。

中国古代舞蹈跟着音乐走，汉代到唐代，都是这样的。古代壁画、敦煌壁画里舞蹈的技巧目前很难知道。民间舞对我们理解古代舞蹈和舞谱有启发。舞蹈要合乐律，拍、板、眼，吹打的质感，跟动作的关系等都是值得重视的。

6月30日/星期五

早上去闵行校区乘校车到中北校区,遇到刘金玉、钟明奇。

上班后催促编辑部各位填表者提交表格。

请专业校对校对《学报》,发现一些常见问题,提出供几位编辑以后校对时参考:

一、标点符号:

1. 两组引号之间的顿号省略。

2. 引号、逗号、句号等要用中文符号,占一字格,不能用英文半字格。

3. 引号前面是逗号的,最后的句号在引号之外,在引文标注的序号之外。

二、北京的三联书店,做注释要用"生活·读书·新知三联书店"全名。

三、"作"与"做"的用法要作区分。

四、外文人名尽量要有中文译名。同一个人名的翻译全文要统一(所引用的书上翻译不同可以例外)。

五、"像……一样","像"要有单人旁。

六、历代皇帝年号纪年换算成公历,要力求准确。

七、有的汉字系统是韩国或日本语言系统的,要留意一下,改正过来,如"内",里面不能是"入";"教"上面不能是"×";"郎"下面不能多一点等。

八、因果关系的关联词，如"因为……所以……"，要规范搭配。

查找中国古代音乐思想资源著作，请李欣悦协助购买。

晚上给博士生上现象学美学课，发现腾讯会议已经开始收费，免费的日子到头了。以后只能用其他线上会议软件。我向同学强调，梅洛-庞蒂从哲学思想出发分析绘画，有其自身的特点，但是遭到画家的否定。梅洛-庞蒂是现象学、语言学、精神分析和存在论等多种方法并用，应如何理解？他从身体（具身）出发理解审美的体验问题。

与山东艺术学院张晓东老师讨论梅洛-庞蒂多种研究方法的并用问题。梅洛-庞蒂是现象学、语言学、精神分析和存在论等多种方法并用。早期的《行为的结构》用现象学考察机体行为与环境之间的辩证关系，《知觉现象学》主要是用现象学考察身体知觉、被感知世界，其中，语言是作为身体的表达功能被考察的。中期阶段，梅洛-庞蒂对语言很感兴趣，要用现象学重建对语言的理解，形成语言现象学、表达现象学。后期梅洛-庞蒂自觉反思知觉现象学方法的不足，探究"蛮荒的存在"。在各个阶段，在理解绘画问题上，现象学、语言学、精神分析和存在论等方法是共同使用的。《塞尚的疑惑》前半部分是现象学，后半部分谈弗洛伊德和瓦莱里对达·芬奇的解读，肯定了精神分析，也批评了其不足，《知觉现象学》谈精神分析比较多，《间接的语言与沉默的声音》主要是用语言现象学来解读绘画，《眼与心》主要是存在论。

辑三

July · 七月

7月1日/星期六

在学生群里对同学说，天才是我们崇拜仰慕的人物，不要跟天才比，天才我们比不了，也学不了。赵元任是个天才，他是研究方言的语言学家。可是人家能够在美国康奈尔大学和其他著名大学教物理学，在清华大学教数学和物理，还会为刘半农的《教我如何不想她》的诗作曲。现在举国的中文教授，哪一位能到康奈尔大学和清华大学教物理和数学？所以，咱们只是人才，虚心学习，勤奋努力，才能成功。

记得我小学五年级的时候，买到一本《汉语成语小辞典》，天天看，比起看《史记》故事选这些书来，典故更多更集中。

对我来说，作为一个十一二岁的孩子，觉得它比唐诗宋词更有趣，许多都能背下来。有的邻居大人说，这孩子书读呆了，脑子出问题了。我篮球、排球、扑克都打不过同学，只有乒乓球还好一些，经常去打。爱好少了，只得在家里看书，坏事成了好事。

收到李莹寄来的《蒋孔阳全集》增补卷校样。

给浙江大学俄语教授陈新宇快递《中国艺术哲学》俄文版。

中山大学中文系博士生薛晨鸣同学，已经在《中国比较文学》和《社会科学》等刊物发表论文，想报名参加华东师范大学中文系研究生暑期学校，担心选不上，让我向现代文学教研室推荐。给罗岗、孙晓忠两位留言推荐。

在2023年一年级下学期开设"现象学美学专题"课之前，我要写一篇《梅洛-庞蒂美学方法论》论文出来。我在方法论方面，早年在苏州大学计划写三本书：《中国古代美学思想研究方法论》《中国现代美学方法论》《现象学美学方法论》，退休以前完成。中国古代美学方面，除了《中国美学思想简史》外，也是三本书，分别是《审美意象创构论》《审美意识论》《美育论》。这些都是有所准备的。

下午给硕士生补课，计划讲"审美意象本体论"。

7月2日/星期日

编完《中国美学研究》第22辑。

为出版社提供《中国艺术哲学》日文版所需要的内容介绍，夏兴才、初娇娇、张艺静、赵以保提出了自己的参考意见。

在学生群里留言：群里近几年毕业的博士生同学，如果论文写作水平还没有过关，我愿意努力帮助你们提高。这也算我送你们的"售后服务"。

凌金铸夫妇邀请参加晚宴，胡泉夫妇及女儿、女婿、外孙，王维荣、张治华夫妇参加，胡泉女儿抢着买单。

7月3日/星期一

博士后杨天奇来华东师大办事，约见。

看到一个视频，陈尚君教授在回忆导师朱东润先生的时候说，他俩师生之间年龄相差很大，他觉得局促，一般的问题不敢问，怕显得幼稚可笑；深刻的问题又问不出。言下之意，错失了良机。

想起我读硕士的时候，导师王明居老师已经57岁，汪裕雄老师50岁，他们请文秉模教授给我们开一门"德国古典哲学"课，他们两位导师跟我们一起听课做笔记。文秉模教授毕业于莫斯科大学哲学系，他的老师阿斯穆斯是研究德国古典哲学的权威。若干年后，潘德荣老师从德国取得博士学位回国，主要研究阐释学，当时汪裕雄老师快60岁了，也去听潘德荣老师给研究生上的阐释学的课，居然听过两遍，两个学期。这种虚心好学的精神，对作为学生的我是有触动的。

与华东师范大学出版社编辑在《中国艺术哲学》《中国审

美理论》封面设计一事上不能达成一致，纠结。

提醒硕一、博一的于冰晓和许徐从现在开始必须认真对待必读书目考试。过去基本上都是通过的，但是也有不过的先例。何琪琦好像不用参加中文系的考试，但是应该有思勉人文高等研究院的考核，我们的心理实验也需要做一些准备。

自认为我们这帮学人，对本专业是有使命感的，并不局限于写论文、出书、拿项目、评职称。

看到网文《搞理论的千万不要随便和实践相结合》，题目有点危言耸听，理论研究固然不能停留在实践的层面，但是理论还是需要印证实践的。

看到动车提速试验，动车组单列最高时速453公里，想起我2001年曾经作为交换教授在韩国全北大学工作一年，那时我曾经对那里的朋友说，中国正在计划建造从北京到上海的快速铁路，上海到北京的火车可能会从当下的单程19个小时以上，缩短到五六个小时。朋友问，什么时间可以造好？我回答大概五六年、六七年，其实也是没有根据的猜测。2007年，韩国朋友来上海问我："朱老师，你说的那个北京到上海的快速铁路造起来没有？"我说："还没有，应该快了。"在今天看来，我当年那样说，基本上不算吹牛吧。

程金福发来回忆汪裕雄老师的文章。

7月4日/星期二

上午去系里的办公室，西藏民大研究生田雨前来告别，咨询问毕业论文写作和考博事宜。

付长珍语音说《学报》进人事宜，与黄薇老师沟通此事。

看完《大象无形》一书，把笔记输入电脑。

上传"审美意象的发展历程及理论建构"重大项目中期评估材料。

中午看到英语纪录片《小泽征尔》，谈到他对《二泉映月》的崇敬。感谢小泽征尔，他让《二泉映月》的二胡演奏响彻世界！

安迪和他妈妈从广东乘飞机回上海。

责编发来美编的《中国艺术哲学》封面设计稿，用国画做背景，思路没有问题，但是画面照搬了三联书店的书的封面，虽然古画是公版了，但我认为依然是不能完全照抄。直接照抄别人的封面肯定是不可以的，这不是古代中国画是不是公版权的问题。美编如果是这个思路，工作作风有问题。这就是抄袭，对出版社伤害很大，对作者的书也非常有害。

7月5日/星期三

早上听朱昌耀演奏的《二泉映月》，拉得很好，在凄婉中有阿炳不屈的个性，不只是哀婉和感伤。

给学生群里的在职教师留言，希望他们居安思危，不要躺平。我给他们算了一笔账，全国高校估计10年后开始减员，到15年后到达高峰。目前和今后的在职教师，如果躺平，要有应对减员的心理准备。2023年全国高校毕业人数1125万人，2022年出生人口956万人，估计2023年出生人口不到800万人。不到800万人口，2022年出国留学人数80万人以上。去掉10%，还有720万人，如何从720万人里招收1125万大学生呢？估计能招500万大学生已经很好了。全国大学生减员一半以上，养这么多教师干什么？只能裁员一半，谁会被裁员？肯定是躺平的教师首先被裁掉。

田润来《学报》办公室坐了两分钟，说他即将到编辑部。我与黄薇老师、胡岩老师、付长珍老师沟通此事，需要互相沟通和协商，否则僵在这里。

张建民前两个月退休，李小玲要宴请建民，约我参加，中午在环球港四楼锦府园的印月厅。

看余莲的《势——中国的效力观》一书。

晚上就儿童欣赏中国画的审美心理实验，让何琪琦汇报，请教高山教授。高老师说，实验程序出现了困难。

请毕笑老师把拙著《中国古代美学思想研究方法论》资料翻译成法语，打算请种道旸老师联系法国阿尔玛丹出版社，看看有无可能出版法文版。

今日看到李玟因抑郁轻生、不幸去世的消息，才48岁，震惊！喜欢她的《想你的365天》等歌，惋惜！哀悼！

7月6日/星期四

早上6点起床，出发去虹桥高铁站，经过镇江南站回天长，参加高中毕业44周年同学聚会。

在出租车上，微信群里给在读硕博士生同学留言。我平时虽然很忙，但我每天都在抓紧时间读书，在候车、候机的时候，在出租车上，在高铁上，在飞机上，都在看书。各位在读的硕博士生，目前你们不是业余读书，是专门读书，不可一日不读书。有人对我说，成中英教授在国际航班飞机上，十几个小时就读完一本书。如果理解力没有问题，他读理论著作就像我们读小说一样，我相信是可以读完一本200页左右的书的。我们一般做不到，我十几个小时可以浏览一篇博士论文。

我先乘高铁到镇江南站，俞启茂让司机到镇江南站接我到他的公司，然后他开车带我到天长的玺悦府酒店天祥厅。见到了许多多年不见的老同学。聚会由俞启茂全额出资赞助，并送了每个人一个茶杯。餐后我们几位建议以后聚会AA制，企业家挣钱同样很不容易。

庆幸当年上高中没有早恋，早恋的不管成功与否，都没有考上大学。当年考大学的录取率不到5%。

网传西南某211大学的校长毕业致辞，涉嫌抄袭，看来秘书的素质太差了，不讲武德，学风不端正。该校长不应该用这种只会拍马屁的秘书。

毕笑老师发来拙著《中国古代美学思想研究方法论》的法语资料，转给种道旸老师联系法国阿尔玛丹出版社。

下午启茂又带我和几位同学喝茶叙旧，直至晚餐，餐后到志鸿安排的富都大酒店住宿。

7月7日/星期五

早上看到朋友圈转发的陈良运教授的《中国诗学批评史》增订本自序,写得很好,有自觉的方法论意识。其中引用了许学夷《诗源辩体自序》:"使天下有一人知己者,足以无恨。"陈良运教授是一位才子,68岁英年早逝,很可惜。

上午志鸿联系我的老同学缪凤玲,让她的司机开车,送我到镇江南站,乘高铁回上海。志鸿订了秦栏老鹅,两份,我和大哥每人一份。

下午责编发来以国画为背景的《中国艺术哲学》封面,终于达成妥协,微观改一下就可以了。

看到网上有帖子说,湖北荆州有女生志愿居然被一位同学因嫉妒偷改了。恶意更改同学的高考志愿,耽误别人一生的前途,后果严重,应当追究刑事责任。只判处行政拘留5天,太轻了。此类事情频繁发生,就是因为犯罪分子没有得到严惩,犯罪成本低。

黄昏去看大哥家的二孙子,出生45天了,此前我还没有见过。

7月8日/星期六

从老家回来后,想起小时候上学的一些事情。我小时候一开始在关帝庙旁边(酱园斜对面)的幼儿园读了一年,老师是袁玉香。记得当时班上有同学叫栾金生,他爷爷从上海给他买了一顶海军帽子，很漂亮。后来我妈妈下乡，到胜利供销店，家里没人带孩子，我和我弟弟跟她下乡，我在乡下读了一年一年级。后来我妈妈回到街上，我又回到秦栏街上读了一年二年级。三年级时又下乡读了一年。在胜利读书的时候跟俞启茂在一起，当时我们年级总共四五个人。四五年级两年，我爸爸从上海病休回来，我又回街上读了，接着在秦栏中学上初中。整个小学五年，因为秋季改春季，多读半年，实际上是五年半，胜利读两年，秦栏小学读三年半。多读的半年中，王刚、叶仁华、张萍、占正黄、夏国玲等5位同学，从低一年级跳级到我们班上。高中到仁和中学读两年半，从1977年春节后2月份开学读到1979年6月底。

秦栏小学是一所有悠久历史的学校，我的父母当年都是秦栏小学高小毕业的，他们当时的语文老师叫印绳之，也是校长。后来印绳之参加抗日游击队，做过政委。1949年后做过安徽农学院副院长，以正厅级离休。我的兄弟姐妹都是秦栏小学毕业的。秦栏小学毕业的龙念，曾经做过安徽省副省长。

看到《学报》编辑部小群里的校样，与唐忠毛讨论，书名中的问号后面能不能再加一个逗号。请陈娟帮忙在网上买一本《芝加哥手册》。

我22日要去巴西开会，结果签报上23日才出发，这样，到会议第二天才能到达。联系国际交流处，同意我写一个情况说明，系领导签字报销。另入境巴西需要预约注射黄热病疫苗，并携带注射黄热病疫苗的"国际预防接种书"备查，上海国际旅行卫生保健中心目前7月份已经约满了，不知道周边城市例如南京、杭州是不是可以预约。又听说60岁以上不需要接种了，但需要有个证明。得找人核实此事。

高中同学这次聚会，许多同学很开心，在群里传了不少聚餐时发言、唱歌、跳舞、吃饭和合影的视频。当年高考录取率只有5%，许多同学没有机会上大学，高中毕业是他们的最高学历。

在我的学生微信群里督促各位："老师和同学，要互相看论文，要养成切磋的习惯，看别人的论文，不但帮别人指出问题，自己也有收获，也可以避免这些问题，在论文写作上都会有长进。"

督促赵婧洁抓紧写论文，要在充分理解消化他人意见基础上做笔记写出自己的体会，不能偷懒不读资料，那样闭门造车，写起来很难，写出的内容也浅。半年写不出一篇，写出来的还比较浅。果真不听我的，我也没有办法。

向马鸿奎重申我以前说过的意见：咱们研究问题写论文，多写出专家希望了解的内容，希望你发表意见的方面。你需要明白你说什么才会让专家觉得论文好。一定不能把专家不想知道的，或是陈词滥调说了一大通，专家想知道的却一点都没有说。

陆庆祥在中华美学学会群里留言说对"工夫"的界定："何谓'工夫'？由生到熟，由苦到甜，由拙到巧，由巧入妙，由妙到化，由化入神。此造化之机，修行法要；反复本心，推而行之，是谓'工夫'。"他认真地在思考、界定。我调侃他："我听说过'出神入化'，没有听说过倒过来'由化入神'。"他有些尴尬。我又安慰他:"这种尝试非常好,您对'工夫'的看法,说得很有道理,也很有启发。我是在挑刺。"他又说:"中国的'工夫'理性,难以西语传译,似乎很难找到恰当的翻译方式。"我说:"嗯,但是还是要想办法传译,否则人家更加说咱们只是一个地域的思想,不具有普遍价值和意义。我们需要花大力气做好传译工作。您以为西方思想都是可以传译过来的吗?许多内容都误译了,与原著的意思相去甚远。"他答:"翻译的工夫,怕不仅仅在语言形式的精通上,更在于语言背后思想的精炼上。"

7月9日/星期日

提醒在读的硕博士生,有时候论文写不下去了,可以尝试着改变一下论文的结构,也许有更好的效果,也有可能有利于进一步阐发,把论文写得更深刻。

翻看胡雪冈《意象范畴的流变》一书,想起学术圈里,有一些中学老师在学生的帮助下走向学术道路。例如,王一川的中学老师顾祖钊,在王一川的帮助下到北京师范大学文学院童庆炳老师那里访学,从此运用北师大文艺学的资源,成长为教授。又如研究意象的胡雪冈,是复旦已故学者施昌东的中学老师,施昌东帮他推荐发表论文。我的中学老师陈元胜,他也做学问,我当时为他借书,不停地借书寄给他参考,我当时特别穷,寄那么多次书,挂号费特别费钱。陈元胜老师不需要我推荐发表,第一我是本科学生,没有那个能力;第二他父亲陈梦韶是厦门大学教授,是鲁迅的学生。他爸爸、他爸爸的学生可以推荐。不过那时风气很好,自由投稿,只要论文质量好,就可以发表。

让陈娟帮忙下单,买了一本张汝伦的书。张汝伦长期研究德国哲学,最近出版了《〈中庸〉研究》第一卷。这一点他比邓晓芒强多了。邓晓芒也是研究德国哲学出身,执迷不悟,从不认真地研读中国古代典籍,只晓得痛骂中国传统文化。

催要了李伟的英文摘要,拿到后把《中国美学研究》第22辑发给商务印书馆的张鹏老师了。

顾维仪妈妈留言,说是帮我联系好星期三到无锡打黄热病疫苗,我想还是尽量打一下吧。虽然CJ特聘同学群里中国农业大学张英俊教授说不打没关系,他6月份去巴西开会的时候不检查。

继续看余莲的《势——中国的效力观》。

7月10日/星期一

提醒社科文献出版社吕莎莎,日本京都大学学术出版会要求的《中国艺术哲学》日文资料已经发给她了,她又向我要了全书中文电子版。

把短文笔记发给夏兴才,让他尝试列一个提纲。

看到李庆本教授在7月会议群发了准备发言的论文摘要《中国美学何以可能?》。我提出对于中国美学的理解,我想和他交流,咱们既有同,又有异。我凑个热闹,把我的一贯表述思路清理一下，也写一篇同样主题的论文，打个擂台，一起发表。陶东风希望给《广州大学学报》发表，我说这主要由庆本决定。我们之间的想法肯定是不一样的，互相之间也会有一定的呼应和针对性的差异，但是各说各的。陶东风表示认同。我也把我以前的相关著述电子版发给了李庆本。

和《学报》哲社版的几位同仁约定，下周开一次视频会议，讨论进人和约稿事宜。

去巴西参加会议，路途遥远，没有直飞，往返路途要五十多个小时，有了畏难情绪。

7月11日/星期二

李祥林发来他的《怀念王明居先生》一文，引起我对王老师的怀念。

告诉夏兴才，不同的笔记内容排列方法，可以提供不同的阐释视角。好的阐释视角，可以引发新意的表达。

受邀进入国家艺术基金专家库，在线完成个人信息填报。

下午1：00受邀到闵行校区办公楼10楼1001会议室参加2023年春季高层次人才聘期考核会，担任评审专家。

提醒李新、王中栋、张艺静等人，拿出高质量的论文来是硬道理，有了高质量的论文，发表的问题再多做努力。在论文质量上多花功夫，要有开阔的视野与独到的创意。

把《学报》第4期发到打印店打印，准备通读一遍。

乘高铁去无锡，明天接种疫苗。

到无锡住下，顾维仪和她爱人冯总、她妈妈三人请我吃饭。

接黄薇老师信息，人事处已经发出招聘启事，《学报》哲社版招聘两位编辑。

7月12日/星期三

到无锡国际疫苗接种中心接种疫苗，一切顺利。从无锡回来后睡了一下午，太累。

初娇娇来上海，明天中午请她吃饭，陈娟、李欣悦、刘玉萍在学校，计划参加。

在中华美学学会群、意象讨论群、美学中国群留言，计划下学期搞一个小型的意象研究沙龙，主要邀请反对意象研究的、不满意象研究现状的、对我们意象研究思路和方法提出具体批评意见的，以及支持意象研究的学者，都要有深刻的思想和充分的准备，盛情邀请他们参加。浮于表面的，甚至只有口号和立场的，暂时就不邀请了。"打蛇要打七寸"，能击中我们要害的学者，要优先邀请。

我的意象研究需要接受挑战，把问题想深一点，想透一点，请别人指出问题，有助于修改完善。在读博士生有导师和校内外专家指点，可以使论文完善。我们老教师同样需要别人的指点，不能只是自说自话。

复旦大一同学史锦扬加微信，要做校友访谈。

外国语学院青年教师陈贝贝要求尝试翻译《中国古代美学

思想研究方法论》样稿，深感美学专业书太难。

7月13日/星期四

上午继续看余莲的《势——中国的效力观》。

中午请初娇娇在秋林阁吃饭，刘玉萍、陈娟、何琪琦、李欣悦参加。

下午睡了一会。

晚上山东工艺美术学院张晓宁和贺方刚老师邀请郐庭瑾和我在大洋晶典·天安千树晚餐。

看到网上说钱锺书生前不肯出《钱锺书集》云云的帖子。其中可能包含着钱对自己成果不满意的成分，也包含着他旧式文人言不由衷的作秀成分吧。不想出文集，为何要写、要出版？为什么要不断修订？为何后来又同意出了？还作了具体细节安排。我对钱杨夫妇尖酸刻薄的为人不敢恭维，但对钱的著述一直颇为重视，时有引证。我年轻时甚至一度想按照理论系统整合他的《管锥编》，后有前辈劝阻说这毕竟是钱的思想，与其花大气力整理，不如多读经典自己写一本书，这才作罢。

给上海古籍出版社奚彤云总编辑留言，希望上海古籍出版社今年继续推荐申报濮之珍教授的《中国语言学史》参选国家社科基金中华学术外译项目。

7月14日/星期五

中午乘崔树强的便车去普陀校区。晚饭前见到朱良志教授、刘成纪教授等人前来,到环球港凯悦酒店47楼共进晚餐。顾平提到田静媛准备调到东南大学艺术学院,是好事。

跟学生交流,不能用英语写作学术论著,是我等学者很大的局限。学术的理解是需要专业基础的,具体专业零起点的译者,哪怕是英语语言或翻译学的教授,都很难做好翻译工作,否则学术就不是学术了,所译的专著也没有基本的学术水平了。

奚彤云总编辑让我看了去年的中华学术外译项目申报选题表,我发现濮之珍教授的《中国语言学史》推荐表第一栏"著作简介"中只有发行简介,没有内容简介,建议他们补上。

7月15日/星期六

崔树强重大项目开题,顾红亮副校长、朱军文院长、美术学院张晓凌院长和刘麒书记等参加,沈语冰、顾平等作为开题专家参加。我提出:第一,最好有一卷专门阐释"什么是中国汉字书法美学理论体系","如何建构中国汉字书法美学理论体系",至少要写三五万字的总绪论阐发,否则五个子课题不能形成一个逻辑整体;第二,重点要从中国古代书论和书法作品本身出发提炼、概括理论,可以适度借鉴西方理论,也可以参照和比较,但是不能用西方理论生搬硬套中国书法研究;第三,子课题一阐释起源发生规律,似乎还应当包括发展规律;

第四，子课题五书法美育部分不应该写成一个书法美育史，而应该紧扣理论体系建构的论的方式，要聚焦问题，有问题意识，不能编成一本教材。

下午参加美术学院庆祝建院五周年活动，阮荣春教授等参加。我说崔树强从传播学院转到美术学院，两个学院在同一幢大楼，距离很近，在空间上只是跨了一小步，但是在事业上却是迈出了一大步。他的人生从此"开挂"了。

据说 CSSCI 期刊公布 2023—2024 年正刊和扩展版，我不会查。学报没问题，C 集刊《中国美学研究》有点担心。

开始为安徽教育出版社准备《中国古代美学思想研究方法论》申请外译项目推荐书目的材料。

7月16日/星期日

上海对外经贸大学汪荣明校长，是安徽师范大学的校友，在朋友圈看到朱良志教授来沪，给我打电话说要来看他，我告知朱良志教授已出发乘高铁返京，并向朱转达了汪的问候。

与曹谦讨论"中国美学"与"中国现代美学"的关系。

提醒各位在读研究生同学：将来越来越多的同学要写英文论文，甚至写书。凡是中国古代典籍的翻译，建议大家自己直接翻译成英文，不要用中英文对照的本子，那不算权威的本子，只是供学生学习用的工具书；也不要随便用国外学者翻译的本子，因为他们有的错得离谱，例如宇文所安（斯蒂芬·欧文）翻译的《文心雕龙》等，何况引多了还需要去申请版权许可，很麻烦。最好自己直接翻译。

给马鸿奎留言：我在研究中国古代审美意象思想的时候，发现许多说法解释不通音乐问题，于是决定写一本研究中国古代音乐意象的小册子。我建议你做完手里的项目以后，也做中国古代音乐美学方面的研究，包括戏曲音乐研究。你在山西大学音乐学院工作，不能把自己边缘化，要进入学院主流，才能发展。一定不要在美术学院研究音乐，在音乐学院研究绘画，那是很糟糕的。

收到程相占《中国古代叙事诗研究》《中国古代文心论的现代阐释》两本再版新书。

王怀义带他的大儿子过来，晚上在秋林阁三楼凤鸣厅请他们吃饭，高海燕从杭州赶来参加，刘玉萍、陈娟、何琪琦参加。

王怀义送我一幅冷枚的《春闺倦读图》仿作。

7月17日/星期一

上午做完为安徽教育出版社准备的《中国古代美学思想研究方法论》申请外译项目推荐书目材料。

接短信受邀为国家社科基金艺术学项目做通讯评审，时间是20日—26日。

回答《商代审美意识研究》英文译者罗娜老师的问题，发现2002年版有一个错误：傅斯年的文章被收入《释中国》，初版的编辑居然把注释里傅斯年文章名删掉了，导致错误。编辑改过的稿子，作者必须要看一遍所有改动的地方。

准备参考资料，计划写《论"中国美学"的学科特质》。

7月18日/星期二

陈星教授为我画了一幅肖像，很好。

下午到沪华大酒店报到住下，参加"2023年上海交通大学外国文学学科夏季论坛"，论坛由上海交通大学外国语学院主办，《当代外语研究》编辑部承办。在报到处见到杨明明、杨枫，杨明明的博士后敬如歌送我上宾馆6楼617房间。她想翻译我的《中国古代美学思想研究方法论》一书俄文版，并联系莫斯科大学出版社，希望顺利。

晚餐见到与会者常辉、尚必武、王守仁、蒋承勇、刘建军、王立新、刘锋、彭青龙、宋炳辉等教授，罗国祥中途到了。失眠半夜才睡着。

7月19日/星期三

早上到会场看到张辉、张冰、查明建、王宁、朱振武、曾军、上戏李伟、都岚岚诸教授，朱国华下午到。

下午发言，我即兴讲了翻译质量问题。文学翻译可以再创造，从林琴南开始听别人讲故事情节，自己用汉语表达。但是即使文学的翻译，依然需要更好的表达。莫言幸运地遇到了葛浩文，实际上是编译。多年不读莫言的小说，印象中他的小说语言不太好。如果余华被葛浩文这样的译者看重，也许会改变命运。当然被看重有多种原因，就像许多明清小说名著未能引起人们的注意，但是《好逑传》却能风靡全球。上午王守仁教授强调中国的外国文学研究，在价值取向、问题意识、比较视野和话语方式等方面与西方会不一样。有人把翻译的外国文学看成是不同于外国文学原文和中国文学之外的第三种文学，与原本不同，强调翻译文学的差异，但是我认为准确性对于翻译作品来说，是最重要的。王佐良、袁可嘉把罗伯特·彭斯的《友谊地久天长》翻译成诗，得不到更多的共鸣，而作为中文歌词的《友谊地久天长》却被最广大的听众接受，经久不衰。学术翻译更加要讲究准确性，过去英语专业的师生翻译专业书，对某些专业的知识是零起点，很难读懂，因而很难翻译准确。据说某著名的英语出版社出了一本外译项目的中国哲学方面的译著，主要研究中国哲学的夏威夷大学成中英教授居然说看不懂，不知所云。可见译者读不懂书，很难翻译准确。梁志学教授曾经告诉我，有一次贺麟先生曾经阴阳怪气地对他说："朱光潜先生翻译黑格尔的《美学》，大概七成准确吧。"著名美学家的翻译尚且如此，何况一般译者。缺少专业背景的话，很难把专业著作翻译好。我在想，将来是不是每个学科可以培养本专业的翻译队伍？翻译经常遇到两大难题，一是专业内容不理解，二是语言表达不如母语学者的表达那样规范流畅。学术翻译很辛苦，许多外语专业的师生看不上翻译费，如果不是为了拿项目评职称，根本不愿意翻译专业著作。但是学术翻译要想做好，必须呕心沥血，付出一般翻译几倍的心血，一般外语专业师生不愿意付出这么多，因为需要付出太多太多。最好的办法,要认定高质量的翻译才可以评职称,还有奖励才行。

7月20日/星期四

上午《学报》哲社版在线开一个视频会议。

《商代审美意识研究》译者罗娜,要核对冼剑民的《甲骨文的书法与美学思想》,该文发表于《书法研究》1987年第4期,中国知网上查不到,请夏兴才帮忙在网上买一本。发现刊物年份有误,应该是1986年。

7月21日/星期五

把朱利安研究论文的笔记输入电脑。

杨明明的博士后想申报《中国古代美学思想研究方法论》一书的外译,联系莫斯科大学出版社,翻译样稿,但是不幸的是她现在"新冠"阳了。

晚上联系华东师范大学出版社版权编辑种道旸先生,知道法国阿尔玛丹出版社已发来合同文本,但是下星期二可能来不及签约了,没有办法。

7月22日/星期六

几次给Springer(斯普林格出版社)写信,皆因地址有误,被退回。终于发成功了,很快回复,发来《中国古代美学思想研究方法论》出版意向合同，但书名有误，写了我以前已出版书的书名，去信后很快更正发回，让我感动，转发给了安徽教育出版社版权编辑杨菁菁女士。同时告诉了安徽教育出版社的副总编辑何客先生。

在线评审完国家社科基金艺术学年度项目。

晚上看了《长安三万里》，并不觉得有多好，但是动画水平比以前提高了很多，当然和不堪入目的神剧比，两者有本质的区别。

7月23日/星期日

收到曹林娣教授寄来的《苏州园林》新版丛书。收到胡经之老师的自述《亲历美学风云》。

校对完《中国审美理论》华东师范大学出版社三审样稿。里面有一些美丑等方面的例子被编辑删除了，也没有办法。寄给责编。

李明彦留言，明天去长春的机场接我。

晚上请王怀义吃饭。他下周四离开，后面几天我要外出开会。

7月24日/星期一

到长春参加中国文艺理论学会理事会，印象不错。空气新鲜，天很蓝，气候宜人，温度20来度。中日友好会馆的电梯里有凳子，可以坐，真正可以坐电梯。物价便宜，一碗面才15元。

昨晚听王怀义说，江苏师范大学文学院不太看好某老师是江苏师大独立学院（三本）毕业的，基础差，我鼓励他好好干，做出成绩，让学院刮目相看。

给曹传安、欧阳华留言：我大学本科同班同学，做中学老师的20人左右，其中有3位特级教师，也有相当于正高级教授的中学老师。我本来以为特级教师比较容易，结果和曹传安见面谈了一次，根本就不容易，不比在大学里写论文、报项目容易，甚至连评副高都需要排队多年，没有直通车可以快速发展，不像大学里只要有成果就可以破格。我的这些同学中，也有八九位做过中学校长，我曾经也以为当个中学校长相对容易，跟欧阳华交流以后，发现当中学校长也不容易。其实这两位早年都有机会读博士，都有机会进高校，拿出现在工作的精力和热情，就可以做上教授。不知道两位有没有后悔放弃了读博士的机会。

许一明计划申请《中国古代美学思想方法论》法文版翻译，阿尔玛丹出版社签字程序没有走完，我建议她先附上相关材料，或许有帮助。

思考中国古代历史哲学问题，重视史料、史识和史观问题，重视司马迁（究天人之际，通古今之变，成一家之言）、班固、司马光、刘知几和郑樵、章学诚等人，重视史才与史德问题。

7月25日/星期二

我喜欢东北师大文学院的笔记本，纸张好，书写流利，吴洋洋又送了我两本。

下午主持一个板块的发言。

杨明明的博士后敬如歌计划申请《中国古代美学思想方法论》俄文版翻译，联系了莫斯科大学出版社。

请李欣悦帮我下单买乔建中《中国经典民歌鉴赏指南（上、下）》和有关中国古典音乐的新书。

晚餐后吉林大学文学院又请客，与李勇先回宾馆，李勇过来聊了一会。

7月26日/星期三

学术著作的英译，有两大很有难度的问题：一是学英语专业的，大都不懂美学专业，理解上的问题很大；二是不少人对翻译本身兴趣不大，主要是冲着国家社科基金外译项目来的，如果没有项目，立马放弃。事实上，不是每个人都能拿到项目的，我最在乎的是英文版的质量。

提醒李新、王中栋：要有进取心，做事要有执行力，有坚韧不拔、百折不挠的事业心；要把心思放在写论文的新意上；要苦干加巧干，要情商与智商并用。

7月27日/星期四

提醒在读同学,写论文不是种庄稼,播种了一定就有收获。当然即使种庄稼,也会有旱涝、除草除虫、施肥浇水等经营问题。就像生孩子,很多人都希望自己的孩子以后能上哈佛剑桥、清华北大,事实又是一回事。我写了30几年的论文,现在也不敢保证每篇都能写成功,效果不好的论文,也放在这里不投稿。当然这并不代表我在写作的过程中没有收获,不要指望写了就一定能发表,更不要指望每篇都能发在好刊物上。当然也不能总写不好,就像熟练的外科医生,成功为主,手术都失败,那岂不是草菅人命?

告诉在读研究生,各位将来要想把学问作为事业来做的话,从长远的眼光看,掌握语言哲学、逻辑哲学、历史哲学、艺术哲学、人生哲学(道德哲学、伦理学)的基本思想很重要,我后面有机会也开一门中国哲学导论课,把这些基本知识讲一讲。

石春轩子晚上请吃饭餐叙,让我看看她的《长三角区域音乐文化品牌共建机制研究》论文,我感到这种"文化品牌"研究的论文,适合发表的高端刊物不多,建议今后论文选题兼顾刊物的导向和个人兴趣。

我向石春轩子咨询中国民歌理论著作。她推荐了6种书:

《汉族民歌概论》,江明惇著,上海音乐出版社,1997年;

《论汉族民歌近似色彩区的划分》，苗晶、乔建中著，文化艺术出版社，1987年；

《土地与歌：传统音乐文化及其地理历史背景研究》，乔建中著，上海音乐学院出版社，2009年；

《中国传统民歌概论》2版，周耘著，高等教育出版社，2013年；

《戏曲与浙江》，洛地著，浙江人民出版社，1991年；

《中国民族音乐》，王耀华主编，上海音乐出版社，2008年。

与上海人民出版社李莹沟通蒋先生全集补遗卷的后续事项；与朱立元老师商量，由朱立元老师写"后记"，涉及四个方面，一是提及今年的蒋先生百年诞辰纪念，二是感谢陈勇搜集文献的辛勤付出，三是我们大家这段时间的讨论，四是感谢责任编辑李莹的辛勤付出和出版社的支持。

收到王一楠《同绘赤壁：与苏轼有关的图像记忆》一书。

7月28日/星期五

上午陪同吴瑞君校长助理接待云南省社会科学界联合会王建华副主席、《学术探索》李官社长。

中午社科规划办艺术学结项项目来电催促提交评阅意见。

叮嘱群里已经在高校任教的学生，不要躺平，高校压缩编制将来是不可避免的，躺平的话风险很大。

刘康教授的博士生张俊丽询问,她的博士论文第一章历史语境方面,有些问题太复杂,一时说不清楚怎么办。我安慰她,说不清楚的可以暂时不说,没关系。一篇博士论文不可能把每个问题弄清楚。

请李莹落实书号申领事宜。李莹说朱立元老师的"后记"到了就可以开印。朱立元老师说李莹本来说"后记"九月初给她来得及,现在就8月15日以前给她吧。我也倾向于提前给,因为10月下旬要召开学术会议,书需要提前印出来,万一哪个环节耽搁了,届时来不及印出来。

7月29日/星期六

看到铜陵政协拍的《朱光潜》视频,近一个小时,朱良志、朱永新、宛小平、侯宏堂等人出镜评价,拍得挺不错。朱光潜先生老家以前属于安徽桐城县,现在区域重新划分,属于安徽枞阳县,而且隶属安徽铜陵市,所以铜陵政协拍这个视频。

给李欣悦留言:"我要向你提问题:'象'本来是指视觉印象、视觉效果,怎么会用来指音乐意象的,乐象的'象'与视觉绘画的'象'有哪些异同?抽象的声音是如何呈现具体的"象"的?你做'乐象'硕士论文,我也没有闲着,也在不停地读音乐学著作。"提醒她:什么是问题意识?这就是问题意识。好的论文就是说出别人想知道而不知道的,甚至让读者喜出望外;差论文就是写出那些毫无新意、别人早知道的内容,或者胡说八道。

王怀义留言给李欣悦：傅毅《舞赋》中的话说，音乐意象的本质应该是"听声类形"。这其实涉及通感问题，很复杂的，李欣悦刚做学问，还不太懂。

王怀义还留言说："《荀子·乐论》在这方面取得了很大的突破，但由于作者固守儒家音乐观，对当时兴起的诸多民间音乐敌视仇恨，主张将之熄灭无闻而代之以雅乐，因而阻碍了他对音乐与人心感发之间关系的进一步探索。总体上看，先秦奠基而汉代定鼎的'气'的哲学和对'心'的理解，以及自春秋兴起的俗乐的动人效果，成为人们探讨音乐意象何以生成的问题的主要思想资源。"我本人是主张《荀子·乐论》源于《乐记》的。

评审国家社科基金艺术学一般项目"经验论视域下中国艺术理论话语体系建构研究"结项成果。该成果选题重要，探索颇有价值。全文在借鉴西方艺术理论的基础上，从经验论视域出发，对中国古代的艺术思想进行梳理阐发，包括对"艺术"的定义和理解，对经验问题的学理论析等，并在此基础上对中国艺术理论话语作了系统性、体系性的理论建构。其中第七章选取"感悟""虚实""度"三个核心范畴进行论述，是全文的亮点，细致深入，有自己的独到见解，颇具启发意义。文中尤其重视中西参证，重视中国艺术理论话语体系建构的当代价值及中国艺术的未来发展趋势，结合新媒体等多种艺术类型进行了阐释。全文学风端正，结构严谨，论证有力，理论思辨性较强，涉及多学科视角，视野开阔，分析较为细致，语言明白流畅，是一份优秀的结项成果。文中对于中国古代的艺术思想文献及其艺术实践尚可掌握得更充分一些，分析得更为具体一些。

想起周海宏教授曾经有个讲座说"音乐何须懂?"，我认为这是就一般听众而言的。虽然抽象的音乐有其多义性的特点，有助于听众自由地联想，但是对于专业音乐学者来说，大家不但要知道音乐的乐理、音乐的效果，而且还要知道音乐的所以然。如果音乐学院的教授们都是不懂音乐的外行，怎么进行音乐的教学和研究?

网上流行刀郎的歌曲《罗刹海市》。我在 26 年前出版的《审美理论》里举例说，罗刹国的审美观与我们截然不同，以此说明美的相对性。

7月30日/星期日

上午审阅金苹果学校的语文校本教材。小学部分第一讲、第八讲、第九讲、第十讲好，路子是对的。语文教材的主要目标不是讲基本知识，不是科普，不是讲故事，主要也不是思政，不要用太多的说明文。语文教材主要是提高语文水平，要选文学名家的作品，格林童话，安徒生童话，郭沫若、冰心的作品等，就很好，重在选经典作家本人的优秀作品我们不但自己要明白，文学名家、大家的代表作与一般人写的文章，有本质的区别，相隔三万里，而且要让学生真正明白这一点，明白优秀文学作品与一般人的文章的本质区别。我们的主要目标之一,就是教会他们辨别作品的高下优劣。初中的校本教材有的是教案,没有完全看懂,名家诗词、著名小说节选等,都是很好的材料。但是校本教材与通用教材有区别,能否更偏重地方性、时代性?当然名家名篇是根本的前提。

王一楠邀请我在上海书展期间参加她的新书发布会,要了简历和照片。

晚上到上海交大吃饭,明天一天开会。席间尚必武等上海交大外语学院的教授们慰留吴攸,劝她不要到华东师范大学中文系来。

7月31日/星期一

中国美学研究群里已经有四五位博导开始招收博士生了,鼓励他们以后每人要招一点可以用英文写论文、写论著,并且可以英文讲学的博士生。也不一定招太多,一辈子招三五个就可以了。整天招那些连做教授的欲望都没有的学生有什么意思?

我联系英美著名大学出版社出英文版著作,人家主要要作者自己用英文写的,我请人翻译的不受待见,我英语差没办法。

中午到张法教授房间休息。张法是乘高铁从成都来上海的,路程不到12个小时,在高铁上看完一本200页左右的书。这个办法好。

August
·
八月

8月1日/星期二

上午陪安迪去体检，回来后重新用毛笔书写了《中国艺术哲学》书名，此前写得不太理想。

看到王怀义微信朋友圈回忆周来祥教授的内容，想起我们年轻的时候，山东大学周来祥先生要求他所有的硕博士生，都要精读黑格尔的《小逻辑》。这个思路是对的，做美学研究，必须进行理论训练，进行逻辑思维训练，否则就很浅薄。但我认为不一定非读《小逻辑》。可以精读黑格尔，也可以精读康德，也可以精读海德格尔等。我过去一直说，没有一本经典是不可以读的，同时没有一本经典是非读不可的。经典就是经典。回顾我这几年办的读书会，读《老子》的读书会最成功，人多，讨论活跃，大家都有收获。

罗娜翻译《商代审美意识研究》，发现引文中提到的张光直著作中文版引文页码对不上。夏兴才帮助找了中文版电子书。罗娜已还原到英文版引用了，做得挺认真。翻译真不容易。

集美大学管雪莲教授下学期来华东师范大学访学，拉她进了中国美学研究群，期待她协助编辑《中国美学研究》集刊。

给朱自奋、韩宵分别快递了《中国古代美学思想研究方法论》。

心理学院李先春教授，计划开班对6岁至12岁小朋友进行注意力训练，打算找一些中国传统文化方面的材料，咨询我找哪一些合适。我答应改天回复，咨询一下郁薇薇和何琪琦。

8月2日/星期三

回复李先春教授昨日的问题，儿童可以用传统文化材料训练注意力，但内容不能与小学语文课本和其他课本重复，也不要超前到初中课本。以古代诗词、成语典故、古代短篇小说（如蒲松龄《聊斋志异》、吴敬梓《儒林外史》中故事性强的片段）等为主。

郁薇薇关于注意力训练的补充建议是：

第一，6—12岁的小学阶段，注意力训练应选取接受难度低一些的材料（稍低于孩子们的接受能力和学习水平）。古诗词和成语典故更合适，小学阶段基本上没有接受过文言文的学习，古代短篇小说（如蒲松龄《聊斋志异》、吴敬梓的《儒林外史》中故事性强的片段）对同学们来说有些难度，只适合小部分能力强的同学。但可以使用这些经典小说翻译好的通俗版本作为训练材料，小学中有过这样的课文。

第二，注意力训练可以侧重于6—9岁的学生，选取简单容易的文化训练材料。就目前小学生的学习状态而言，9岁以后大部分同学基本上能够控制自己的注意力。对于刚刚从幼儿园转入小学的孩子，这种长时间的注意力维持难度还较大，因此这种注意力训练也更迫切。

第三，低年级的孩子对语言文字的接受能力还较弱，可以借助多媒体等工具，采取视、听、嗅等多感官的注意力训练。视觉上，可以以故事改编的动画、绘画作品、皮影戏、剪纸艺术、书法等为训练材料，听觉上，可以以中国传统的二胡、古筝的曲艺为材料，嗅觉上，可以以茶香、花香等为材料，使孩童们一边接受文化熏陶，一边提升集中注意的能力。

第四，应避免与学校课本中的材料重复。很多古诗词和成语在小学课本中都已涉及，古代孩童启蒙材料，譬如《千字文》《三字经》等，适合6—12岁孩童学习，但小学课本中涉及得很少，像这样的古代孩童启蒙材料可以多发掘一些。

第五，可以设置中国传统文化和西方文化注意力训练的对照组。这个对照组以10—12岁小学中高年级学生为佳，譬如中国的神话和西方的神话，中国的古典音乐和西方的音乐，中国的古典建筑和西方建筑的对照等，从不同的形式上展开注意力的训练，以弘扬中国传统文化，展现中国传统文化的魅力。

何琪琦的补充建议：在材料选择上确实要有所限定，《聊斋志异》《儒林外史》等也需要选择故事性、趣味性较强的内容。如果可以的话，我认为成语故事比较适宜，也可以围绕诗歌进行材料创作，比如将诗歌内容改写成趣味性较高的叙事文本等。

另外也可以关注视觉性的材料刺激，如绘画中的线条和布局，或者传统工艺中一些趣味性内容如手工、折纸等，可以在手眼协调的活动性内容中关注儿童的注意力训练和培养。

华东师范大学出版社《中国艺术哲学》内封设计定稿，让我提意见。

陈晓娟、刘程等提供一些古代山水画，作为《中国审美理论》一书封面设计的参考。

8月3日/星期四

继续写关于朱利安的论文。

敦促赵婧洁抓紧写博士毕业论文。

给巫允明老师和她的学生快递《中国古代美学思想研究方法论》一书，偶然得知她弟弟巫鸿教授正在北京，又匆忙补上一本寄给巫鸿教授。同时给巫鸿教授写信，告知寄书事，感谢他同意我在附录里收入对他的访谈。

看到复旦大学中文系邮件邀约参加一位硕士同学的毕业论文答辩，但是链接里并无材料。

完成《论朱利安的中国艺术观》初稿。

与童世骏留言交流：你们做校长的，做一件事常常可以让我们基层教师感念一辈子，甚至一件事可以改变一个教师的命运。

收到华东师范大学出版社张婷婷编辑寄来的《中国审美理论》清样，决定自己花时间校对。

打印本科生前导9位同学的作业批改。给他们留言："咱们的前导活动虽然结束了，但是各位同学以后如果有任何困难，随时可以找我，我会尽力帮助。希望各位积极进取，认真对待学业。对得起自己，对得起家人。各位同学的家人虽然自身条件不同，但是都把全部的爱给了你们。努力加油，好好生活！"

8月4日/星期五

金苹果学校要求对校本语文教材提意见，我的意见是：把校本教材真正编成语文课教材（不是科普教材，不是思政教材，当然也不排斥包含这方面的成分）。以汉语语言和文学的教学为主，结合思维训练，选文经典是必须的，经典作品与一般作品有本质的区别，如果我们自己这方面的意识都混乱，就很难让他们真正懂得经典的价值和意义。课后的思考与练习，非常重要，一定要群策群力，提出特别有水平、经得起广大同学和家长推敲的问题来。当然这些建议说起来容易，做起来很难。

上午9时出发到浦东机场,去昆明参加中国文艺理论学会举办的"气象与意境"青年学者论坛。

晚餐时见到云南师范大学文学院的几位领导。

王怀义留言:蒋先生《先秦音乐美学思想论稿》"后记"里提到与A君的对话,问我A君是谁?我回答:不知道,也许是虚构的,过去老一辈虚构对话是常有的事。朱光潜也虚构过。朱光潜模仿柏拉图,虚构了孟实、实(他本人)和别人的对话。

8月5日/星期六

早上在云南师范大学吃早饭,遇到四川美术学院的青年教师程赟老师,谈到他们的老院长罗中立。我谈到罗中立的重要作品都是他20世纪80年代中期以前创作的,《父亲》《春蚕》都是1980年作的,迄今为止,这两幅是他最好的代表作。1984年以后,他到比利时深造两年,后来多次到欧美国家访问,受到震撼,认真学习国外艺术,走向表现,虽然看起来比早年的艺术形式"高级"了,但结果是"邯郸学步",把自己的优点和特点丢了,学别人的也不成功。后来并没有成功的作品,可惜了。这是值得我们吸取教训的个案。一个客观事实是,罗中立后半生的现代绘画、后现代绘画没有代表作。提到罗中立,就是那幅《父亲》,走进了中国美术史。与陈晓娟、夏开丰、刘程讨论此事,他们也发表了自己的看法。我在群里又提醒各位老师要反思一下,你们以什么代表作走进中国学术史？李泽厚过去说，一位学者去世 50 年以后，书还有人读，就走进了学术史。滕固虽然只活到 40 岁，他的书至今还有人读。

上午参加青年论坛，在开幕式上作主旨发言。

下午点评第二场"意境美学"部分的发言，其中李想的"老庄象论"和李中诚的"徐渭'舍形而悦影'论"等发言，让人印象深刻。

晚饭后和王嘉军、李雷一起散步。回房间后有一位某省社会科学院的学者来我宿舍讨论问题，他说他有重大发现，认为未知世界是"实"，已知世界是"虚"。我首先肯定他敢于探索的精神，然后对他说，这个需要艰难地论证。创新的见解，必须在学术共同体内有一定的认可度才行。如果大家都不认可，自己觉得是非常重要的创新见解一般也不行，至少要有一部分学者认可。论文是学者之间交流思想的文本，必须可以交流。如果这个世界谁都不认可，也没有刊物发表，也就没有意义。规范的学术研究与民科是有本质区别的。

8月6日/星期日

上午由刘连杰教授的博士生周泽宇开车陪同，去云南师范大学的一二一校区瞻仰西南联大旧址，为师生在战乱中坚持的精神所震撼。然后赶回会场继续参会，听到关于梅洛-庞蒂的发言和汤拥华教授的主旨发言。汤拥华谈到用中国理论解说西方现象，必须对理论话语本身进行改造。

与汤拥华同机,由昆明长水机场返回上海。

与王柏华、王品等人讨论著作英译译者的选择问题。

8月7日/星期一

晚上6:00—9:00给教育硕士暑期班讲"论文写作",上了四节课。课后答疑环节请同学提出问题,他们提出了十个问题,我一一作了回答。

第一个问题:"写论文怎样才能不走弯路,不浪费时间?"我答:"充分利用学校给你配备的导师资源,借力导师,不写导师完全不懂的内容。"

第二个问题:"研究综述要读那么多吗?说得简单一点行不行?"我答:"综述一定要竭泽而渔地读相关资料,才有可能从中发现自己的问题,同时给读者提供相关问题的线索,可以简略一点,阅读者可以进一步去做研究。"

第三个问题:"怎样才能有问题意识?怎样才能发现问题?"我答:"在广泛阅读的基础上,多思考、多比较、多写作,培养发现问题的能力,才能提高自己的问题意识。"

第四个问题:"写论文的时候,写着写着,却改变或推翻了原来的观点怎么办?"我答:"这很正常,许多学者在研究和撰写论文的过程中,常常会改变或推翻自己原有的观点。"

第五个问题:"一篇论文几个部分不均衡怎么办?"我答:"大致平衡就可以了。如果第一部分两千字,第四个部分四五千字,问题不大。如果第一部分两千字,第四部分两万多字,那肯定不行。"

第六个问题："怎样确定论文标题?"我答："从一个角度确定切合内容的标题,要么观点,如闻一多《宫体诗的自赎》;要么范围,如王勋成《岑参挽歌考》;要么方法,如户晓辉《跨文化视野下的呼图壁生殖岩画》。"

第七个问题："阅读书和资料,只想理解内容,不想记笔记怎么办?"我回答："读少了,要多读,多记笔记,找到感觉。"

第八个问题："思考问题的时候,无法判断自己的想法有没有价值怎么办?"我回答："一是借助于导师帮助你们判断;二是多读书,多思考,见多识广,自己的判断力就会提高。"

第九个问题："我们以前没有学过教育学,现在上了几次课,要交期末作业。您能不能教我,怎样才能最快速地写一篇我不熟悉的教育学领域的小论文?"我回答："想走捷径,我不懂,无法教你。"

第十个问题："我们写教学论文和实践论文,我们的材料比较多,但是老师说,只是材料,理论性、逻辑性不够,有什么办法可以解决?"我回答："这需要提高自己的逻辑思维能力。任何论文,即使是实证研究,只要称得上是论文,就要分析,就要归纳,就要条理化。语言表达也需要讲究逻辑性,从中概括和总结规律。这方面也没有捷径可走,需要多读经典理论著作,从中受到潜移默化的影响。"我只能教同学避免走弯路,无法教同学走捷径,我不懂。

陆续与编辑部施有文、付长珍、唐忠毛、周萍四位老师沟通：我们限制了文史哲等人文专业导师带博士生合写的论文发表，原则上不发，极少数特别优秀的可以例外。那么，从理论上讲，要不要给博士生独著开口子？如果开口子，如何能用严苛的评审程序确保所发的论文确实是特别优秀的？各位都同意发在读博士生的论文，需要三位外审，最后严格把关。但具体如何实施、每年刊发几篇，等开学后再具体商量。

8月8日/星期二

审阅前期导师9位同学人文经典导读课程期末小论文，评定成绩。

游泳。思考《中国哲学导论》的基本内容，包括："中国哲学"的范畴界定、中国哲学的思想形态、中国哲学基本特征、中国哲学的思想领域（语言、历史、艺术、伦理道德、宗教、政治、军事、医学等）、中国哲学的范畴体系、中国哲学的发展历程。

修改《论朱利安的中国艺术观》论文。

阅读明天答辩的陆扬硕士生的毕业论文。

8月9日/星期三

早晨赶往复旦大学中文系，主持陆扬兄硕士毕业生的论文答辩，该同学已经考上北京某大学博士，但是论文居然被盲审专家打了59分，显然是"恶作剧"。修改后今天重新答辩。好在不影响月底的学位评定会议，也不影响正常升博。答辩秘书是一位直博生。告诫学生群里的老师，要严肃对待硕博士毕业论文的评审。

晚上到闵行校区一教121教室，给专业硕士讲学术前沿课，四节课，讲意象问题。进校园后遇到倾盆大雨，浑身淋透。保安要借他的上衣给我换，向保洁阿姨借了干净的毛巾擦干，半个小时后，家人送来干净的衣裤鞋袜换了。

四节课后，同学结合中学语文教学提出了一些问题。

第一个问题："如何跟中学生说清楚文学作品中意境的含义？"我答："意境主要是指意象中的境界层次和风格特征。文学作品中的意境源自作家胸襟和修养的层次与气质特质。在欣赏中也关乎欣赏者的胸襟、修养的层次与气质特质，欣赏者的文学鉴赏力也是非常重要的。"

第二个问题："作品中的意象到底包含不包含人？我认为意象不包含人，可是我们有中学生同学说有时候也包含人。"我答："当然包含人，文学作品中的意象，都是人所感受过的，所有的景象都是人眼中、心中的景象，有着人的情感的烙印。'鸡声茅店月，人迹板桥霜'，其中的六个意象，道出了羁旅之人黎明赶路的艰辛。"

第三个问题："许多文学作品中的意境，只可意会，不可言传，如何能帮助中学生悟到作品的意境？"我答："意境的第一个特点是它的整体性，是一个作品的整体境象。第二个特点是主体性，意境的生成是主体体验的结果，要承认中学生作为读者的感悟能力是有差异的，人生境界也是有差异的，各自领悟到的层次当然是有差异的。第三个特点是个体的独特性，中学生之间气质有差异、修养有差异，感受意境的视角当然也是有差异的。"

第四个问题："要不要跟学生讲清楚意象概念的固定含义？梳理一下它的固定含义？"我答："意象的含义，当然包含着意与象及其背景的关系。但是尤其要强调主体的能动性，在景象、事象背后包含着人的情感体验，一种伴随着想象力的情理交融体验。这里既包含着社会性，例如意象的原型，是一种共同的文化意象，古代诗歌中的杨柳常常就表达了依依惜别的意象，梅花傲霜斗雪的意象等，它们都形成了一种文化原型；同时，其中也与个体体验的独特性、与个体特定时刻的心境相关联，不是所有作家传达出来的月亮意象都是一样的，每个作家都在作品中传达了自己特定的情感。欣赏者特定时刻的心境也是有差异的，所以，这么复杂的情形，不能简单地作定义。"

第五个问题："文学作品不同层次的意境有哪些差别？例如神境与化境之间的差别。"我答："意境之间，有风格的差异，有层次的差异。'含蓄蕴藉'与'热情奔放'的意境就有差异，王维与李白作品的意境也有差异，不仅是风格差异，而且是层次差异。这一方面，作家自身的境界层次要高，另一方面，语言传达的效果也是很重要的。妙得天机、浑然天成，更有利于传达高远的境界。"

第六个问题我记不起来了，估计跟前面的某一个问题大同小异。

晚上获悉俄罗斯圣彼得堡大学出版社愿意出版《中国审美

理论》俄译本，评价甚高。

8月10日/星期四

评审国家社科基金艺术学结项成果。

提醒江婷，评价一个学者的观点立场，主要是看他怎么做的，他所标榜的不代表他就是那样做的。我们对他的判断，只要审视我们本身说的有没有道理就可以了，不管他自己是如何标榜的。我们在评审中阐发我们自己的观点和立场，这很正常。我们研究其他学者，不能只是评述他在说什么，我们需要从中阐明自己的立场。

8月11日/星期五

与龚海燕、何客、种道旸、杨菁菁沟通合作申报《中国古代美学思想研究方法论》一书法文本的外译出版基金及阿尔玛丹出版社合作事宜。

龚海燕总编赠送两张上海书展电子票。

敦促谭玉龙、鲍俊晓、李敏尽快写完《大学美育》教材。

宛小平留言，有一个博士生小张，原来是方锡球的硕士，还算用功，明年请我去支持答辩，我回复没有问题。

8月12日/星期六

在学生群里商量，以后在读的硕博士生和博士后，常规每周两次集中修改论文，每次一个小时到一个半小时。近三年毕业工作的老师，隔一周可以搞一次论文修改讨论，算是我送给你们的"售后服务"，一切本着自愿原则，不勉强。自己不觉悟，谁也帮不了。

提醒博士后刘玉萍，研究有什么进展，要及时跟我沟通，自己是摸索不了的，如果人人都能无师自通，学校都应该全部关门了，别浪费时间，别挥霍时间，每天都是倒计时。

请教白宁教授和石春轩子教授。赵元任的《教我如何不想她》和黄自等作品，属于西风东渐下的中国艺术歌曲，王洛宾的歌曲主要是新疆民歌的改编，属于中国民歌的一种。

收到浙江人民美术出版社赠送的伍蠡甫的"中国画研究文集"三册，看到他的《论中国绘画的意境》，我在写《论意象和意境的关系》时，忘了参考伍蠡甫先生的这篇论文，后面抽空看看。

敦促夏兴才，要他在开学前尽快给我"研究计划书"，要么做西方，为终身的学术事业训练好思维，但是外语（英、法、德语等）一定要特别好；要么做古代，奠定扎实的基础。不提倡博士毕业论文直接做现当代美学或文论，如果既没有中学的基础，又没有西学的基础，成果像漂在水面上的浮萍，看上去像那么回事，实际上没有根，没有本，不接地气。博士毕业论文必须既打基础，又出成果。

和郁薇薇语音通话，谈到她在联系郑州大学做师资博士后，要求高，但毕竟是211大学，也更有前途一些。

华东师范大学出版社张婷婷编辑要求继续为《中国审美理论》第五版封面提供参考图片。

8月13日/星期日

继续看《同绘赤壁：与苏轼有关的图像记忆》，看《中国审美理论》第五版校样。

在群里看到韩国美学家闵周植《孙过庭〈书谱〉的艺术创造论》一文（《中国美学》刊登），他认为书法创造有五个基本条件："第一，精神上的解放、自由；第二，向无意识的自我委托；第三，气候环境；第四，工具；第五，创造欲望，命运似的开花。"转给在读研究生看，这对我们学术论文写作也是有启发的。同时拜托多位教授，我们的《中国美学研究》集刊也欢迎日韩的中国美学研究论文，请他们帮忙约稿。

准备完成《中国美学思想简史》，请教陈引驰教授，《庄子》的内篇、外篇和杂篇的关系怎么处理，他的意见和我想的一致，以意脉为主，兼顾内、外、杂的逻辑关系。

继续请教白宁教授，广东民乐《彩云追月》等和江南丝竹都是典型的民族乐曲。请教武文华老师《二泉映月》《梁祝》这样的歌曲。武老师说《二泉映月》是绝对的民族风格，小提琴协奏曲《梁祝》则是中西融合的尝试。白宁教授认为阿炳作为民间艺人演奏《二泉映月》，当然属于中国民间音乐，《梁祝》是根据越剧《梁祝》进行创作的，虽然形式上是西方交响乐的模式，但是它的主题、创作思路和手法，用的都是中国传统音乐的表现方式。

8月14日/星期一

跟赵建军、王耘交流，我的《中国美学思想简史》增加佛教美学部分，一是按照名家名著的体例，二是重在中国佛教典籍，诸如《坛经》《五灯会元》等，印度传来的不能列入中国美学。目前已经有了这么多中国美学史，包括我16年前主编、2008年出版的《中国美学简史》，那么我为什么还有必要再出一本《中国美学思想简史》呢？因为我的《中国审美理论》《中国艺术哲学》《审美意象创构论》《中国古代美学思想研究方法论》等书中包含着我对中国美学的独特理解，这是我写《中国美学思想简史》的基础。

思考《审美意象价值论》写作，考虑关注四个方面，一是感官快适的价值，包括视觉的丽，如华丽、艳丽等；听觉的密咏恬吟。二是心灵的愉悦，如乐，妙、趣味；三是通感，在身心愉悦中拓展到多个感官愉悦。四是意象的价值形态，包括各种文学艺术作品和自然、人生的各种风格特征。

在书架上找台湾版许天治《艺术感通之研究》一书复印本，没找到。在微信朋友圈求助。

继续看《同绘赤壁：与苏轼有关的图像记忆》，看《中国审美理论》第五版的校样。

审阅《学报》第 5 期稿件。

8月15日/星期二

李梅提供台湾版许天治《艺术感通之研究》一书线索，说上海戏剧学院图书馆有。求助于支运波教授，支云波教授答应开学后帮助复印，因为上戏图书馆暑假不上班。

收到席格赠书《〈洛阳伽蓝记〉美学研究》，留言致谢。

转发人事处《华东师范大学学报》招聘公告。

敦促赵婧洁抓紧写论文，有问题务必和我交流，不要走弯路。

继续看《同绘赤壁：与苏轼有关的图像记忆》，看《中国审美理论》第五版校样。

咨询朱华华等，如何获得商代陶器、玉器、青铜器的高清图片，《商代审美意识研究》英文版和中文新版用。

8月16日/星期三

上午 10 点，复旦大学本科生史锦扬通过视频做校友访谈，一个小时。

《中国美学思想简史》体例计划以名人名著为主，次要内容兼顾艺术门类的相关思想。

下午去剑川路天街舒适堡健身中心游泳，一位少妇可能是送小孩进游泳池游泳，出来穿过男更衣室，嬉皮笑脸地自言自语说："走错了。"如果是男士误入女更衣室，就成了严重事故。

8月17日/星期四

今天和博士生陈娟谈清代美学的目录，她说徐上瀛《溪山琴况》算清代，我说是明代的。清代虽然在1616年在东北建立后金政权，但还没有统一全国。明代灭亡是1644年李自成进京，崇祯皇帝自杀，同年农历十月初一清顺治帝祭天即位。而《溪山琴况》成书于1641年左右，当然算明代美学。然后陈娟说某本美学史说它是清代的。这个思路不对，哪个权威都不能作为标准，我们自己要根据实际情况判断，绝对不能人云亦云。

跟白宁教授讨论音乐问题。我在思考音乐为什么说"乐象"，象本来是指视觉印象。我估计还涉及视觉和听觉的通感。后面有空我想专门写一本音乐意象的小册子，目前在做准备，要精读相关音乐著作，理论、例证全部用中国的，中国的音乐理论，中国的民歌、戏曲音乐等。

游泳时思考，《文明的融合》一文需要考虑大同世界与和而不同的问题。

报名参加上海市新闻出版局的主编培训班。

胡亚敏老师在帕尔格雷夫·麦克米伦（Palgrave Macmillan）出版了《马克思主义文学批评中国形态的当代建构》，采用OA模式（开放式免费阅读），阅读量大为提高，一个星期下来有 700 多人访问，向我推荐。

8月18日/星期五

向帕尔格雷夫·麦克米伦（Palgrave Macmillan）的白桦女士咨询了 OA 模式出版方式，她发材料向我普及相关知识，我问需要作者出多少钱。她说 13000 欧，我出不起，经费不够。白桦说期待后面继续新的英文版书的合作。我看看中国古代美学方面，有哪个重要的点，至少是我本人最重要的点，我以前没有说清楚的，我来写一本书试试。我还在思考写什么问题，鼓励学生群里的老师、感兴趣的老师能不能一起出一套？

下学期博士生的中国美学专题课，前半学期计划讲中国美学史及其写作问题，请管雪莲老师做统筹，我会跟同学们讲中国美学史如何写作，其他人怎么写的、我怎么写，所用材料与别人有同有异，关键是我对中国美学的理解，我怎么选择材料，怎么阐释的，从头到尾，我下载打印过十几箱子的参考文献。下半学期讨论审美意象问题，由夏兴才做统筹，重点讨论审美意象本体论、价值论和艺术意象问题，讨论意象思想的基本内涵和研究路径。

问候宛小平，他说检查很顺利，检查结果很满意。赵曜院长特地去看他，说情况不错，不用三个月复查一次了，改为半年查一次。说明情况稳定了。我建议他心情放松，不要焦虑，多多保重。细水长流，慢悠悠地过日子，学会放下，有事需要我效劳的，请告知。

小平提到新版《朱光潜全集》回到安徽教育出版社出版，希望朱良志、钱念孙和我一起谋划。我回答说没有问题，一定效劳。他希望还是按照第一版根据年代排列的编排方式，比较简单，新发现的材料如何分集整理，需要费一些心思。

为了明天下午参加王一楠《同绘赤壁：与苏轼有关的图像记忆》新书发布会，最近三个星期断断续续看了这本书，提前做了功课，今天下午把准备好的发言稿输入电脑。

赤壁之战作为三国时期一战定乾坤、确立三足鼎立局面的一场重要战争，在三国史上有着举足轻重的作用。苏轼被贬谪黄州后游览赤壁，借古抒怀，强化了历史名胜遗迹的文化价值，并由历代诸多赤壁题材的画而形成了一个悠久的传统。苏轼也知道黄州赤壁未必是历史上的古战场赤壁，他用了"人道是"，意思是"有人这样说"，正表明了苏轼本人也知道不能确定这是"赤壁之战"的赤壁。他姑且认定这就是三国古战场赤壁，目的在于借题发挥，借古寄托自己的情怀，抒发自己的胸臆，表达自己的人生感慨：虽然被贬了，自己仍然有雄韬大略的胸怀。他通过自己的过人文学才华写出词赋，引发了后来的画家、欣赏者和书法家直接、间接的共鸣，促进了苏轼词赋的传播。赤壁是一个历史遗存，苏轼也成了遗存，成了被纪念的对象。

借用巫鸿教授的话说，苏轼被称为"赤壁三绝"的一词两赋具有纪念碑的价值和特点，他的三篇词赋（《念奴娇·赤壁怀古》词和前后《赤壁赋》）这样不朽的作品，近一千年来光辉灿烂，引发了一连串的赤壁主题的绘画创作，在宋元时期成为热门题材，也是后代绘画的重要题材。传世的各种赤壁图就有98种之多。这些画源自苏轼的词赋，在不同时代的演绎，既反映了时代的变迁，又反映了艺术风貌的变迁，使苏轼所创构的文化意象得以延续和传承，也反映了历朝历代词赋及其延展的绘画之间的图文关系及其变迁的历程。通过历代书画，赤壁怀古因为它的现实意义和苏轼个人境遇方面的原因，获得更广泛、更久远的共鸣。这种语图相辅相成的特征，使得苏轼的"赤壁怀古"作为一种文化现象，具有重要的价值和意义。其中包含着词赋中的情怀和哲思，以及画家在作品中所传达的未尽之意。

王一楠老师的《同绘赤壁：与苏轼有关的图像记忆》视角独特，从艺术社会学和艺术史等角度，写出专书讨论由苏轼词赋所延伸出来的图像记忆，是非常有意义的。其中讨论了作为叙事画的《后赤壁图》及年代争议问题，讨论了画卷中的细节及其意味等。书中对语图互文进行了阐释，分析了李公麟、王诜、乔仲常、文徵明的叙事方法。其中对苏轼与李公麟的关系作了深入的剖析，并且重点分析了文徵明的赤壁书画。文徵明赤壁书画现存25种，其中书法15种，赤壁图10种，早年以文徵明的书法为主，而文徵明的书法后来也有人补图的。书中还讨论了文徵明赤壁图的源流及其对后世的影响。文中对前后赤壁赋图的仿作及其源流也有许多考辨，例如有的图是淡墨白描，有的是青绿设色，书中也作了辨析，并且涉及"吴门"，包括文徵明亲友、学生的补图、题字等方面的内容。

　　语图关系也不是没有人关注过，明清的绣像小说的出版，就是语图相辅相成的做法，也适应了读者的心理。前此相关的研究，并没有上升到理论自觉的高度，还不够系统地分析和总结语图关系这一文化现象。王一楠老师在书中分析了"东坡赤壁"诗意画中的山水本体叙事，赤壁诗意画的院体传统与瞬间。对图像进行了系统讨论，包括艺术与环境的关系，图像的图片等，引发了个体对宇宙人生的思考。那种超越个体的生命关怀，同样形成了一种传统。包括绘画的鉴赏与鉴定，包括对历代赤壁赋图的版本和叙事图式的源流等，书中都作了考证。例如仇英对乔仲常《后赤壁赋图》的缂丝临摹本，对其中的构图和人物都作了很细致的分析，对其中的笔法、钤印都作了探讨。另外，书中还借鉴了一些西方的艺术理论来分析《后赤壁赋图》。凡此，都是值得肯定的，值得读者阅读和思考的。

晚上在线参加中华美学学会理事会。年会正在昆明举行，我本月4日刚去昆明参加过另一个会议，加上明天下午参加王一楠《同绘赤壁：与苏轼有关的图像记忆》新书发布会，这次就没有再去昆明赴会了。

8月19日/星期六

在朋友圈看到李祥林《尔玛人的艺术——中国羌戏研究》一书，留言咨询他羌族音乐问题，他推荐了几本有关羌族音乐的书。于是想到，少数民族歌曲，在乐理上与汉族歌曲的区别。汉族歌曲和许多少数民族歌曲，调式、旋律应该有不少区别吧？咨询白宁教授，她说中华民族的音乐丰富多彩，有的少数民族音乐文化与汉族相似，有的音乐文化有所区别。中国传统音乐通常比较重视旋律感，线条感比较强。而一些少数民族音乐，例如侗族大歌，有类似西方音乐中和声的感觉。中西方音乐中，宫商角徵羽这些音的音高虽然会有一定音分差异，但是很多民族的音乐都使用这些主音，人类音乐在高层次中有很多相似的东西。

咨询武文华老师对侗族大歌怎么看。她说侗族在唱侗族大歌的时候，声部之间自然就能分成和声的织体，他们没有受过学院派训练，但声音直觉就知道配合。这说明在少数民族声音意识中不缺乏和声观念。我又问她对广东民乐《彩云追月》的看法。她说，《彩云追月》是广东音乐中的经典代表，广东潮汕又是中原文化继承的经典之地，而云南的洞经音乐是周代雅乐的遗存。

又咨询石春轩子，她说少数民族音乐很复杂，比如新疆民歌，它们的调式、调性与汉族音乐不同，有欧亚体系的特征，甚至是几个体系的融合。对音乐形态的分析，需要考虑到调式、调性和旋律、节奏等的区别。中国音乐大多数是单声部的，侗族大歌是多声部的，与西方的接近，确实有所不同。所以在法国演出的时候，对方就选择侗族大歌，他们从中有更多的共鸣。

在朋友圈看到海报，得知蔡宗齐教授今天上午也在书展上参加他新书《如何阅读中国诗歌》活动，约定明天上午去看他。

下午去书展现场参加王一楠新书发布会。见到了王一楠，浙江人民美术出版社况正兵总编辑、洛雅潇编辑，上海师范大学人文学院李贵及夫人高燕教授等。发布会由洛雅潇主持，王一楠陈述，我和李贵点评，最后王一楠为购书读者签名。晚餐时洛雅潇提出重版我的《商代审美意识研究》一书，况正兵总编辑应和。虽然该书是2002年出版的，但由于部分内容保留在2017年人民出版社出版的8卷本《中国审美意识通史》里，我需要跟人民出版社沟通一下。

8月20日/星期日

去延安西路的美丽园酒店看蔡宗齐教授。

在群里和李三达、谭玉龙、陈晓娟等几位老师以及江婷、夏兴才等一起推敲我的朱利安论文题目，组稿编辑嫌不具体。

王磊发来研究汪裕雄老师意象思想的论文修改稿。

晚上看《中国审美理论》校样，发现引文中威廉·布莱克的"一花一世界，一沙一天国"加注的版本居然被翻译成大白话，这个译本绝对不能用。不是学英语的就可以翻译诗歌，翻译诗歌的人必须自己懂诗，会写诗。

8月21日/星期一

请意得辑润色研究朱利安的英文短论文。

看《中国审美理论》校样，读田军《晚明文人的生活美学》，准备写序。

据说《学报》第5期内容不够，留言欢迎几位教授赐稿。

晚上查看明天的主编培训须知，准备明天上午和下午参加培训。

在学生群里给9月份即将进校做访问学者的管雪莲教授留言：以后来我这里的访问学者，一年要写两到三篇论文，内容根据本人的兴趣和专业特长来定，发表有困难的话，我争取推荐试试。即使她已经是教授了，也不要荒废这一年的光阴。

8月22日/星期二

上午、下午上海市期刊主编培训。上午顾月明主讲"期刊出版政策法规"，下午黄安靖主讲"期刊编校规范化常见错误分析"，有一些收获。

应约把《商代审美意识研究（修订本）》书稿发给浙江人民美术出版社的洛雅潇女士。

晚上《学报》哲社版开一个小会，商量第5期稿件补充3篇论文的问题。

校对《中国审美理论》清样，起草田军《晚明文人的生活美学》序。

8月23日/星期三

在《学报》哲社版小群留言："这次第5期临时发现篇幅不够，显得有些被动。看看以后能不能采取一些措施，尽量避免类似情况发生。我想了三点意见：首先，开学后咱们一起努力，推动学校加快进人的步伐。我听唐老师说，这期主要是历史、政治栏目稿子事先没有，往期一般都有。其次，看看能不能在平时备用一些稿子（听说有时候可以用的稿子拖了好久）。我临时着急，紧急约稿也是不得已而为之。第三，我的老同学、《中山大学学报》主编彭玉平对我说，投稿系统里常常会有一些很不错的稿子，需要重视。我不知道我们这边投稿系统里的稿源情况怎样。我想得不周到的地方，请各位老师批评指正。"

给退休的刘晓红老师留言，拜托刘老师，有相关的好稿子，请继续推荐给我们。

给付长珍老师留言："从现在开始，到第6期发排，还有不到两个月的时间，咱们进人还有一个过程。在这两个月之内，历史论文和政治论文的编辑，需要落实一位临时负责人，确保下一期不再出现这一期的类似情况。您看看什么时候方便，咱们讨论一下。"付长珍回复："好的，朱老师。我晚上联系您。"

田婧媛留言告知调动进入东南大学艺术学院的手续已经办

好，已经报到入职了。祝贺她，告诉她这是机遇也是挑战。提醒她东南大学艺术学院平台很好，要重视科研，不能落下。好好上课，好好写论文，认真申报项目。

校对《中国审美理论》清样，和田军沟通我写序言的一些想法。

给华东师范大学出版社王焰社长留言，我的《中国美学思想简史》书稿估计10月底完成，想交给他们出版，她同意了。

把《商代审美意识研究》简介等资料提供给洛雅潇，供她报选题参考。

付长珍老师来电，告知补充稿子的事情正在抓紧，强调田润老师要尽快调进来。

8月24日/星期四

上午和下午参加主编培训会，听报告，各3个小时，共6个小时。

思考田军《晚明文人的生活美学》序。提醒田军："我们写论文、写书，都不是自说自话，而是要把所有的读者当成潜在的对话者。我们不只是说我们想说的话，更要说出读者想知道的内容。我这两天跟你交流提了一系列的问题，就是我作为读者想知道的问题，我读你的书希望得到的答案。优秀的论文或著作，都能在作者和读者之间引发互动。"

写完田军《晚明文人的生活美学》序初稿，发给田军提意见，同时请研究明代美学的谭玉龙和田婧媛提意见。

批改拼盘课"论文写作与学术规范"期末6篇小论文,这6位同学只是提交一篇美学或文论论文,不完全切题,既然其他老师都是根据专业论文打分,我也只好随大流了。"疑罪从无",很难举证哪位同学的论文曾经作为别的课程作业交过。

8月25日/星期五

主编培训班要交小论文,我计划写《学术论文编审中的同行评议机制》,谈谈同行评议中的利弊得失。

继续校对《中国审美理论》,发现多处《周易》"乾卦",被改成"干卦",不知道是哪个环节的人如此荒唐。

在同学群里看到大学本科同学戴建新,说他因父亲是地主成分,考上大学以前没有上过小学,也没有上过中学,一辈子的学历就是大学四年。太不容易了!

看到胡经之老师的文章《探寻美学创新路》,说"美在意象"是朱光潜先生的思想。

通知各位在读的同学:"开学后花一天的时间,一起修改已经写出来的论文,刘玉萍也要拿一篇论文初稿出来,各篇论文里面出现的问题我会一一点评,请各位做好准备。另外,再抽一个半小时的时间,陈娟讲讲论文修改问题,我补充;夏兴才讲讲引文文献应该注意的问题;江婷讲讲英文论文写作的收获。"

给夏兴才留言:"抓紧跟我沟通博士论文研究计划,也要在会上陈述的。在准备研究计划的过程中,一定要跟我保持沟通，从选题到论证，都要沟通。这个很费时间的，现在进入倒计时。"

督促赵婧洁抓紧写博士论文，愿意手把手教她，希望她配合。

给何琪琦留言："你不要以为做神经美学的实验研究是浪费你的时间，文理学科交叉是今后三四十年的重要方向，后续会让你的学术生涯有重要的受益。我现在年龄大了，在这方面的成绩会很有限。你不一样，你的学术工作刚刚开始。"

提醒群里的有关老师，博士毕业论文或学术专著有机会要及时出版。我们年轻的时候出版受限，没有办法。拖很多年再出版，学术价值会大打折扣。李泽厚的《美的历程》如果现在是第一次出版，也就一本普通的专著而已。而 40 年前出版，其学术价值完全不一样。

鉴于田军对我为《晚明文人的生活美学》写的序所提的意见，在群里给田军留言："田军一定要知道，我给你的书写序，一定完全是我的意见，我的看法。如果我写的序传达的是你的意思，这篇序就没有任何意义和价值了。写序的人与书的作者和读者，是一种三角关系。专家一看就明白，都是聪明人。群里其他老师无论是给别人写序，还是请别人写序，都要明白这一点。"

修改《晚明文人的生活美学》序第三稿，明天打印推敲后定稿，交给出版社。

继续校对《中国审美理论》清样。

8月26日/星期六

修改《晚明文人的生活美学》序第五稿，交给中国社会科学出版社郭晓鸿老师。

告诉夏兴才："我对每届博士生都充满期待，对你也不例外。比较理想的高校，博士毕业发表5篇C刊起步。其他都是小事。悠悠万事，唯此为大。"

回复一位考博生的来信。最近已经陆续收到一些考生的邮件，我作了回复。我高度重视考生所发表论文的写作水平，C刊上正规发表论文者优先，这是肯定的。英语水平不低于六级水平。研究方向主要是中国古代美学和文论；研究西方的，可以接收研究现象学美学的。

修改过去写的一篇论文《论中国古代的乐象观》，二稿还不理想，继续修改。

收到意得辑润色的英文稿，交给组稿编辑吴攸老师。

在学生群里留言，这几天为写序我几次给田军留言，我向田军提了许多重要的问题。我一再强调，写论文、写书一定要回应同行专家的重大关切。论文需要和同行专家形成交流互动。绝对不能自说自话，不能自己觉得和别人的观点不同，就在那里说同行专家不感兴趣的话，甚至是空话套话，沾沾自喜是没有意义的。我已经再三强调这一点，希望田军和其他人引起重视。

在朋友圈看到裘锡圭先生发表在《文史哲》2011年第3期上的《老子与尼采》一文，这是裘锡圭76岁时写的论文。

连裘锡圭这种著名的老前辈，都研究尼采，我们做中国古代美学和文艺学的学人不能不懂西方美学与文论。

8月27日/星期日

继续校对《中国审美理论》清样，继续修改《论中国古代的乐象观》一文。

去中文系4422办公室取回李欣悦帮助下单代购的中国古代音乐方面的书。

准备主编培训班结课论文，计划讨论"同行评议"问题。

复旦大学本科生发来采访校友的稿件，我作了订正。

翻看自己的笔记本，突然发现一段笔记没有输入电脑，以后修改中文版的时候充实进去："朱利安的底色是西方思想，他力图准确地理解中国古代思想的片段，但是没有把它们放到中国文化大背景的语境中去理解，而是在对片段理解的基础上，进行一种抽象的理解和发挥，通过西学的参照，加以现代阐释，因而有自己的特色，也不同于中国学者的阐释。"

8月28日/星期一

继续校对《中国审美理论》清样，张栻的注释不知道是李新帮忙做的，还是夏兴才帮忙做的，居然错了三处。想起20多年前，我在苏州大学任教，李岚同学放弃了直研而保送到南京师范大学读研，我劝她不要轻易放弃。她反呛我："我看你也不像细致认真有耐心的人，怎么会选择做学问的?"她现在在美国。这话有道理，做学问需要"细致认真有耐心"。陈晓娟留言表示认同。

曹林娣教授发来《中国园林美学史》样书图片，终于出版了。

浏览刘旭光《感觉还是判断——论审美作为交感反思判断兼论韦尔施的方案》一文，有启发。我觉得我们在研究问题的时候，还是要与欧美学者对话交流，不能自说自话。例如，什么是审美的思维方式？中西可以对话交流。我提出审美活动是（直觉）感悟、判断与创造的统一，审美判断是一种什么判断。情理关系是怎样的（喜剧里就包含理智的成分），韦尔施所说的美的感性特征是什么，主体的感受力与感知能力的关系，审美对象的感染力问题，都是需要说清楚的。相比之下，我们中国以"象"为核心，中国古代讲"感荡心灵"，而感染力的程度，则提到了陶醉、沉醉（韦尔施提到"Berauschung"和"Anästhetik"），中国也有孔子的"三月不知肉味"的提法。今后与欧美同行学者沟通和对话是非常重要的事情。

8月29日/星期二

一整天主编培训，上午三个小时，下午三个小时。培训后继续校对《中国审美理论》清样。

看到高建平教授写的"新时代美学译丛"（5册）总序，河南大学出版社出版，我买了一套，要抽空好好读读。我想是不是可以从中国古代美学思想资源出发，写论文与他们对话交流？我们中国美学研究不能自说自话，需要和国际美学界沟通交流。

建议陈晓娟在帕尔格雷夫·麦克米伦（Palgrave Macmillan）出版公司出版一本英文学术书，内容是关于中国传统艺术或美学的，可以是当代阐释。先提供内容介绍、本书特点、目录、样章等内容。陈晓娟回复英文写作难度太大。我跟她说，要有耐心，慢慢打磨，请人反复修改润色。西方人更愿意看我们对中国古代艺术思想和美学思想的阐释，与西方的汉学家不同。现在重要的是让他们在当下与西方学者交流。

再次叮嘱田军要深入研究几位西方生活美学学者的思想观点和方法，然后从中国古代生活美学思想出发回应他们的问题。既要研究中国古代生活美学问题，更要参与国际对话。而不是自己埋头写书，自说自话。

给王怀义留言，我们作为中国古代美学思想的研究者，在研究实践美学的时候，要体现出我们的独特看法、我们写实践美学的论文和书的独特意义，不能把两者看成是两回事。

在学生群留言，20世纪60年代编写《美学原理》的学者，包括王朝闻、杨辛、李泽厚、叶秀山、刘纲纪等10余人，住在中央党校，朝夕相处两年，这对他们后来的发展产生了重大影响，他们这一代是这样炼成的。

提醒各位同学，要交流，要切磋，要胸怀世界学术界，整天眼睛就盯着学校里的那点利益，是没有出息的。提高学术水平不只是靠数量，更要靠质量。

王一楠留言，表示要把我在她《同绘赤壁：与苏轼有关的图像记忆》新书发布会上的发言稿作为书评交给《中国社会科学报》发表，我表示同意。

8月30日/星期三

上午校对完《中国审美理论》全部清样，午饭后又在电子版上修正留底。不知不觉已经是下午3点，把清样快递给责编张婷婷，也没有时间午睡了，匆忙叫上出租车去亚龙集团张总的晚宴，主要是答谢我们协助编写五年级、六年级（初中预科）校本教材。

担心让我发言，事先写了几条发言提纲，领导发言后没有让我们发言，直接赴宴了。

编写教材是一门专业的技术活，每一件事要想做好，都是不容易的，都是需要专业技术水平的，仅仅在教学环节、教辅及其习题编写环节有经验还不行，这是不一样的。这次五年级的两位语文老师、六年级的四位语文老师作出了努力。

本教材的目标是培养思维能力。过去的语文教学，重在死记硬背，"背多分"是不行的，要重视语文能力的培养。我们也不要妄自菲薄，国内过去也有自己的优势，据说华东师范大学出版社的数学《一课一练》被英国哈珀·柯林斯出版集团引进，英国教育部还专门派教师来中国学习,请中国的中小学数学教师前去讲课。这说明我们的数学教育也值得西方国家学习、借鉴。当然我们也不能妄自尊大,要虚心向人家学习。

目前五年级语文校本教材已经做得不错,两个人做的,不简单,但是如果由华东师范大学出版社正式出版,那么参考文献不能太随意,需要标注权威版本。六年级(初中预科)校本语文教材,分类也有自己的特色,但主要是诗、词、赋内容,文体相对单调,篇幅小,建议在拓展阅读中延伸到散文、小说、戏曲等其他领域。

华东师范大学出版社发来《中国审美理论》封面草图,我回复说,希望与《中国艺术哲学》封面同一种风格,形成一个系列。

给学生留言:虽然我自己是"老古董",做中国古代美学思想研究,但是我不反对年轻人进入最新最前沿方向进行研究。但是有一点,一个新的研究方向,要想做出成就来,至少要在里面耕耘十年。我自己算了一下,我今年62岁,后面时间不够了,所以没有能力和时间开疆拓土了,只好固守自己耕耘了三十多年的领域,再写几本书就结束了。

王怀义说,他正在与武汉大学文学院商量,与我们合办《中国美学研究》。

夏兴才已经从网上买了《中国艺术哲学》新版,拍照发在群里,陈娟发现有两个注释后面没有句号。夏兴才又查了一下,注释一共漏了4个句号。没有办法,只能等重印的时候补上了。

看到今天上午美国商务部长参观上海纽约大学的新闻,从镜头里看到童世骏校长的影像,头发白了不少,可见做校长的操劳、辛苦。

8月31日/星期四

上午赶到钦州南路81号新闻出版教育培训中心,参加主编岗位培训班的线下交流,先后见到林广、罗岗和纪建勋等人。

想到《中国审美理论》的引文中,"注焉而不满,酌焉而不竭"在《庄子》里出现了两次,一次在《齐物论》,一次在《天地》,注释的时候怎么注?请教陈引驰教授,他回答优先选《齐物论》,除非要用到后一篇的上下文。有道理,《齐物论》位于内篇,《天地》位于杂篇,一般认为杂篇是庄子后学的著述。原稿上注的是《庄子集释》第91页,不知道校样上是哪个环节改成了448页,已提醒责任编辑张婷婷注意此事。

提醒初娇娇研究中国古代意象思想的时空问题时,要关注西方的时空思想,在中西参证中开拓视野。以空间为例,只有在中西参照、比较中,才能正确地认识中国古代的空间概念及其特点。把康德、韦尔施等人的空间概念弄清楚了,有利于我们反思和更加明白中国古代空间观念问题。可以关注一下韦尔施"空间概念的具身化"问题,虽然有点难,但是很值得。例如下面这三个文献:1. 吴国盛《希腊空间概念》,中国人民大学出版社2010年版。2. 韦尔施《空间塑造人》，载韦尔施著、高建平等编译《超越美学的美学》，河南大学出版社2019年版。3. 刘胜利《空间、身体与科学：梅洛-庞蒂的空间现象学研究》，江苏人民出版社2014年版。建议她好好读读，有问题可以和我讨论。

催促李莹9月份将蒋先生的全集增补卷印出来。她说："精装书稍微慢一点，最快要九月底了。"我说："好的，谢谢！盯紧，不能出状况。"她问开会时间定了没有，我说早就定了。又咨询朱立元老师。朱老师回答："10月底开会，绝对不会变。"希望李莹不要疏忽，不能出差错。

September
九月

9月1日/星期五

上午参加人事处组织的 2023 年闵行春申金字塔人才计划（领军项目）评审会，下午去普陀中山北路校区参加文科院组织的曙光人才计划评审。

各位在读博士同学务必注意，训练论文写作，最最主要的是博士四年。不能把读博士的时候应该训练的事情，拖到工作的时候去做，因为刚工作的时候，需要辅助做一些行政工作，上各种新课，学生评教差肯定不行。大家都一样，读书的时候不懂，等明白了一切都来不及了。

敦促刘玉萍要抓紧写论文了。根据我的经验，她写出初稿以后,修改至少两个月,大改八遍。问题是现在初稿还没有影子。不要以为八遍算多了,我自己的论文初稿以后也要大改五六遍。没有人可以随便获得论文写作能力的,即使是天才也需要辛苦地训练才能掌握论文写作能力的,没有人可以例外。刘玉萍说前天住院了,下颌囊肿需要手术,那没有办法,只好劝她好好休息。

9月2日/星期六

想起我26年前申请过江苏省教委的一个项目,是《康德与西方现代美学》,当时写得匆忙。多年过去了,也不可能新写一本书了,由于材料和我的德语、英语的局限,我不可能写多好。后面有空整理一下,在《康德美学思想研究》后面加两章,一章讲康德对西方近代美学的影响,一章讲康德对西方现代美学的影响。六七万字吧,也算了结此事。当年蒋先生在序言中提到我要继续做"康德与西方现代美学"研究,而我自己后来因为种种原因,又没有坚持把康德做下去,就很被动。所以,这次我给田军写序的时候,就特别注意,过头的话不说,计划做的事情不提,以免日后被动。我自己有亲身体会。

看到郭英剑回忆业师贺祥麟先生的文章。贺祥麟先生是西南联大本科毕业的,在美国埃默里大学读研究生,后回国任教,是陆扬的硕士导师。陆扬兄读研究生的时候已经30岁了,遇到了好老师,把英语抓了起来,一生受用。我后悔英语没有好好花功夫,严重影响了我事业的发展。

收到两家刊物约稿邀请，决定九月份好好干活。我就像一匹即将退役的战马，听到冲锋号的时候，还能不能坚强地站立起来奔腾、冲刺？

给在读硕、博士研究生留言："我今年前面八个月没有好好写论文，各种事情耽误了我许多时间。九月份我准备根据以前的积累，好好写两篇论文，作为教练文，整个过程展现给在读的硕博士生同学，让各位从选题准备到敲定题目、准备资料、做笔记，明白论文写作的整个过程。各位既然选我做导师，就要相信我是有两把刷子的。即使我自己无能，我的几位导师教导我的方法也值得各位借鉴。特别是博士生同学，如果你们不懂事，我依然有义务教你们，学会做研究，学好写论文，这是以后在大学里生存的真本事、硬功夫。"

好书就像白酒，越陈越香，有的书像饮料，一两年就过了保质期了。希望博士在读的同学，把毕业论文当白酒酝酿，不要像碳酸饮料，过些年就没有用处了。

9月3日/星期日

逐一查了《中国艺术哲学》注释中古人的朝代标注，发现漏了一些。我自己看最后校样的时候没有改一遍，是有责任的。提醒夏兴才吸取教训。我们当年读硕士期间写论文的时候，有一种神圣感。我们将来是大学老师，我们将来是中国学术界的骨干，所以我们要敬业，对待学业要一丝不苟。高度严谨、认真是做学问的基本素质，贯穿在思考、论证和论文写作的整个过程中。

完成期刊社社长、主编岗位培训班小论文《文科学报审稿中同行评议的利弊得失》，通过邮箱提交。

完成硕博士生的课程作业评阅。

9月4日/星期一

有感于某研一同学的作业不紧扣课程主题，告诫她：每一门课程作业，都要紧扣课程主题，根据老师布置作业的要求来，这是最根本的原则。不紧扣主题，有些老师可以包容接受，但是很难获得优秀。不只是一份作业，理解要求的思路要正确。以后做各种事情，要改变思路，凡事要认真对待。希望接受教训，否则以后做事都会吃亏走弯路。

中午在哲学系"师资队伍"栏里看到童世骏校长的介绍《童世骏："业余哲学家"的回忆和思考》一文，通读了一遍，颇多启发。其中有两点印象尤其深刻：一是与国际大师交流对话，二是密切联系生活实际，这非常值得我重视并加以践行。

在学生群留言：我为什么在群里要啰哩啰唆地经常说？因为在读的同学不少人年轻不懂事，容易任性，等到明白过来，为时已晚。尽管我说了可能也是白说，但是我不能不说。我完全不说，靠天收，容易培养一群平庸的毕业生；我如果说了，有的人依从性好一些、悟性好一点，多少还能有几个学生成为"成功人士"。所以，我说是尽自己的义务。

翻看旧笔记本，看到我自己以前写的几段话，值得记录下来:"伟大的思想家把自己的思想表达出来,像春蚕吐丝一样地吐到体外,不依赖于自己的身体而存在。当春蚕死亡的时候,蚕丝依然留存于人间,造福于人。当然蚕看起来也有可能作茧自缚,但是对蚕来说,也许只是自身的蜕变。对于伟大的思想家来说,首先要有创造的冲动,要有丰富的表达,然后才有光明照亮人间,造福人类。""不能只是不断地叠加概念,更迭概念是为了进一步深入内部进行分析,深化理解。""伟大的思想家的著作不仅给我们提供知识,更是在启发我们思考。启示的作用尤其重要。"

9月5日/星期二

上午思考科研项目的事,《审美意象创构论》争取春节后完成。后面重大项目我还要写一本关于意象的书,涉及研究方法、理论建构(体系建构)、当代意义、中西会通等几章,具体我还在酝酿,具体还有哪些问题要研究,我也需要跟朋友、跟群里做意象研究的一起讨论。阅读相关资料,计划月底写出《论"中国美学"的学科特质》一文。

下午去医院做检查,做了核磁共振和彩超,预约做肠镜胃镜。

偶然在网上看到中远海运非洲有限公司董事长潘勇的新闻。我小时候曾经跟我母亲下乡待过几年,也在乡村小学上过学。潘勇是那个学校低两三届的学弟,原来叫潘正朝,后来改名叫潘勇。他兄弟姐妹有七八个,他在家里最小,父亲去世得早,哥哥在家当家操持。当年高考没有录取,他哥哥卖猪加借钱给他复读。他说读书太苦了,不想复读了。他哥哥说,你不想复读没办法,光我报名不行,还需要你自己用功,既然你不想用功,就回来跟我一起干活。那时遇上夏收、秋收,人累得半死,睡眠不足,他跟他哥哥说,太苦了。他哥哥问:"农忙辛苦还是复读辛苦?"他答:"农忙辛苦。"他哥哥说:"那你去复读吧。"复读后考上大连海事大学,毕业后分配到中远海运有限公司上海公司,做到副总。后来好像又到中远海运新加坡公司做了老总,现在是中远海运集团非洲公司的董事长。他有一个好哥哥,鼎力支持他读书。穷人家的孩子,读书不容易,发展也不容易。他受挫后很懂事,就去努力了。

小时候,我父亲在上海市财政局工作,家里没有人,我妈妈要去乡下的供销店上班,我和我弟弟只好跟她一起下乡。乡下的小学开始有两位老师,后来有三位老师,只有两个教室,是复式班上课。一、二、三年级一位老师,语文数学全教,四、五年级一位老师,也是语文数学全教。每个年级四五个人,低年级有六七个人。我后来回到镇上去上学,当年在农村小学我们年级五个人。有一位俞启茂同学后来高中又和我同学,他虽然没有考上大学,但经过拼搏奋斗成了亿万富翁。另有一位叫胡顺林,留级后考上大专,做过中学副校长。在那所农村小学比我低一两个年级的同学,虽然人不多,也有考上大学、大专和高中中专的。另有一位叫郑训田的同学比我低一级,数学专业毕业,后来也在中学当副校长,因为敬仰马克思,改名郑克思。他的堂弟郑训林,当年考上高中中专,后来继续高等教育，做到合肥卷烟厂的纪委书记。潘勇的堂哥潘正云，英语系毕业，在张家港开发区工作。当时考大学录取比例很低，一所乡村小学条件那么差，当时前后届考出来这么多，也不容易，与大家互相激励有关。

我的人生感悟有两点：一是成才的环境和氛围非常重要，人才都是一群一群出来的，成才并不是因为都是天才，天才难得。但大都是人才，人才是在良好的氛围里健康成长起来的，大家互相激励，互相切磋，结果都成才了。二是人才是需要内驱力的，所有想成功的人，都需要自身有内在的动力，有了内在的动力，可以持续努力，健康成长起来，就像喜欢打麻将的人，打麻将打到大半夜，也不知疲倦，非常亢奋。这就是内驱力。

收到鲍鹏山《孟子开讲》一书。

9月6日/星期三

看中国美学的研究文献，发现有不少人批评中国古代的思想很多是零星感悟式的，可是维特根斯坦的许多著作，也是零星感悟式的，他怎么就伟大？中国古代的学者怎么就渺小？他们批评中国古代学者的思想零星不成体系，把中国古代丰富的美学思想资源和精湛的思想说得一文不值，甚至是非常有害的。他们对传统思想恨得咬牙切齿，说是严重阻碍了中国学术的发展进步，什么时候彻底埋葬了它们，中国才有进步的可能。持这些偏激的言论、这种观念和激进观点的学者，居然不是一个两个。其实中国古代的道、气、阴阳五行、骨气血肉等，让我们可以理解，中国古代的思想也有潜在的系统性。还有几位学者的论文说，中国古代没有美学思想，所谓美学思想是后人追认的。他们认为这种追认都是主观臆断的，与古代思想本身并不相干。

接到出版社校对科时老师的来电，谈到《中国审美理论》书稿的注释里，明末清初的王夫之，有的地方注明代，有的地方注清代，不统一。一定要说他是明代还是清代的怎么办？这确实是个问题。他25岁的时候崇祯皇帝上吊自杀，明代灭亡。王夫之活到71岁，主要成就是在清代作出的，可是他坚持自己是明遗民。我想王夫之还是算清代吧，就像有的教授极反感他的校长，可是他的聘书上还是校长的名字，履历上还是算在某校执教，没办法。

想起30余年前，李泽厚先生对我说，你能写别人也能写的东西不要写，也许写得还没有别人好，没有意义。要充分发挥你的长处，写一般人写不了的东西。我觉得这话很有道理，许多人拿自己的短处和别人的长处去竞赛，事倍功半，到头来不服气，生闷气，自己跟自己过不去。

9月7日/星期四

看"中国美学"方面的参考书和资料。

清代有很多诗论家提到"脱化"，"脱化"类似于"羽化"，类似于书法的"出帖"，有"出乎其外"的意思，我知道的就有七八位，留言请陈娟研究清代诗学的时候关注一下。

收到南京大学中国社会科学研究评价中心颁发的《中国美学研究》入选为CSSCI（2023—2024）收录集刊的收录证书。

只吃烧化了的稀饭和烂面条，晚上只喝牛奶，10点钟开始清理肠道，准备明天早上的胃镜、肠镜检查。

刘康教授的博士生张俊丽为预答辩的条件焦虑，和颜芳老师一起安慰与出主意。后听说刘康教授已经做好安排了。

9月8日/星期五

早上6点出发，打车去中山医院做肠镜、胃镜。

通过中山医院国际部挂号专家做肠镜、胃镜，选择专家做还是放心一些。就像教授写论文，还是比博士生写论文经验丰富一些。吊水的时候，护士插了两三针才找到静脉，不计较这种小问题，但愿检查顺利。结果是，胃镜做完后，我傍晚才感到右边腮帮肿起来了，估计是年轻的实习医生干出来的，还不知道从胃里面取一小块肉活检，伤到我的肉没有。原以为专家帮我检查，我太天真了。啥也不说了，就算是为年轻医生的成长做了贡献吧。

我的《中国艺术哲学》书名题字里的"國"字，里面的"口"写糊了，变成了一点，有朋友质疑，为什么不重写？我答：没关系，我看到明代唐寅也写成这样，还收进了书法字典里。

明天印刷厂把《中国美学研究》样书送过来，给陈娟留言，请她接收，并请黄雨虹和江婷帮陈娟一起把书送到4422办公室。

修改《论中国古代的乐象观》一文，阅读"中国美学"方面的资料。

告诉研究生，学者类似于建筑艺术家，准确地说来是建构艺术家。做笔记写论文，需要把自己的独特体会构思成一篇严谨的论文表达出来，这需要有建构的基本功；同样，构思写作一本书，乃至形成一个严谨的体系，都需要有建构的基本功。有志成为一名优秀的学者，必须把论文写作、论著写作和学术思想的建构看成是一种基本功加以训练。

9月9日/星期六

这次写《论"中国美学"的学科特质》一文，我要把审美意识研究好好说道说道。我自己倡导"中国美学"研究必须重视审美意识研究，并且践行了15年以上，要强调它的价值和意义，写3000字左右，这是我的独特之处。

提醒在读硕博士生，咱们硕博士同学和老师，都是专业学者，主业是学业，每天在学术上花功夫，天经地义。如果强调客观理由，每天都会有各种事。

晚上参加朱振武宴请朋友的宴会，沐涛、瞿骏等人参加。

收到杨晖、罗兴萍合著的《叶燮诗学思想研究》一书。

9月10日/星期日

多位师友短信祝贺教师节，在读硕博士生订了一束花送来。

上午改完《论中国古代的乐象观》第三稿。毛笔书写"中国美学思想简史"书名。

继续做《论"中国美学"的学科特质》一文的笔记，列出了一个初步提纲。

9月11日/星期一

上午整理从美国回来的机票和住宿发票。

教育部高等学校科学研究发展中心通知对个人的信息等进行更新。

晚饭后去校内体健学院游泳池游泳，游泳池的水清澈见底，比校外舒适堡游泳池的水好很多，二者有本质区别。

面对文科院的评审和文艺学硕士导师双选会时间冲突，决定文科院评审请假。

跟王怀义语音交流，谈到有的学者后来受了挫折，发展大受影响，要引以为戒。

《学报》收到江苏师大的一篇论文，专家说要修改，就返回给她修改，她就简单应付一下，就返回了。编辑很生气，我也很生气，现在找一位老专家再审，如果不理想就退稿了。我要求我学生群里的各位老师和同学投稿的时候务必注意，凡是要求修改的，都是准备发表的，不把修改当一回事，肯定是浪费了机会。如果只简单改一些字句，编辑可以代劳。返回修改，都是编辑部没法修改的。要修改的论文许多是当期发表，所以修改时间一定不要超过两个星期，否则后一期还有没有机会还不知道。要站在编辑的立场上考虑问题，至于你其他事情是不是比发表这篇论文更重要，需要自己综合考量。

9月12日/星期二

对同学说，学者的学术贡献跟他们的地位没有直接关系。意大利人维柯是西方思想史上作出重要贡献的思想家，他从小家境贫寒，曾做过四年的大学修辞学教师，主要做家庭教师维持生活。朱光潜先生说维柯娶不起妻子，为了出版《新科学》，中年的他就把他妈妈留给他结婚的戒指卖掉付钱给出版商。目前他的书中文版有五六种。

我发现许多硕士论文和博士论文绪论里写到研究方法的时候，都是一些空话、套话，说的都是现成的词语，与自己真正的研究方法不相干。我最近准备反思一下我们的意象研究的方法，真正把我们怎么研究意象的具体方法总结一下。从我个人来说，既有与长辈们相同的研究方法，又有自己的独特方法，这需要总结和反思。

咨询高建平教授，朱光潜先生关于"美学"与"美学思想"的区别出处，他说在《美学拾穗集》中，并且推荐了他的一篇论文给我。

上海社科办通知参与冷门绝学通讯初审。

上午请办公室王张雯老师帮忙拍几张照片，以后做海报用，不太理想。

临近中午，刘家夷来办公室，坐了一会，叮嘱她听从博士导师王峰教授的指导意见，希望她珍惜攻读博士的机会，踏踏实实地重视基础。

下午去中山医院复诊，看检查结果，无大碍，医生嘱注意饮食，少吃动物蛋白，多运动。

对研究生感慨曾经花费了十多年的时间研究审美意识，但是研究成果自己不太满意。我也渴望能有几位导师指导，让我的水平能有明显的提高。

问候博士后刘玉萍健康状况，敦促她重视论文写作，认真训练，面对现状，不要挥霍浪费时间，逐步提高论文写作水平。论文写作训练没有捷径可走，但可以避免走弯路。

与黄薇社长商量明天上午去期刊社，见面谈招聘编辑的事，现在人手不够，已经影响工作了。

建议周萍，外审论文根据主题精准邀请专家评审。

一直奇怪在安徽教育出版社订购的书没有到，经过咨询，原来周末就到了，对方发行科所留手机号码有误。

跟《商代审美意识研究》英文译者罗娜老师沟通，希望后面找一个英语母语学者，好好按照英语表达习惯梳理译文语言。

晚饭后去校内体健学院游泳池游泳。

9月13日/星期三

上午去期刊社，黄薇老师召集谈招聘的事，要求后天考核，因为付长珍生病，我建议推迟考核。

下午硕士生双选会，调剂分配了陈朔。主要是教研室在前期推免直研的同学中，没有选择中国文论方向的。对刘阳说，校外推免的同学，一定要初选出中国文论方向的，一个没有选择，怎么会冒出选择中国文论方向的同学来？

晚上褚潇白请文艺学教研室教师吃饭。

9月14日/星期四

上午四节课，分别是"《沧浪诗话》讲读"和"学术方法"。早上7：20到教室上课，近两年一直在一教，去找教室发现不对。后来一查课表，发现在二教。电脑有问题，折腾了半天才弄好。可见上课，尤其是新学期第一次上课，一定要预留充足的时间，弄好了还有20分钟。

决定下星期二中午请同学吃饭，包括本科后导同学、博士后和访问学者。

记得以前一位编辑编我的稿子，一再说主、客是西方的概念，中国古代没有主、客的说法，实际上，我曾经见过清代就有学者论述过主、客，我一下子记不清是哪里了。

告诉陈朔，做西方文论，必须英语好，这个英语，不是刷题，是阅读英文文献的能力。

再次叮嘱夏兴才，期待他刻苦用功。

何琪琦提醒《艺术导论》要报校内教材奖，我一看填表材料，很繁琐，还需要每位作者提交《政治审查表》，打了退堂鼓。

9月15日/星期五

陈晓娟积极配合申报教材奖，杨芳也鼓励我报，说可以推迟两天交表，那就报吧。

我对陈娟和张艺静的博士毕业论文提出要求，希望她们绪论中的"研究方法"一定不要讲空话、套话，而是要反思自己用了什么方法。让专家能看一看，而不是直接翻过去。

给部分朋友寄赠拙著。

下午去图书馆看音乐理论的书。

要求研一新生陈朔，每天坚持读5页以上的中英文对照《眼与心》，提高专业英语阅读能力。贵在坚持，关键是恒心和毅力。不是做给我看的，希望她能做到。

把本科三年级同学吉若琳和钟会拉进在读学生群里了，我是他们本科的后期导师。让他们俩也读梅洛-庞蒂的《眼与心》，加上研二于冰晓、研一陈朔，4位同学一起读梅洛-庞蒂，我每三个星期参与他们活动一次。另一位本三同学王轲轲，对古代文论比较感兴趣，学年论文和毕业论文我让她做意象吧。我也会安排平均每三个星期指导她一次，但是都会避开期中和期末。

安迪告知,家里收到了潘知常教授快递的四本书,回复微信致谢。

提交市里的冷门绝学通讯初审。

徐贤樑催我和吕新雨提交蒋先生百年诞辰纪念会的参会回执,我先转发吕新雨的回执,我自己的明天提交。

收到王宏超的赠书《人间小虫:虱子、蚊子与萤火虫》。

9月16日/星期六

叮嘱这几年毕业的博士同学,有空要读一读西方理论名著,理论水平要提高,否则论文很难深刻。不用着急,带着读。即将毕业的博士生毕业后也要有计划地读,贵在坚持。恒心和毅力很重要。研究文艺学、美学,他们的水平有待提高。

请教刘莉老师和孙喜艳老师:每门艺术都有象征的特点,音乐乐象的象征特点与其他艺术类型有什么不同?嵇康的《声无哀乐论》是不是为了反对过度牵强地把教化作用附会到音乐乐象上?刘莉推荐我看她的论文《论嵇康"和声无象"观对儒家乐象论的批判》(《天津音乐学院学报》2010年第4期)。

应本校政治与国际关系学院叶淑兰教授的邀请,参加他们的全国博士生论坛的圆桌会议,讨论学术论文的规范等问题,并解答了博士生的问题。

刘程告知,他统计了一下,今年的教育部项目中,有5项研究意象问题,分别是从心理学、外国文学、艺术学报的,艺术学的有3项。期待有更多的学者研究意象。

提交蒋先生百年诞辰纪念会的参会回执。

邹忆敏朋友的女儿在剑桥大学攻读教育心理学博士学位,明年毕业,没有发表论文,因为她毕业不要求发表论文。询问如何找到教职。我告诉她,即使在欧美,高水平大学一定是要有论文发表,证明自己的科研能力和水平的。好在还年轻,才25岁,还可以继续做博士后,努力发表论文,申请大学教职。如果立志在大学任教,科研是必须的。

9月17日/星期日

上午修改短文《中国古代审美意象思想的研究方法》,修改《论中国古代的乐象观》,准备下个星期上课资料。

台湾屏东大学李美燕教授咨询英文著作出版事宜。

请江婷明天协助何琪琦整理《艺术导论》评奖申报材料,推敲申报书。

通知本科后导学生赵崇轩星期二中午聚餐,未有回音。

9月18日/星期一

在学生群给欧阳华、张硕留言:我也没有什么资源,更没有权力,后面硕士同学如果倾向于进闵行有关中学任教,还拜托你们帮忙推荐一下师弟师妹。

9月19日/星期二

在学生微信群向各位强调要提高自己的理论水平，这也是我多年来的感悟。一些理论水平差的前辈学者，不少极端勤奋，著作等身，是我的成果的几倍，但由于理论水平差，大量的著作和论文都处于低水平，被历史淘汰了无人问津。所以大家平时虽然很忙，但还是要抽空带着读西方经典理论名著，提高自己的理论水平。

上午给博士生上"中国美学专题"课。

中午请在读的本科生、硕博士生和博士后在研究生公寓秋林阁三楼聚餐。

晚上给博士生上"中国艺术哲学"课。

晚上见到哲学系美籍德安博教授，送他《中国艺术哲学》和《中国审美理论》的英文版、《中国古代美学思想研究方法论》中文版，约定抽空一起喝咖啡。

9月20日/星期三

对在读同学说，我有空打算带着写一点"乐象"的论文，我的导师蒋孔阳教授就写过《先秦音乐美学思想论稿》一书。

看了李欣悦的毕业论文目录，告诉她章节目录逻辑性不够、有问题，希望群里有空的老师和师兄师姐帮忙提提建议。

准备抽空给于冰晓、陈朔和钟会讲一次"现象学美学概述"。咱们要重视文本理解的准确性，不能把梅洛-庞蒂气活过来。

询问杜超老师和刘家夷同学,关注过康德对梅洛-庞蒂美学思想的影响没有,她们俩都说没有。

9月21日/星期四

上午上本科生"《沧浪诗话》讲读"和《学术方法》两门课,一共四节课。

担心"乐象观"引文较多,超过规定,查重结果引文只占2.9%。提醒陈朔同学:一篇论文,对引文的解读和阐释是我们写论文的基本功。已经去世的老一辈,以前发现文献就花了很多工夫,罗列出来就了不起了,现在查资料非常方便,一篇论文,引文原则上不能超过10%,重在紧扣论文的主题理解和阐释。

《四川大学学报》周维东和两位编辑来调研,点名要见《文艺理论研究》主编和《现代中文学刊》主编,约谭帆教授和罗岗教授来交流。

下午谭帆老师说,《文艺理论研究》和《文学评论》的论文主要从系统投稿中选择,约稿很少,这一点和《学报》不同。告诉学生群的同学,供他们投稿的时候参考。

在学生群里再次提醒,凡是刊物要求修改最后没有刊用的稿子,责任都在自己,没有认真对待修改意见,不花大气力,肯定是通不过的。

把论文标题《论中国古代的乐象观》译成 On the Conception of Yue Xiang (Musical Imagery) in Ancient China。刘玉萍、谭玉龙、高海燕先后提出不同意见，担心西方人不理解拼音。我辩解：用现成的英语单词会让国外学者误解，不利于他们明白中国音乐思想的独特点，强调我们的独特点是天大的事情，他们不理解，可以慢慢想办法弄清楚，但是比附表达，就会让他们误解。我从 30 年前发表论文开始，就反对比附研究和比附表达。《中国艺术哲学》法文版翻译的时候，开始许多内容都比附法国思想里的相关内容，搞得法国人认为我们的思想没有新意，都是他们的常识。事实上不是这样的，许多概念与西方的概念完全不是一个意思。

9月22日/星期五

《学报》哲社版招聘编辑面试，期刊社黄薇主任问田润进来的事，明确表态不反对田润进来，怎么进来可以商量。

下午乘飞机去宜昌参加高校文科学报理事会。路上阅读"中国美学"方面的资料。

赵以保接站，机场还有三峡大学艺术学院李晓艳副院长迎接几位艺术类刊物参会老师。

我一直计划用意象思想分析欧美文学艺术作品和中国当代文学艺术作品，一直没有做好。我期待做意象研究的老师和同学，能够尝试，只有欣赏和评论实践成功了，意象研究才算成功。

9月23日/星期六

听会期间想心思,觉得"中国美学"研究应当重视美学文献,可以专门写一节。

下午应赵以保所在的三峡大学艺术学院邀请,谈谈学术论文的写作与投稿。一起应邀交流的还有《中央音乐学院学报》的主编黄宗权教授,《北京舞蹈学院学报》副主编兼编辑部主任张延杰,陪同参加的还有《中央音乐学院学报》编辑翟浩然和《北京舞蹈学院学报》编辑黄际影。

叮嘱江婷重视写论文投稿,目前各大学招聘都要看博士毕业生发C刊的论文。

9月24日/星期日

想到先秦时代,早在"意象"概念出现之前,就有了"乐象"概念,需要在论文里表达得更准确。

在学生群里跟各位同学重申注释中的古籍使用权威版本的重要性。

熊十力推荐弟子徐复观阅读一部史学著作,数日后,问徐的读后感。徐不敢怠慢,可能是为了表示自己阅读认真,说了书中许多不足之处。不料,熊听了厉声骂道:"你这个东西,太没出息!读书为什么不先看书中好的地方,却专门去挑坏的。这样读书,就是读了百部千部,又会得到什么益处?"当时徐复观已经是少将。我们现在不敢随便批评学生。

下午参观三峡大坝。晚上赵以保请客，三峡大学艺术学院院长赵方和副院长李晓艳出席，文学院章辉和《云南师范大学学报》编辑王浩禹参加。

9月25日/星期一

郁薇薇决定进郑州大学文学院做师资博士后，接受挑战，而不是选择去盐城师范学院躺平，我很佩服。郑州大学毕竟是211大学。该校要求师资博士后两年内发表一篇顶刊论文或获得一项国家社科基金青年项目，这两项要求都非常高，不仅比王中栋扬州大学师资博士后要求高多了，而且比许多985高校进人要求也难多了。论文写作，他们都有了很好的规范训练，现在关键是选题，选题要让编辑眼睛一亮、很有兴趣，不要太平常。

从宜昌乘动车回上海，赵以保送进高铁站，为我准备了中午吃的面包和牛奶、水果。在火车上看"中国美学"研究材料，构思论文，重视王国维、朱光潜、宗白华等老一辈美学家对中国美学研究的贡献，重视现代新儒家对美学思想的贡献。

在火车上写完复旦一位博士生博士论文《蒋孔阳美学思想研究》的评语，晚上修改提交。明天早上6点起床，赶往中山北路校区开两天的会。

给群里做中国美学研究的各位留言：我们的目标不是让少数汉学家关注我们的研究成果，这样的话，我们现在就可以做到。我们的目标是让欧美主流美学界关注我们的成果。这要发扬愚公移山的精神，一代不行两代，两代不行三代，我们的目标一定要达到，我们的目标一定能够达到。

9月26日/星期二

参加学校党代会，见到音乐学院赵旌旌书记等人。

晚上散会回到闵行校区，何琪琦申请去日本东京大学访学一年，让我在推荐意见上签名。

把《论中国古代的乐象观》一文又修改一遍，请夏兴才修改注释格式，将第七稿发给《贵州社会科学》的郑迦文。

告诉夏兴才，论文就是要不断修改。提醒他投稿论文不要填写中图分类号，因为我们文艺美学论文，有的刊物是文学编辑负责，有的刊物是哲学编辑负责，让他专门研究一下具体刊物的习惯。

英译者罗娜咨询我《商代审美意识研究》中引用《诗经·商颂·烈祖》，《毛诗序》说是"祀中宗"，辅广《诗童子问》说是"祀成汤之乐"，到底哪个对？我回答，两种说法，我不作辨析，我重在论证《商颂》为商代诗歌。她又问《烈祖》"八鸾鸧鸧"，我的书上说是形容鸟鸣之声，其他有说是形容马车上的铃声，到底哪个对，我让她改为铃声。

9月27日/星期三

大早赶到闵行校区，乘校车前往普陀中山北路校区。上午第四小组发言后，10点钟之前赶到期刊社，跟哲社版同仁讨论《学报》第6期稿件。下午参加大会选举。结束后到期刊社办公室看《学报》第5期最后校样，发现一篇法学论文举例不够稳妥，紧急请求唐忠毛老师跟作者联系，打算删除有关例证。晚上到家吃完晚饭后，编《20世纪中国美学论稿》（暂名）论文集，发现不少论文电子版找不到了，有的只找到初稿，好在都曾经发表过。

9月28日/星期四

上午本科生四节课，一二节《沧浪诗话》讲读，今天给本科同学串讲《沧浪诗话》原文，跟他们解释"行有未至，可加功力"的意思，就是导航所说的"前方拥堵，但你现在依然是在最优路线上"。路子正，慢慢总能做得好；路子不正，又拒绝我指导，神仙也帮不了。三四节"学术方法"课由三位本科同学提供自己以前的小论文文本，我点评，现场讲解论文中的问题，讲他们论文的优缺点，这对他们肯定是有益的，尤其是提供文本的同学。有的同学情商高，积极提供文本。这就是本科同学的素质，非智力因素，积极学习和被动学习，效果相差很大的。处处都积极进取的同学和消极被动的同学相比，两者之间日复一日的差距，以后会非常大。

提醒于冰晓同学，必读书目考完试之后，准备毕业论文选题，本学期在毕业论文范围内至少开始试写一篇论文出来，这是必须的，请她尽快跟我约时间讨论。

编完《20世纪中国美学论稿》（暂名）论文集，电脑字数17万2千多字。请一年级硕士生陈朔同学整理格式，尤其是注释格式。这对她来说也是一种学习和锻炼，会给她一些劳务津贴。记得某位同学第一年来读博士的时候，我让她买一些书，她就买了某出版社出版的朱光潜的代表性著作，还有其他很不专业的出版社出版的书，说实话，作为博士生，是不应该犯这么低级的错误的。我也没有想到这些都需要指导。

晚上抓紧读"中国美学"方面的参考资料，这篇论文不能再拖延了。

收到梁晓萍的《中国古典戏曲理论体系性著作研究》一书。研究体系性著作很重要，在此基础上进一步研究著作中思想的体系性更重要。

9月29日/星期五

上午看"中国美学"方面的资料，校对《中国审美理论》并样。提醒责编，"辩证"与"辨证"意思是有差异的，不能全部改成"辨证"。告诉李新和夏兴才，佛经还是要用中华书局版作为注释的依据，他们对古籍的整理更专业。同时提醒他俩，当我们从书上复制了一段繁体字引文后，千万不要简单地转换成简体字，那样会出现许多错误。例如"惟须绮縠纷披"，把"縠"转换成"谷"，就错了。估计把《周易》"乾卦"变成"干卦"就是繁转简简单转换造成的。一定要逐字核对。

下午思考"中国美学思想简史"的研究问题。其实不容易,作为"史",需要揭示出术语、范畴、命题发展的规律和特点,要"通古今之变",但是现在的美学史,不少只是不同时代思想家的思想罗列,在史学意识上还是有欠缺。李泽厚曾提到中国美学史的四大主干、四大思潮——儒、道、楚骚、禅宗,他要想贯穿到底,很难,属于主题先行的研究。

我在想中国美学思想史需要突出意象思想,但是不能写成"中国意象史",需要写出史的脉络和变迁规律与特征,其实不容易。

通知各位在读同学10月份一定要抽空讨论一次论文的修改,不要不耐烦,这是我的职责所在,在读同学都是需要训练的。

帮助山东大学艺术学院李新教授看《论中国艺术理论核心概念"写意"的当代价值》,提出一些细节上的修改意见。

提醒在读同学,我们人文科学的论文,确实有编辑看不上你的选题,看不上你的观点,看不上你的论述方式,在认定论文高质量的前提下,只好多投几家。看不上没办法,这跟相亲是一个道理,大家都说好,那个相亲的说不好,怎么办呢?

在朋友圈转述上述的话,有朋友提醒我,我不仅仅是作者,我还是编辑和多家刊物的外审专家,说话不能自相矛盾。但是,正因如此,既要站在编辑的立场上,也要站在作者的立场上,全面地看问题。

9月30日/星期六

有点感冒了。继续查找"中国美学"方面的资料,把笔记输入电脑。

我的《论"中国美学"的学科特质》这几天写出初稿，15000字没有问题，感觉写得空洞了一些，需要从我的"中国美学思想简史"和"意象"研究中寻找一些例证分析，到时候再请群里的师生提出修改意见。我碰到的问题，同学们一样会碰到，如何解决，需要斟酌。论文反对空洞，除非大师。大师的一个提纲，都值得我们重视。我们写论文的时候，一定要讲究技术规范，不空洞，要言之有物，言之有物就是论文技术规范中的应有之义。

提醒于冰晓、钟会等人，要抽时间中英文对照读梅洛-庞蒂的《眼与心》，抽空和他们讨论。

有个 *Critical Arts*（《批判艺术》）刊物，让我审了一篇园林艺术的稿子以后，说是欢迎我投稿，我后面看看有什么合适的论文投稿。关键是论文论证的学理，学理弄清楚了，真正符合论文的规范了，就差不多了，剩下的是英语语言的表达规范。

我向岳峰通报了郁薇薇放弃去盐城师范学院任教，而去郑州大学文学院做师资博士后的事情，岳峰回复说："她其实错了，也不懂事。我校合同，根本不是她想象的，那么多人也没有完成任务，就是扣一些钱而已。她根本不应该选择非升即走，这条路压力太大。她自己会后悔的，除非她科研特别特别厉害。但是一般人做不到这样。今年也是我校最后的机会，一旦硕士点成功以后，一般的博士基本上就很难再进来了。最终她还是要依靠朱老师的资源，否则她寸步难行，这样会给朱老师造成很大的压力。她们对自己的实力过于自信了。我刚才又看了郁博士的简历，她能进我校是她最好的选择。就她目前的实力，是不太可能在郑州大学生存的。"

提醒郁薇薇，从现在开始要有倒计时的意识，师资博士后两年时间，要求发表一篇顶刊论文，或申请到国家社科基金项目，难度非常大。从她目前科研实力看，离顶刊论文水平还有一定的距离。

辑四

October
· 十月

10月1日/星期日

去办公室写《中国美学思想简史》的汉代部分,效率不高。

想起刘纲纪在出版了两卷三本《中国美学史》之后,当时署两个人的名,没有继续写下去了。其实刘纲纪当时应该一鼓作气,把它写完。这样成了烂尾工程很可惜。李泽厚对于这部中国美学史的写作,至少相当于博士生指导教师的角色,指导很多,付出很多。李泽厚晚年做出重要决定,同意刘纲纪单独署名重版《中国美学史》两卷三册,同时公开出版李、刘两位的书信集,我们从两人的通信中可以看出李泽厚在《中国美学史》中的贡献，也说明李泽厚做得大气。

叶朗先生在《中国美学史大纲》后记里，说他当时（1985年）想在《中国美学史大纲》后面加一章"中国古代美学的范畴体系"，他说他当时做不了，就放弃了。我看看后面有空，尝试整合一下"中国古代美学的范畴体系"，主要不是花精力的事，而是方法问题，是怎么做的问题。

请教姚云帆，能不能写一篇《论康德美学对新康德主义的影响》？我博士毕业后关注过这个问题，也写过一点内容，现在找不到了。姚云帆说研究新康德主义美学的也就五六人，可以让一个博士生专门做一篇博士论文。我想以后如果有机会可以招一个做这方面研究的博士生。他问我打算怎么做，我想无非用两种方法，一是一人一谈，分别写这五六个人所受到的康德的影响；二是在此基础上综合起来，谈影响的几个方面。姚云帆说，目前国内对卡西尔研究得不少，另外李凯尔特也有英文的著作，操作也方便些。姚云帆近年主要研究新康德主义者赫尔曼·柯亨的美学思想，申请到一个国家社科基金项目。

陈朔犹豫毕业论文要不要做西方文论了，可能英语也不是特别好。

收到陈晓媛寄来的《对话后现代建筑》一书，里面有我写的序言，可惜被编辑删去了第一自然段，给人一种不完整的感觉。

10月2日/星期一

浙江人民美术出版社洛雅潇发来"文汇笔会"公众号关于《同绘赤壁：与苏轼有关的图像记忆》的发文，里面有我的四段感想。她同时说《商代审美意识研究》一书已经在发排，为插图占了位置。

在学生群留言，说方法有两种：一种是研究方法，是具体的操作方法；另一种是思考问题的视角和思想方法，比如现象学的方法、先验方法等。国内学者读康德、读海德格尔、读罗蒂等，无疑会潜移默化地受他们的影响，因此都是有方法的。但是，成熟的学者、伟大的学者，需要有方法论的自觉意识，要贡献出自己独到的方法论。思想方法中体现了系统、完整的世界观。如果我们的思想形成了一个体系，在思想方法上具有自觉的意识，开辟了一种独特的研究视角，形成了一种独到的思想方法，并且被学术界学习、思考和借鉴，我们作为学者就成熟了。

对学生说，著作不一定要等身，也不一定要等腰，一辈子的著作垒起来能有膝盖高都是非常了不起的，关键是像李泽厚先生说的，"五十年以后书还有人看"。我要补充一句，还需要让欧美等国家不同文化背景的人还能从中获得启发。时间上要超越当代，空间上要超越国内，力争产生世界性影响。

看到肖清和入职北大的消息。多年前我就看过肖清和的博士毕业论文后记，他的家境贫穷得让人伤心落泪，多次上不起学，如今能从上海大学去做北大长聘副教授，为他高兴。现在换单位都是这样，职称由新学校根据科研和教学成果评聘，达到哪个级别就聘什么职称。这种长聘副教授的优点是，它是终身教职，即使以后评不上教授，也可以干到退休。而普通副教授就不同了，如果六年之内评不上正教授，就会被解聘，离开该校。

看到美国女科学家卡里科和魏斯曼获得2023年诺贝尔生理学或医学奖。女科学家卡里科68岁了，还没有获得终身教职，但她并没有选择躺平，而是凭努力获得了诺贝尔奖，为新冠疫苗的研发作出了卓越的贡献。

多年前我试图把《中国艺术哲学》补充完整，写了两篇艺术风格的论文之后，我发现我已经做不到了，因为新写的内容从论证到语言，都和30年前大有不同了。于是还是想另外写一本书，作为《中国艺术哲学》的补充。由于我最近要做的事很多，包括写《中国美学思想简史》和《审美意象创构论》等，无法集中精力来写这本书。但是我这次打算在上"中国艺术哲学"课的时候，思考一下写什么和怎么写。我初步想到中国古代艺术观念的变迁、艺术风格论、艺术门类论（对九种艺术门类的综合论述）这三章，还会思考中国艺术问题中有哪些问题还需要论证，写成一本五六章的书。

10月3日/星期二

我看到一篇报道，卡里科说她申请基金极其艰难："随后几年，年年申请，年年被拒，竟连续八年无法为这一课题申请到基金。她回忆说：'我每天晚上都在写基金、写基金、写基金，结果每次都被打回来、打回来、打回来。'你有千条妙计，我有一定之规；任你说得天花乱坠，我就不给你基金。"我给学生留言："诺奖获得者申请基金如此艰难，你们更要发扬'范进中举'的精神，屡败屡战，百折不挠。"她还说，不要多为孩子做什么。要以身作则，让孩子把自己视为榜样。

给夏兴才留言：以我 30 多年研究中国美学的经历，写一篇《论"中国美学"的学科特质》的论文理应不难。但是不能重复自己，一定要写出新高度，而且要与同行的观点切磋交流。不能重复自己，所以必须认真对待。

苏轼《於潜僧绿筠轩》，"於潜"是古地名，不能简化为"于潜"。提醒各位，繁体字文本转为简体文本，一定不要简单地直接用系统转换，至少要逐字检查一遍，否则会出现很多错字。"著"变成了"着"，也是繁简自动转换的结果。咱们是专业学者，不要随便自动转换，或者至少要逐字核对一遍。

吉若琳对梅洛-庞蒂美学有畏难情绪，想了解中国古代美学思想，我把我自己的历年意象论文集打印了 3 本，这几天假期结束后，提醒吉若琳记得跟我要一本。此前给过王轲轲一本，请她们俩有空的时候读一遍，记得做笔记。第一次读，能读懂 30％已经很好了，我再跟她们讲一讲，她们就可以懂得 50％以上，群里有很多老师和硕博士生都是研究意象的，她们学年论文和本科毕业论文做到优秀水平不会难。群里的杨若澧和徐宛琦的本科毕业论文，都写得有一般硕士毕业论文那么多，都做了研究生。希望她们要向他们两位学习。不要害怕资料看不懂，读小说貌似看懂了，其实也没有看懂。都读看得懂的，其实长进不大，把看不懂的内容看懂了，学术水平就有了很大的进步。

告诉王轲轲，后面如果想做中学老师，可以请欧阳华老师、张硕老师和群里的一些中学老师，多指教和帮助。

10月4日/星期三

上午看"中国美学"论文的材料，整理笔记，陪安迪去徐家汇健身房锻炼。

给江婷和于冰晓、高海燕等人留言，请他们购买《芝加哥手册》备用，掌握英语论文的格式，我出资支持他们，答谢他们平时的帮忙。

给王中栋、李新留言：中栋和李新最近怎样啊？有困难要提出来商量解决，埋头苦干和抬头看路要统一。郁薇薇选择了比你们更艰难的路，你们俩更要努力。

我对我的毕业生说，希望他们不仅要勤奋努力，这当然是最基本的，而且要情商和智商并用，要有面对困难的勇气和解决问题的办法。写论文在选题和观点方面，要有智慧，要能被编辑和读者看中，不能自说自话。

约请张永清在复旦参加蒋孔阳先生百年诞辰纪念会期间来华东师范大学讲座，他说初步打算26日下午讲"现象学中的两种文学批评观"。

晚上阅读《中国审美理论》校样，给责编留言："模拟"和"摹拟"还是有一些区别，不需要统一。模拟多重视图像，摹拟多用于语言，相对抽象一点。"缥缈"是正确的，"缥渺"也是正确的，可改可不改。"返观"与"反观"意思不同，一定不能改。编辑的工作原则是"可改可不改的一定不改"。

10月5日/星期四

上午看"中国美学"论文的材料，整理笔记。

阅读《中国审美理论》校样，给责编留言："渺远"不用改为"邈远"；"凄惋"与"凄婉"含义有所不同。刘禹锡"闻郎江上唱歌声"和"闻郎岸上踏歌声"是不同的版本，不用改，我也是编辑，可改可不改的一定不改。责编说是责校改的。

翻看托马斯·门罗的《东方美学》。想起1984—1985年期间，我多次向天津市社会科学院的吴火请益。当时《东方美学》还没有译成中文，吴火先生英语很好，他说："欧美学界对中国的美学思想了解很少，托马斯·门罗的《东方美学》中对中国美学的理解令人哭笑不得。"

晚上历史系王进锋在沪华大酒店宴请安徽同乡。历史系沐涛教授、王东教授，哲学系朱承教授等参加。

10月6日/星期五

校对《中国审美理论》清样，给责编张婷婷留言，本书后面的索引，有的涉及一些引文，其中的人名和书名出现在脚注中,索引里应该可以保留。所有的索引里出现的,正文里都出现过,有的是在注释里呈现,我的建议是不能删。

给责任编辑张婷婷寄清样。

给顾春芳教授邮寄拙著。

收到黄立教授提供的海外学者研究"中国美学"的文献。

提交《文学评论》盲审稿意见,提交复旦硕士论文评审意见。

晚上到华东师范大学体健学院游泳,准备明天上课。

10月7日/星期六

补星期四上午的本科生的四节课。

提醒于冰晓、许徐、何琪琦,请三位准备毕业论文开题报告。做什么?为什么做?怎样做?约时间讨论。

下午去复旦参加朱立元老师的博士生刘涛的博士毕业论文答辩,王纪人老师主持,陆扬、王才勇、张宝贵和我参加。刘涛的博士毕业论文《蒋孔阳美学思想研究》对蒋孔阳先生的美学思想研究有所推进。

发现李子群新出一本《蒋孔阳美学思想研究》,中国社会科学出版社出版,请管雪莲老师代购一本。

10月8日/星期日

下午和夏兴才、访问学者管雪莲老师讨论《中国美学研究》第22辑校样，不少论文的格式规范度不理想。打算下次格式不合规范的稿子，初选就毙掉不用。

跟夏兴才说，中国美学史的写作，作者心中首先要有对美学基本原理的系统看法，才能辨别哪些是美学思想的文献材料，进行系统的辨别和取舍，这是第一步。20世纪60年代，于民、叶朗先生就曾经在宗白华先生的指导下编了一本《中国美学史资料选编》，中华书局1980年出了上、下卷。他们俩先后根据这套资料选编，编撰了《中国美学史大纲》（叶朗）和《中国美学思想史》（于民）。其次，作者需要对这些资料具有独到的阐释能力。尽管我们需要参考别人的阐释，但最最重要的是自己在美学角度的阐释能力。第三，史不只是材料罗列和阐释，更要体现出自己独到的史识。这就是司马迁所说的："通古今之变，成一家之言。"要探寻其中的历史发展规律。

提醒在读同学，论文投稿，一定要认真对待所投刊物的格式规范，格式规范不符合要求的，有海投的嫌疑，许多刊物都不重视。

10月9日/星期一

凌晨起床赶往苏州看牙。

阅读审美意识资料。

跟付长珍、周萍沟通《学报》基金检查的事情。

申报华东师范大学出版社《康德美学思想研究》增补第四版出版的选题计划。

咨询《中国审美理论》俄文版翻译样稿。

晚上崔树强来坐一会,聊近况。

提醒于冰晓、许徐、何琪琦,准备毕业论文开题报告需要写出样章,请抓紧,有问题准备和我讨论。

请崇轩准备本科毕业论文选题,跟我约时间讨论一次思路。

10月10日/星期二

跟学生强调重大科学的发现者常常是年轻人,是没有错的。据说当年梁漱溟考北大没考上,24岁的时候则应北大校长蔡元培的聘请到北大讲学教课。要知道,梁漱溟的父亲是清末的大知识分子,四品内阁中书,家学渊源也是很深厚的。

对学生说,我们进行论证的时候,仅仅有归纳推理肯定不行,归纳推理要与演绎推理统一,逻辑才会严密。归纳推理只能证明普遍性,演绎推理才能证明必然性。我本科的时候学形式逻辑,对此印象深刻。我当年研究康德美学的时候,把康德的四个契机合并成三个问题论述,强调普遍性和必然性的统一,有的西哲教授还表示疑问。

中国古代学者说"例不十,法不立",就是觉得例证少了,没有普遍性,找三五个例证肯定不行。实际上,即使有一百个例证,也有可能还是例外,必须强调必然性。

早上提前到学校,准备《沧浪诗话》讲读的完整讲义,以备上峰检查。此前为讲课发表过10余万字的《沧浪诗话》研究论文，此次系统整理了一下。以后计划写一本《〈沧浪诗话〉的思想体系》，要在方法论方面为同行研究诗话提供借鉴。

上午给博士生讲中国美学专题课，谈到研究方法和思想方法。研究方法是研究问题的操作方法，思想方法是思考问题的方法，例如结构主义的方法、现象学的方法。我们需要学习别人的思想方法，也需要把自己的思想方法上升到自觉的意识。

把《中国美学研究》第22辑校样快递到商务印书馆。

10月11日/星期三

一大早去中山北路校区《学报》编辑部。

中午在中北校区餐厅吃饭，遇到朱民副书记，和组织部部长朱军文等人。朱民对我说："你辛苦了。做事有做事的乐趣，也会有烦恼。"

下午在校内路上碰到经管学部袁毅老师。她说他们学部"破产"了，回归学院制了，今天下午参加分家后的学院第一次会议。

张法发来给我们《学报》的论文，我已转给周萍处理。

与山东艺术学院张晓东老师语音，谈到我们需要重视思想方法的自觉意识，才有可能真正地建立起学术的理论体系，我们要从学术思想的接受者逐步变成学术思想的创造者。正如我们要想生产尖端的芯片，尤其需要自己生产光刻机。

得到敬爱的师母濮之珍教授不幸辞世的消息，悲痛。

10月12日/星期四

早晨赶往学校，今天上午本科生四节课。

跟同学谈到，要总结中国古代思想方法的利弊，要了解西方当代思想方法的特点，并且进行比较。

下午本校历史系的俄罗斯博士生 Kuratchenko Marina 来访，我送她一本《中国艺术哲学》俄文本。

毕笑前来核对《中国艺术哲学》法文译稿。

信箱里收到王冉冉的《作者学养与乾嘉章回小说的精神世界》一书和徐默凡的《从社会方言到功能语体：网络语言新论》一书。

袁筱一邀请参加星期一的第六届思勉人文思想节开幕式，决定星期日晚上提前回上海。

10月13日/星期五

清晨去虹桥机场乘飞机到西安咸阳机场，赵婧洁、赵俭杰来机场迎接，并共进午餐。

下午在西藏民族大学文学院做审美意象的当代发展讲座，魏春春来宾馆接，并主持讲座。

10月14日/星期六

上午线上参加安徽省美学会议，谈中国古代的审美意象思想如何进入当代美学理论的建构及其在当代中外艺术批评实践中的运用等问题，提出一些研究设想。

上午后续又线上参加北京师范大学的康德美学年会，点评牛宏宝、舒远招、陈剑澜三位教授的大会发言。

收到罗峰老师古希腊戏剧注译四册。

下午休息，晚餐见到李海生。

席间有西藏民族大学文学院的老师，籍贯山西，娶陕西的太太，大家戏称这是"秦晋之好"。

10月15日/星期日

上午参加西藏民族大学校庆活动，见到复旦大学中文系周斌教授。

下午参加文学院学科建设讨论，我发言提出，要多请教学科评议组专家，对标学科建设和学位点建设的要求；鼓励文学院的老师多参与全国性的学术活动，与国内外同行学者积极互动；增加博士教授的比例，要重点建设中国语言文学中的五个二级学科，每个二级学科原则上要有三个以上的博士毕业的教授；要彰显文学院自身的专业特色，让业界刮目相看；论文论著要强化自己的特色，进一步推进和提升论文论著的层次；积极申报充分体现自己长处的重大项目选题，争取获得教育部社科奖。

收到《中国审美理论》俄文译者所译的样稿。

在机场见到20年前苏大毕业的学生李然，20年没见面了,同机回上海。他现在在上海外国语大学从事美育教学工作。

回来后见到了来作客的丁滁菊小姑妈和表妹。

10月16日/星期一

在闵行校区行政楼楼梯遇到梅兵书记,一同到思勉高等研究院参加人文思想节开幕仪式。路上谈到《学报》工作,我说会认真处理好各方面关系,把《学报》工作做好。

上午"参加第六届思勉人文思想节开幕式"。中文系谭帆教授以前任院长名义参加、王峰以传播学院院长名义参加,我以《学报》主编名义参加,而哲学系、历史系、外语学院等院系领导多人参加。下午我在中文系遇到文贵良,建议中文系的领导对思勉高等研究院的活动要有积极参与的意识,要有存在感。

中文系群里,大家欢迎吴攸入职。

赵庸送来两本她的新著。

查看罗娜翻译《商代审美意识研究》英文版过程中所发现的错误。

陪丁滁菊小姑妈和表妹在夏雨厅三楼吃饭。

填写《中国审美理论》境外出版审批表,提交给杨芳,请她打签报。

10月17日/星期二

早上到闵行校区，陈娟要我在优博基金中期考核表上签字。上午给博士生上"中国美学专题"课，跟同学重申我几年前上课对于中国美学史写作的九点要求：

1. 心目中要有成熟的中国古代美学思想。
2. 要立足古代的文献文本。
3. 阐释文本要注重客观性，不能过度发挥，在阐释中，要警惕中西混搭（宗白华也有以西释中的问题）。
4. 体现相关研究的前沿高度，即时代高度。
5. 注重对前人相关研究的补缺补差。
6. 重视哲学美学的发展脉络（先秦诸子美学—汉代经学美学—魏晋玄学美学—隋唐佛学美学—宋明理学和心学美学—清代实学美学）。
7. 重视各艺术门类的美学思想。
8. 揭示美学思想史的发展脉络和规律（通古今之变，体现史的特征）。
9. 体例要统一。

下午去中山北路校区文科院，辅导参加曙光人才计划项目答辩的9位青年教授，基础普遍较好。

晚上上博士生选修课"中国艺术哲学"。对博士生说，写论文归纳推理与演绎推理需要闭环。学术研究要形成自己的思想方法,要能给别人作为工具使用,具有普遍的可操作性,值得别人学习和继承,例如康德的先验方法。思想方法犹如光刻机,通过它生产芯片。

艺术的创作者与欣赏者的关系,从逻辑上讲与从历史上讨论是不同的。

10月18日/星期三

上午到中山北路校区《学报》期刊社,审阅处理《学报》第六期稿件。

下午见到吴瑞君老师,她还处于丧夫之痛中,据说老父亲也生重病,女儿即将回美国。

与田义勇讨论思想方法问题,我说我们需要总结老子、宋明理学学者等这些古代学者的思想方法,也总结、反思自己思考问题、解决问题的思想方法,有思想方法的自觉意识,使自己的学术研究有独特的思想方法。

收到《陈育德美学文集》上、中、下三册。

10月19日/星期四

上午四节本科生的课,到教室发现带错了双肩包,好在邮箱里有两门课的课件。

我以前一直跟学生强调,为自己所研究的问题寻找合适的解决问题的方法。其实这也可以反过来理解,根据自己所擅长运用的方法，寻找合适的问题进行研究。比如我擅长钳工，我就揽钳工擅长的活来做；我擅长车工，我就找车工擅长的活来做。我手上只有螺丝刀，我就专门做旋螺丝的工作。这样写出来的论文效果就好。

如果运用别人的方法研究问题，相当于买了人家的一个光刻机生产芯片。如果我们要把学问做强做大，要做出自己先进的"光刻机"。我自己有时候写某篇论文也很吃力，花了很多时间，效果很不好。原因在于，我选了自己不适合解决的问题，我所掌握的方法不适合解决这个问题，所以论文写作就失败了。我相信在读同学也会遇到类似的情况，选择了一个自己不适合解决的问题，花了许多功夫，写出来的论文效果不好，备受打击。

有的博士生出去参加学术会议，希望我出资，我在群里给在读博士生留言说：我没有经费资助大家，即使可以资助一位，我也不好出，涉及公平问题，资助这个不资助那个，不好办。如果有同学协助我做事，以报销车旅费抵充劳务费，是可以考虑的。例如何琪琦参加做实验研究，如果需要出去开会，报销车旅费或书报费没有问题。

晚上整理"中国美学"论文的一部分内容。

10月20日/星期五

在群里提醒各位新工作的老师和博士后，一定要从一开始就非常抓紧，否则第一年下来如果没有成效，第二年、第三年压力会特别大,请务必重视!

乘高铁到南昌参加中外文论会议,在路上看完一本资料。

在学生群里留言交流:前几天在西藏民族大学文学院,他们说:"现在想评职称的人还写论文,教授们基本上都不写论文了,可是学科评估、申报博士点都要看论文的发表。"我问:"是不是报酬太少了?"他们回答:"不是'破五唯'了吗?没有报酬了。"我说:"没有报酬那当然不写了。上课有没有报酬?"他们说:"上课有,上课算工作量。"我说:"那大家当然不写了。不算工作量,教授们要么不写,要么调到算工作量的单位。虽然要'破五唯',人家写论文发表到高水平刊物上,也是要花费大量时间和精力的啊。"

一个星期上八节课,虽然辛苦,但是有劳动报酬;在家里写论文比每周八节课更辛苦,可是没有报酬,白干了。许多已经评上教授的就不干了,真正热爱学术的,也希望自己的劳动付出得到认可,要干也会去其他高校干。这个道理很简单,可是许多高校的领导却不明白,又要马儿好,又要马儿不吃草。

王怀义来看我,他提出《中国艺术哲学》需要继续修订,建议我在《中国艺术哲学》修订出版第四版的时候,增加各门类艺术的文献并加以阐释和作品分析。他曾经计划写《中国艺术哲学》与《中国艺术精神》的比较研究论文。

晚上参加中外文论理事会。

10月21日/星期六

上午参加中外文论会的开幕式。

下午乘3：00的飞机去北京，在路上看完一本资料。到北京后，从首都机场赶到文津酒店晚餐，见到朱良志、周宪、王一川、杜卫、彭锋、刘成纪、顾春芳等人，被杜卫批评不该推迟一天过来，错过第一天精彩的发言与讨论。我总是追求兼顾、完美，结果是轻重主次不分。

朱良志在聊天中谈到，从安徽师范大学到北京大学来，在研究的视野和格局上有了很大的拓展。

10月22日/星期日

早晨给《学报》哲社版的同事留言：博士生的论文，如果确实很优秀的，今后可以发表。我们主要看中他们的创新见解和一丝不苟的认真态度。我们可以认真选择3位外审专家审稿，咱们哲社版几位老师确实觉得好就可以。

上午在北京大学"意象理论的美学精神"研讨会上发言，主要阐发意象本体问题，有教授提问，意象创构中判断怎么理解。我回答，"意象"的"意"中就包括判断，例如对物象和事象的选择，喜怒哀乐的情感体验中就包含着价值判断。对于我关于意象和意境关系的理解，罗筠筠等人也提出不同意见。后来余开亮讲到意象的本体价值和形上价值问题。

周宪教授是叶朗老师的硕士毕业生，他今天上午在发言中说，他1980年代做研究生的时候，导师在家里上课，主要是漫谈，激发学生学术研究的好奇心。那是那时，现在让学生到家里上课，算是教学事故，而且还要求博士生发论文。其实，博士生没有学术事业心，内在动力不够，论文也很难写得好。我现在主要讲研究方法，让学生掌握研究和论文写作中的技术问题。

苏柏斗在发言中谈到法海寺壁画的意象。他说古代寺庙里的壁画和敦煌壁画，都是请当时国内一流的画师所绘，如最擅长画山的画山，最擅长画水的画水，最擅长画草木的画草木，最擅长画人物的画人物，有粉本（样稿），有总体统筹的画师，大概相当于首席画师。我估计当时的一流寺庙不差钱，可以把壁画做到最好。

下午应王德胜教授之邀，前往首都师范大学做"审美意象的当代意义"讲座。见到德胜研究院新入职的教师韦昊昱，是陈池瑜教授的博士，做滕固研究，懂德语，在德国访过学，计划把滕固的德文博士论文和德文论文翻译成中文，想整理出版《滕固全集》，我觉得是一件大好事，一步一步来吧。

在群里给本科生赵崇轩留言，请他抽空约我商量一次本科毕业论文题目，咱们一起拟订一个写作计划和读书计划。未有回应。

晚上回到文津酒店和叶朗老师他们一起吃饭，"逃会"去做讲座挨朋友们批评了。

10月23日/星期一

凌晨醒得早,在学生群留言,看看谁可以找到蒋培坤《审美活动论纲》和叶朗主编的《现代美学体系》,李新找到发上来了。

在学生群里留言:由于在职博士后拖延的情况,损害了我们学校博士后培养的声誉,我们学校决定彻底取消在职博士后的招收了,拜托三位在职博士后抓紧结束出站。今后所有申请博士后的,一律是博士毕业没有工作单位的,学校和我本人每年给博士后提供税前18万元的工资,加1万元的住房补贴,外加工会福利等。特别优秀的,可以申请上海市优秀博士后基金,每年提供税前30万元。只要基础好,肯努力,不差钱的。

早餐后,在文津酒店,《光明日报》理论版主编曹建文先生来访,谈到我们一组"审美意象"论文,已经审稿上报。曹走后即退房出发,去见人民教育出版社李喆。李喆多年前在高等教育出版社的时候,担任张法主编的《中国美学史》责编,多次讨论书稿。午饭后乘地铁到南京南站,准备回上海。G19是16:00的,还有110分钟,就到改签的地方排队,试图换G17高铁,15:00出发,结果没票了,只能坐下来看书等候G19检票。

跟于冰晓商量下周讨论她的开题报告事宜,建议做过梅洛-庞蒂硕士毕业论文的刘家夷和我作为本科后导的学生钟会一起参加讨论,督促于冰晓要写出样稿。

督促我作为本科后导的学生读我历年审美意象论文的汇

总,要求他们做笔记,约时间辅导他们。

在群里发感慨,中国人向学校捐款的意愿不强,是有几个方面的原因造成的。有的人宁愿捐给国外的高校,也不捐给国内高校。在此背景下,高校需要鼓励大家捐出自己的合法收入。只要有捐助学校意愿的校友,都应该鼓励,应该感谢!最糟糕的就是,钱是要的,但是如果人不怎样,就只要钱,不认人,全盘否定人家,又不想把钱吐出去。

微信上与王怀义、商务印书馆谈敏星商讨联合办刊的合同和转款等事宜。

10月24日/星期二

江西师范大学文学院通过学生联系我,要求我补交400元会务费,扫码不顺利,弄了两次才补交成功。

写"中国美学"论文的审美意识部分。

10月25日/星期三

早上赶到期刊社,见到付长珍老师,沟通后面的工作。一是寒假的编委会会议;二是明年4月份的约稿会,根据需要,确定主题和邀请人选;三是特色栏目的约稿问题。

中午赶到闵行校区,处理出国开会报销事宜。

在 *Contemporary French and Francophone Studies* (GSIT) 期刊上传英语论文 *Interpretation and Construction*:

Francois Jullien's Views of Chinese Art 校样。

做读书笔记。

收到朱海坤《郭象适性美学研究》一书。

下午见德籍学者司马涛，送他我的《中国艺术哲学》（中文版）和《中国古代美学思想研究方法论》两本书。

晚上五点去游泳。

晚上寻找参加国际会议的注册费，颇费周折。

10月26日/星期四

上午给本科生上四节课，午饭后接张永清教授前来讲座，题目是"现象学的两种批评观"。于冰晓到上海站接站，在会上拍照，何琪琦、刘玉萍写报道。晚上宴请，王嘉军、周萍、朱军等人参加。

陈娟应聘到西南大学文学院，面试通过，对她的教学水平和科研能力评价很高，很好。教育部直属211高校，学校基础很好，有利于做学问。此前某大学文学院说她第一学历非211、非985而拒绝考虑她。只看学历不看能力的学校很难招到有科研实力的毕业生。

10月27日/星期五

李克强总理因病逝世，享年68岁，大家陆续表示哀悼。

修改论文。

中国社会科学院文学研究所王莹来上海,晚上相约吃饭。

下午去衡山花园酒店参加上海期刊论坛分论坛会议,晚上去复宣酒店住下,参加明天的蒋先生百年诞辰纪念会。

10月28日/星期六

在复旦大学光华楼西主楼参加"当代美学的新拓展:蒋孔阳百年诞辰纪念暨学术研讨会"。

在中山大学任教的韩国学者徐希定也在复旦大学哲学学院开会,前来见我,送我一本《〈庄子·齐物论〉研究》,重点讨论物我关系研究,一位韩国学者写这么好的书,非常优秀。

见到谢林《对我的哲学体系的阐述》一书,后面我的两本书完成以后,也需要把自己书里的思想系统阐述一下,反思一下自己的理论贡献。

见到西南大学文学院寇鹏程教授,他说陈娟同学应聘试讲第一,面试第一,希望她不要再联系其他学校,准备准备来西南大学文学院任教。已转告陈娟。

10月29日/星期日

在学生群留言,学者写论文出书,要有品牌意识,使那些对本话题感兴趣的同行,都想找来看看,从中受到启发。

下午去福寿园,参加濮之珍先生安葬仪式,墓地环境优美。朱立元老师和吴礼权教授分别代表同事和学生发言。

10月30日/星期一

一整天加熬夜突击完成《论"中国美学"的学科特质》一文初稿。

提醒研究清代意象的学生，清代章学诚的《文史通义》里有丰富的意象思想，群里做清代意象研究的，可以写一篇专文论述。陈娟说她正在写章学诚《文史通义》里的意象思想一文。

美术学院中国画教授程明震赠墨竹画一幅。

10月31日/星期二

上午的课和晚上的课与学生通读论文初稿。

跟听课的博士生同学强调：第一，论文的逻辑性很重要，每个自然段只能有一层意思，一个中心，所有没有紧扣中心的内容要剔出来。第二，如果一个自然段有两层意思，需要分成两个自然段。第三，每个部分也是如此，只能有一个中心，没有紧扣中心的要剔出来，效果是最重要的。第四，每个部分的各自然段之间的逻辑关系必须严密，每个自然段的位置要自然贴切。第五，内容写完后，如果题目和各个部分的小标题不贴切，可以修改题目和小标题，不可刻舟求剑，根据题目和小标题去花大气力修改内容。第六，同一个问题，在不同部分的阐释，角度应该不同，前后可以呼应，但不能重复或重叠，更不能相互矛盾。第七，对于可以在这个部分讲，也可以在那个部分讲的内容，可以兼顾一下各部分内容的均衡。

提醒江婷和高海燕，"意象"用 Yixiang（Aesthetic Imagery）表达，把 Aesthetic Imagery 放在括号里。因为 Aesthetic Imagery 与中国古代"意象"的范畴有明显的区别。

下午参加邹其昌重大项目结项评审会，一同参加的还有高建平、周宪、刘成纪、王德胜、王杰，彭锋在线参加。

给 *Journal of Chinese Philosophy* 编辑 Dr. Linyu Gu 写信，咨询投稿的论文格式问题，只有统一格式的回复。

给赵景玮老师留言，麻烦请赵崇轩有空联系我，我想跟他商量一下本科毕业论文的题目，我和他一起拟订一个写作计划和读书计划，我联系不上他。赵景玮老师说她也联系不上。

收到《绿学·从原点到未来：郭因研究文选》。

November
· 十一月

11月1日/星期三

一大早遛狗,然后乘出租车去中山北路校区《学报》期刊社。看《学报》第六期校样,继续修改"中国美学"论文。

下午回闵行校区整理报销发票。

11月2日/星期四

把《论"中国美学"的学科特质》二稿发给朋友看,请提意见。

上午给本科生上四节课。

校对《光明日报》上即将发表的《中国古代审美意象思想的研究方法》一文的校样。

让陈朔联络硕博士同学两周内进行一次修改论文的组会。

收到李喆寄来她责编的朱良志《中国书画概论》样书。

11月3日/星期五

上午给首都师大高师中心在线做"项目申报体会"的直播讲座。

宛小平说有一位博士生即将毕业,水平不错,让我去参加答辩。

应朱立元老师要求,与他合写一篇论述蒋先生贡献的论文,给《复旦学报》,阅读相关材料。

敦促赵婧洁推进论文写作,有困难要提出来,一起商量解决,要有进度,现在是倒计时。有困难跟我说,要多阅读,海量阅读做笔记。谁也不是天才,都要这样。

在一个群里看到有人再度转发陈来的《杂忆李泽厚》一文,又读了一遍。我认为,李泽厚并不认为自己研究的是中国哲学史,而认为自己研究的是中国思想史。这一方面固然会考虑到学界关于中国有无哲学史的争议,但是我认为,在李泽厚的心目中,中国哲学史研究,是学问家所为,而研究思想史是思想家所为。他认为自己是思想家而非学问家。李泽厚表扬了陈来的学问,但是在李泽厚眼里,学问家还是不及思想家。

11月4日/星期六

上午奉朱立元老师之命，准备《蒋孔阳美学思想的杰出贡献》一文的第二部分，阅读相关书籍和资料。

想起山东大学的周来祥教授，他是1929年生的，比李泽厚大一岁，在当年王朝闻《美学概论》写作班子里，还算是年轻的。他是改革开放后第一批指导硕士研究生的导师，于20世纪80年代中期较早指导博士生。他50多岁开始精读黑格尔《小逻辑》，训练理论思维，英语不好，60岁前后，接连四次参加国际美学大会，还在意大利出版了一本意大利文的美学书，目标是想让自己的思想传下去，走向世界。虽然这种远大的抱负实现起来难度很大，但是这种精神是值得学习的。周来祥教授2011年去世了，我觉得我能理解他的梦想与追求。

下午去上海师范大学参加中国文学批评范畴研究工作坊，讨论汪涌豪《中国文学批评范畴十五讲》修订本。见到王振复老师、汪涌豪，以及郑利华、陈广宏、李昌舒、王耘和王宏超等人。涌豪兄有备而来，发言条理非常清晰。王振复老师主要讲了他对中国美学范畴问题的新思考，差不多准备了一篇高水平论文。他们的发言如此敬业，值得我好好学习。我本人则关注在西方文论范畴的参照下揭示中国古代文论的范畴特点，以及如何继承传统的潜在范畴体系，通过借鉴西方和面向当下，建构中国的文论范畴体系问题。

晚饭后回家，看到童世骏校长主持翻译的冯契《中国哲学通史简编》英文版，Springer 出版。与童世骏校长微信上讨论，翻译是一件很难的事情。有一次成中英教授对我说，Springer 送他一本中国哲学方面的英文书，他说他读了几页以后不知所云。成中英教授是专门做中国哲学研究的，若他不知所云，肯定是中国高校里英语教授翻译的，既不懂中国哲学，英语表达肯定也远不如母语为英语的英美学者地道。对于我们中国美学来说，理想的译者，就是英美研究中国美学的英语母语的学者。

11月5日/星期日

全天写《蒋孔阳美学思想的杰出贡献》一文的第二部分，整理了有关蒋先生的《德国古典美学》和《先秦音乐美学思想论稿》的笔记，形成一部分初稿。

在网络上又看到有人在晒著作等身的照片了，再次提醒学生群里的老师和在读同学，还是要重视书的质量，否则都是低水平的著作，没有价值。"虽多，亦奚以为？"金岳霖的代表作就是《论道》和《知识论》。有英文版，也有研究著作。但是出精品不是偷懒，随随便便地出几本书，而是要十年磨一剑，一篇论文至少修改推敲10遍，是要有精品意识的。如果一辈子出四五本书，四五本书都是垃圾有什么好说的？有的同学论文写好后只在电脑上读两遍，连打印出来推敲的兴趣都没有，还想投C刊，这是在做春秋大梦。

11月6日/星期一

把家里的打印复印一体机带到办公室给硕士生、博士生同学使用，可以打印、复印 A3 纸。中文系博士一年级学术前沿拼盘课助教通知我上课。我给同学讲了六个治学问题：一是重视英语，二是内驱力，三是氛围，四是基础训练（包括思维训练），五是研究方法与视角，六是精品意识。

收到郑利华教授《明代诗学思想史》一书。

继续整理写作《蒋孔阳美学思想的杰出贡献》一文的第二部分，今天下午和晚上写了《唐诗美学思想》部分。朱立元老师要求后天做完，估计来不及。

下午两点半，西南大学文学院因为陈娟联系工作，通过腾讯会议视频对陈娟政治思想进行考察调研，要求我介绍情况，回答对方的问题。

从 2024 年开始，我要大幅度压缩外出参加各地会议的时间，主要时间用于读书写论文。

11月7日/星期二

上午给博士生上课，继续推敲《论"中国美学"的学科特质》。下午忙于报销，继续整理写作《蒋孔阳美学思想的杰出贡献》一文，到哲学系给有关老师送《中国古代美学思想研究方法论》一书。牛文君说她要调往南京师范大学，那里给她教授职标，很遗憾。晚上给博士生上中国艺术哲学课。

给刘程留言说：你经常有不错的想法，但是论文的写法，尤其是语言表达，需要非常认真地对待。

关于意象本体的论文发给成中英教授，看看有无可能投给 Journal of Chinese Philosophy（《中国哲学》）。

11月8日/星期三

上午到《学报》期刊社，开了一次会议。《贵州民族大学学报》编辑部副主任刘洋新来挂职，我请他看一遍《学报》第6期的校样。

上午收到三点修改意见反馈：一是第一部分介绍成中英先生的本体美学观；二是条理要进一步梳理清楚，把逻辑整理清楚；三是本体"Benti"括号里绝对不能用"noumenon"，会引起误解。如果括号里一定要用英语解释，可以用"root-body"。

11月9日/星期四

上午给本科生上四节课，告诉"学术方法"课上的学生：修改论文也可以根据内容改题目，不一定要根据题目改内容；最大限度地淡化与主题无关的问题，不在细枝末节上过多纠缠（这是一种策略）；不讲常识，但从共识出发向读者展示创见；学者不是律师，论证要有是非观。

下午两点午睡未醒，一位硕士生来敲办公室的门，她说梅洛-庞蒂美学思想很难理解，写不了。她说准备做朱利安的"aura"研究的硕士论文，我觉得她这个问题写不了五六万字的硕士论文，自己驾驭不了。同时批评她起步这么晚，应当在研一就应该摸索、确定题目。咨询了吴攸、吴娱玉、张颖、王嘉军四位对朱利安有研究的教授，他们也觉得没有把握。我让她向吴攸、吴娱玉请教。

收到刘成国教授的赠书《荆公新学研究》。

下午帮助在读硕博士生开组会，讨论修改他们的论文或论文提纲。叮嘱他们一定要紧扣主题，从基础做起。

晚上继续写《蒋孔阳美学思想的杰出贡献》论文。

11月10日/星期五

上午完成《蒋孔阳美学思想的杰出贡献》论文的第二部分，发给朱立元老师。

早中饭后前往苏州，参加在中国人民大学苏州校区举行的中国文艺理论学会第十六届年会。

李勇来访，送了我一本他的新书《出位而思：跨文化视野中的文艺理论》。

晚上莫先武请朱国华吃饭，朱国华请我们参加。

见到周启超教授。周启超教授是大学时代的学长，他是外语系77级俄语专业的，比我高两届，早一年半进校（77级是1977年底录取的），毕业时考上中国社会科学院俄苏文学的研究生，对我们很有激励作用，是我的楷模。

11月11日/星期六

中国文艺理论学会年会开幕，上午进行理事会换届选举，我被推选为副会长。

下午会议发言，我讲了意象的当代价值问题。听其他老师的发言，想到我做中国古代的乐象研究，需要重视"和"，要写一篇关于中国古代乐象的"和"的论文。

听其他学者有关《周易》的发言，想起前面已经写了"观物取象"的论文，后续再写"立象尽意""尚象制器"两文。

晚上季进宴请朱国华，我等作陪。

11月12日/星期日

上午继续参加第二分会场会议，听其他老师发言。

下午听两场大会发言，闭幕式安排我为大会做会议总结。

总结回顾了自2006年南帆就任会长、朱国华作为法人代表及其团队所做的具体工作，成就斐然。与参会者分享三点感悟。一是学会成员需要互相尊重、互相学习、互相切磋，要在交流对话中推进文论的发展。既要尊重他人，又要尊重自己。勉励年轻的老师珍惜自己旺盛的创造力，做出非凡的成就来。二是当代学者应当与时俱进，重视跨学科交流和交融，推动文学理论的升级更新，不同方向学者的不同思路可以互相碰撞、互相启发。三是建设中国特色的文艺理论体系，需要面向未来，走向世界，与国际接轨。

晚饭后回到上海，看到潘知常教授寄来的新书《我审美故我在：生命美学论纲》。

11月13日/星期一

上午忙于报销，布置《中国美学研究》第23辑审稿事宜。

联系研一硕士生，问她向吴娱玉老师请教的情况，最后硕士毕业论文题目怎么定的。她一直没有接听电话。只好用微信给她留言："你说今天跟吴娱玉老师商量毕业论文选题的事，我不知道你怎么决定了？我忧心如焚，联系你你也不接我电话。我马上去游泳，请晚上给我回复。"她晚上回复：吴娱玉建议她做"朱利安的诗画理论研究"。

11月14日/星期二

早上在群里给研一硕士生留言："既然现在决定做朱利安的论文，希望你务必认真对待，此前做事什么态度不管了，毕业论文是你自己的事情，请务必认真对待，我让专门研究朱利安的吴攸教授、吴娱玉教授认真地指导你。朱利安著作的十几本中文译本我都看过，很多都是小册子，英文文本我也能找到，我已经发了7本英文本给你了，后续需要我还可以找到。请务必抓紧时间，务必认真对待"，"请及时下载保存这些英文版著作，时间长了会打不开。群里其他人需要朱利安英文版书的也告诉我一下","朱利安我写过论文,对他也是熟悉的,熟悉有助于指导你,请尽快阅读文献,时间太紧迫了"。

上午上课跟学生讨论董仲舒和《淮南子》的美学思想。材料搜集还是不全面。

给陈朗留言:"我们周末在苏州开全国文艺理论年会,群里的好几位老师都从各地到苏州,在苏州大学对面的中国人民大学苏州校区开会,你就在苏州,也不过来听听。苏大的刘锋杰、李勇、张春晓等多位老师都参加会议了。"陈朗回答:"之前没有投论文,就没好意思去,其实想去的。"我说:"来听听,认识一些学者和期刊编辑也是好的。"

晚上上"中国艺术哲学"课。刘筱提出要把节奏和节拍区别开来。我请教了武文华老师和白宁教授。武文华老师说,简单地说节奏是整个组织音乐时的律动规则,节拍在节奏范畴之内特指几几拍子(比如四四拍、二四拍、三四拍、单拍子复拍子、民族特性的板眼等)。白宁教授说:节拍中如一板三眼、一板一眼、增板等,类似于西方记谱法中的4/4拍、2/4拍、4/8拍等。而中国传统乐论中的节奏,包含节拍含义以外,还包含其他含义,如疾、徐、快、慢等。节拍可以记录音乐的长短时值,节奏还包含着形而上的内涵。

我上课时提到,我们挑选特定的中国词汇翻译西方相关的某个术语,是因为两者的词义有相对应和相关联的地方,但是两个词的意思肯定是有差异的,不能等同,等同就错了,容易引起误解,例如用中国古代的"本体"翻译西方的"noumenon",或者用本体论翻译西方的"ontology",都说明两者含义有相关性，但是并不等同。我们不能把西方某个术语的含义当成中国用来翻译该术语的原生意义，也不能把用来翻译的某个中国词汇的原生意义当成西方某个词的真正意义。

晚上与学生群里的老师和在读生交流。第一，所有的能经得住推敲的论著，都是作者用极端认真和虔诚的态度做好的。你们看那些杰出钢琴家的钢琴演奏，出神入化，都是挥洒了无数的汗水的，当然他们的天赋也是很重要的。我这样的，用一生的心血，也成不了著名钢琴家。我们在论文和书的写作上，其实是很不够的。说实话，我虽然没有吹牛的资本，也不敢吹牛，但是对自己的期待是很高的，常常暗下决心，要做出成就来。但是，每本书、每篇论文，都没有做到尽善尽美。李泽厚有几次在文稿上写，"请志荣教授推敲一遍"，虽然他是天才，但他也是一丝不苟的。如果用一流的传世经典要求咱们群里的老师，不仅我，其他老师，严谨的态度是很不够的。我过去一直讲，要学习瑞士人制作精密的钟表的态度对待论文、论著。一定要用名家大家的境界要求自己，要做到极致。我们需要共勉。

第二，我一直说，我是适合做教师、做教练的，因为我不是天才。天才经常无师自通，天才的经验不可复制，所以不适合做教师。我是慢慢摸索，经常试错的，走了不少弯路，跟群里大多数老师同学的资质差不多，所以适合做教练。我苦口婆心地唠叨，讲一些经验和教训。

一辈子至少要写一两本书，要是极端完美的，要比我们自己完美得多，爱惜它们就像爱惜我们自己的生命一样。

11月15日/星期三

上午到《学报》编辑部，发现此前《学报》英文目录中的中国人名字的拼写不规范，不符合新版国家标准。新标准是："如需标注中国作者的汉语拼音姓名，应执行 GB/T 28039 的规定，即姓在前名在后，双名连写，其间不加短横线，名不准许缩写。国外作者的姓名，应尊重其各自的姓名拼写规则。作者信息的位置宜置于题名之下。"今年只好如此了。从明年第 1 期开始更正。

《学报》第 6 期唐忠毛老师编辑的吴连霞《超大城市老年流动人口的多维特征及其调控策略研究——以上海为例》一文用到地图，审稿时即要求如果非必需，可以采用列表或其他方式表达。但作者坚持使用，现在四校要求唐忠毛联系作者确认地图无误。唐忠毛联系作者后，作者回复："注：基于自然资源部标准地图服务网站 GS（2019）1682 号标准地图制作，地图边界无修改。"我晚上又直接给作者吴连霞打电话，让她确定没有问题。吴连霞明确回复，肯定没有问题。

下午去为汉学中心拍摄"学术方法"讲课的两节视频课。助教江婷迟到了，我只好等她。

今天，我以前指导的 05 级的美学硕士徐醴对我说："那会儿不懂事，也没有珍惜机会好好学习。"我经常听到毕业的学生跟我说这类似的话，事后诸葛亮有什么用呢？我希望听到的话是："我当年幸亏听了朱老师的话……"我在群里留言说了这件事。王怀义留言说:"我经常跟许艳说,当年幸亏听了朱老师的话……"许艳是王怀义的爱人。

11月16日/星期四

上午本科生四节课。

下午参加上海师范大学哲学学院张亦辰国家社科基金青年项目"气化流行视域下的船山美学研究"开题会议,建议他紧扣"气化流行"。

把《商代审美意识研究》前言录入电脑,分别发给浙江人民美术出版社责编洛雅潇老师和英译者罗娜老师。

晚上改出《论"中国美学"的学科特质》论文第三稿。

收到祝帅送的《中国书法批评史(现代编)》和他校译的《中正之笔——颜真卿书法与宋代文人政治》。

11月17日/星期五

全天参加上海大学高水平创新团队中期考核,要淘汰20%。结束后到衡山北郊宾馆报到,参加"第三届中国哲学论坛·2023——建设中华民族现代文明的哲学贡献"。

看《学报》第6期校样,作者简介"老龄科基地",会不会是"老龄科研基地"?麻烦责编唐忠毛老师核对一下。结果果真如此。

在编辑部小群留言:我粗粗看了一遍校样,这次有的论文摘要还是有一些问题，有的表达啰唆，有的语言表达不规范，这一期只好如此了。从下一期开始，摘要和关键词，咱们一起好好把关。上一期有的摘要就有马虎、粗糙的情况，写得不理想的摘要，编稿前请作者认真对待。

晚上中外文论学会群许明研究员发言，谈到要重视上古考古研究。我发言：夏以前一般只说是史前、新石器时期，三皇五帝是传说。不过即使是夏，也还没有找到当时的文献记载。三星堆的文明可能早于晚商，主要是靠近中亚的西戎一带，与中原文明交流不多。我想。按照商代甲骨文的成熟程度，估计在商代甲骨文之前，应该还有不如商代甲骨文这么成熟的文字存在，作为商代甲骨文的文字基础，可惜现在还没有找到证据。

我还说，三星堆早于晚商，时间跨度较长，但是会不会到7500年前，可能未必，可能不会比良渚文化早。

许明研究员发照片说有人在西南发现了甲骨上有神话彩图，色彩如新。我不敢相信，我认为要小心、慎重。至少现在，看上去不能轻易相信西南地区出土的这批甲骨，学术要民主，要允许我们质疑。从商代甲骨文到秦代兵马俑，彩色都是出土就风化了，这些甲骨目前彩图如新，实在不敢轻易相信。刻文在前有可能，但是是不是真的要鉴别。

11月18日/星期六

上午参加第三届中国哲学论坛开幕式，听大会发言。

中午看到朱军在群里发《梁启超全集》截屏，其中有梁启超最著名的《新民说》，该文里把朱寿昌和诸葛亮、林肯相提并论。朱寿昌是宋代人，是我故乡古镇秦栏镇人，他父亲是当时的工部侍郎。朱寿昌是苏轼、王安石的好朋友，古代二十四孝之一。

下午在中国伦理学会、中华美学学会的小组讨论，我发言讲审美意象的当代价值。我认为，中国古代的意象思想从先秦到清代，有一个与时俱进的发展历程，并且在诗词、书画等多种艺术的批评实践中与时俱进、不断丰富和发展。它们不仅源自中国古代的审美实践，并且指导过古代的审美实践；不仅作为遗产传承至今，而且作为思想资源有助于今天的美学理论建构，有助于对中国当代艺术的评论，乃至有助于对西方古代和当代文学艺术的评论实践。审美意象一本万殊，具有建构当代中国特色美学理论体系的潜在价值，在当代具有进一步阐释和发展的基础。我们需要继承传统、借鉴西方、面向当下，使意象等范畴在当代的美学理论建构和批评实践中发挥重要作用。中国古代的意象范畴和其他美学范畴，不仅是中国古代美学思想的宝贵资源，也是世界美学思想的宝贵资源。它们应当是世界美学思想的有机组成部分。它们是人类的共同财富。我们深入探索中国古代美学思想，是为了建构多元一体的世界美学。

11月19日/星期日

上午在上海大学宝山校区国际会议中心，作为中华美学学会分论坛代表汇报昨天下午7位美学学者的发言，哲学所科研处邱霁月老师要求尽快提供一个文稿给她。

听大会发言，内急需要上厕所，遗憾要中断听会，突发奇想：建议以后会议厅里的卫生间加装扩音器，这样上卫生间也不影响听发言。

向《东吴学术》推荐李新、李欣悦的论文，未果。他们刊物从 C 扩掉下来了，要好稿子重新冲进 C 扩，我表示理解。

中午赶回家里，参加南京大学李昌舒教授主持的"斯人在兹——中国士人美学会讲"线上会议，发言继续阐发审美意象的当代价值，呼吁更多的学者从事中国古代美学范畴的当代价值研究。张节末最后点评。

中国传媒大学人文学院谷疏博老师，是张晶教授的博士毕业生，研究中国古代命题的当代价值，加我微信希望交流。

整理学校"精品力作培育项目中期检查"的书稿并提交。

11月20日/星期一

给硕士一年级陈朔同学和本科三年级后期导师指导的吉若琳、王轲轲同学留言："咱们四个人抽空讨论一下读意象资料的心得体会，请你们事先整理一下笔记，咱们一起讨论半天，我也会讲我的思路。看看你们什么时间方便。"

给本科三年级任其后期导师的钟会同学留言："钟会你抽空读了梅洛-庞蒂没有？现在只有你一个人坚持读了，其他同学放弃了，我们抽空也交流一下。请告诉我你方便的时间，说说你的困难。下学期我们博士生有文本细读课，我会安排在你不上课的时间，把梅洛-庞蒂的几篇美学论文从头到尾细读一遍。"回答是已经在读，遇到一些问题，需要和我讨论。

给以前出站的博士后马鸿奎留言："鸿奎如果你决定做中国音乐美学方面的研究，我和你竞赛一下，五年之内我写一本中国古代音乐乐象方面的小书，十几万字。我现在带着准备，在搜集乐象与和谐的关系的资料。我的最大的问题，是不能精到地分析中国音乐作品。这不是心血来潮，我的导师蒋孔阳先生就写过先秦音乐的书。"

金苹果学校编写校本教材，要推进思维训练教育，让我和汤拥华教授给他们的初中《思维课程 20 课时大纲》提意见。我对初中教材中只选诗歌一直不满，觉得他们选择太单一，应当多元化。汤拥华教授要求他们紧扣思维训练，要求不忘初衷。

我对思维的理解，不只是逻辑思维，不只是推理、概括能力，还应该包括形象思维的能力，文学作品，有的体现了情趣，也是培养情商，也有助于人的思维能力的提高。所以"雨打芭蕉"，什么情怀？月亮能不能代表我的心？不只是认知问题。苏轼说"春江水暖鸭先知"，清代学者毛奇龄抬杠："鹅也先知，怎只说鸭？"这就偏离了形象思维的正常轨道。我们的思维教育，不能弄成歪路子。

下午赶到南通国际会议中心，为博士后杨天奇和他的新娘曹然证婚，晚上回到家里近 11 点钟。见到以前在苏州大学文学院教过的本科生顾友泽，现为南通大学文学院古代文学教授、学科带头人。

收到周群赠送的《儒释道与晚明文学思潮（增订本）》和《泰州学派研究》。

11月21日/星期二

上午中国美学专题，讨论汉代美学部分。发现任鹏著的《中国美学通史》汉代卷用了不少新材料。夏兴才认为用了不少大家没有用到的偏、怪材料。这种说法不准确，关键要看材料本身有没有美学价值。

我讲了美学理论的建构问题。从早年的《中国艺术哲学》，到《中国审美理论》《审美意象创构论》等，我一直在运用中国古代的美学思想资源努力建构中国特色的美学理论体系。我主要讲了什么是理论体系建构，为什么要建构美学理论体系，以及如何建构中国特色的美学理论体系。

晚上给博士生上中国艺术哲学课，翻看了一下徐复观《中国艺术精神》。这本书与我们20世纪80年代以前的论著截然不同，过去在思路上曾经给我启发，让我耳目一新。但是今天看来，是做文史的学者写的，逻辑性、系统性不强。其中庄子对中国艺术的影响，占五分之一；其他内容分别是孔子音乐思想、气韵生动问题、山水画、几个画论、南北宗等。

11月22日/星期三

上午赶往中山北路校区，商量《学报》明年第1期的稿件。发现没有历史学稿件，紧急向梁志、瞿骏、孟钟捷诸教授约稿，请他们荐稿，即使第1期没有历史稿件，至少要保障第2期的历史稿件。

为修改审美意象本体论稿件整理成中英关于本体思想和本体美学的思想。

下午拍摄4节课治学方法课件。

收到赵建军教授的《中古般若与美学历程》，皇皇巨著。当年本科毕业时，深感佛学的重要，曾给陈允吉教授和孙昌武教授写信，请教读佛经事宜，承蒙两位先生回信开列书单。可惜我后来心浮气躁，没能继续研读，现在只能仰慕、崇拜精通佛学的大咖们。

11月23日/星期四

上午本科同学四节课，讲到论文的修改问题。

下午参加交大外国语学院张俊丽的博士毕业论文答辩。

11月24日/星期五

在安徽大学参加宛小平博士生吴煜的毕业论文《朱光潜美学思想中的实践维度研究》答辩。小平本人因病住院检查，见到答辩委员会的钱念孙、吴家荣两位学长。作者阅读了朱光潜先生的原著文本，充分了解了研究文献，涉及朱光潜从康德、克罗齐出发的实践美学观的发展历程和晚年对维柯实践观的评述。

我认为，朱光潜在研究中的重要方法在于受儒家思想影响的"折衷"，在不同观点的评述中克服各自的不足，表达自己的主张。蒋孔阳先生也重视折衷。中国古代思想中实践观对朱光潜的影响值得展开论述。精神实践与物质实践的关系是朱光潜实践观的重要问题。不要受到20世纪五六十年代和八十年代以前的研究成果影响，简单地以主观唯心主义和唯物史观来评价朱光潜的前后期美学思想。朱光潜先生的美学思想有变的一面和不变的一面。他的思想前后是贯通的，又是有变化的。不变的一面表现为一直主张美在于心物统一、主客统一，他五六十年代迫于情势，在表述上有变化，但主要是换一种说法为自己的主张辩护。朱光潜的美学思想也有着时代的烙印，诸如新时期对形象思维问题的意见等，都是对当时学术讨论的回应。

家中收到杨洋、廖雨声《明清苏州审美风尚研究》。

晚上参加上海交大韩振江组织的晚宴。

11月25日/星期六

上午参加《复旦学报》汪涌豪教授组织的会议，中午赶到上海交通大学韩振江组织的会议。晚上王德胜宴请，潘黎勇买单。

回家思考《中国艺术哲学》姊妹篇的"中国艺术"方面的书的内容。

"书画同源说"的命题需要重视。

艺术门类的内容，能否分为书画、乐舞、建筑（含园林）、文学、戏曲（包括文学剧本、音乐和舞蹈、舞台布景和设计等综合艺术）五个方面？设计如何看待？

需要重视起源和发展，重视风格问题。重视艺术的情境和艺术的整体性、艺术中的人生感悟。一是观念论，二是意象论，三是门类论，四是风格论，五是发展论。

11月26日/星期日

这几天太累，早上睡到9：00，起来修改本体论英文论文。

计划后面新写一本"中国美学"的英文版书，系统表述我对于中国美学的基本思想，先出英文版，以后再看情况出中文版。这本书需要重视系统性和可读性，既便于入门，也作为我几十年来"中国美学"基本思想的表达。"一本万殊"等问题，需要深入阐发。

11月27日/星期一

细节决定成败，不重视细节，容易失败。

一大早，去体检做核磁共振，路上花费一个多小时，排队等候一个小时，检查花了一个小时，到家已经12点了。

评审教育部人才项目的20份材料。

晚上去剑川路龙湖天街舒适堡健身中心锻炼。健身中心不景气，准备月底关门，目前只是让买年卡的人登记，许多人吵着要求退钱，警察在维持秩序。经济不景气，类似的事情还会发生。

11月28日/星期二

上午给博士生上课，打印《中国美学思想简史》汉代美学的部分初稿给同学，检查前些年下载的中国美学史研究资料。

下午评审上海市艺术学项目的两份结项成果，提交。

继续评审教育部人才项目的20份材料。

听说合肥工业大学今年有两位校友入选中国工程院院士，两人同一宿舍，前些年他们宿舍的另一位同学已入选。一个本科宿舍有3位同学入选院士，正说明环境对成才很重要。

晚上给博士生上中国艺术哲学课，我对学生说，梅洛-庞蒂对绘画的分析，被画家指责，中国也有类似的情形。我的观点不同，我认为批评家首先应该成为画家的知音。批评家的意见应该得到相当一部分画家的认同。童安格过去作曲演唱的一首歌叫《其实你不懂我的心》，如果我们批评家不懂画家的心，不能对他们的作品作同情的理解，怎么能有专业的评价呢？

11月29日/星期三

一大早去中山北路校区上班，向吴瑞君老师汇报《学报》的工作。

与微信群里的老师和同学讨论如何指导研究生修改论文，准备写一个讲稿。

评审完教育部人才项目的20份材料，提交。

张岩让我给高等教育出版社起草一份计划写作的《耳与心——中国古代的乐象生成观》书稿内容简介。我写这本书的初步想法是，在阐释中国古代乐象思想的基础上，通过与西方音乐的比较，结合中国音乐的重要作品，系统论述乐象在表情达意方面的特征。其中重点揭示：情与声的协调等方面的特征，乐象中拟声、拟象和音色的特点，乐象创构中想象力的特点和象征性特点，以及乐象作为生命本体的生成（气、象、神、道）的特点，乐象的时空特点，乐象的境界层次与风格特点，以及乐象的和谐特征等，使中国古代的乐象在创作、表演和欣赏过程中的特点得到充分的揭示。

11月30日/星期四

早上一二节给本科生上《沧浪诗话》讲读课，讲了江湖诗派与严羽的关系。点评中国政法大学前来交流的学生李东霞同学的期末作业《论严羽〈沧浪诗话〉对盛唐诗学的构建》，写了一万七千字，写得非常好，做得非常认真，有悟性，很优秀。

三四节给本科生上"学术方法"课,讲论文的修改问题。

华东师范大学出版社朱华华留言,让我交一个《中国美学思想简史》的内容简介报选题,下午我匆匆写了一个给她,最后以正式出版提交的定稿为准。

  本书在作者所理解的中国古代美学思想的基础上,对中国古代哲学思想和艺术思想中所包含的美学思想及其发展脉络作了系统阐述,按照先秦、汉代、魏晋南北朝、唐代、宋代、明代和清代的历史顺序,以作者、著作和艺术门类美学思想进行论述,从中揭示了中国古代文献中的基本美学思想的价值、特征和发展脉络。书中把中国美学思想放在中国古代既有的潜在思想体系中,并且借鉴西方美学思想的理论建构方式,论述这些思想的系统性,体现出历史与逻辑的统一,从而揭示中国古代美学思想发生、发展的脉络及其规律。

December

十二月

12月1日/星期五

早上去虹桥高铁站,乘动车去芜湖安徽师大开会,路上看了两页意象本体资料。

我最近的核心任务是把《中国美学思想简史》写完,今天去安徽师范大学开会,路上带资料看不方便,只带了两本意象本体的资料看看,找找灵感。到明年上半年,写出意象本体、意象价值和艺术意象的论文初稿,争取写出三篇长文,七八万字,把项目结了。

给初娇娇留言:蒋孔阳先生提出"美的多层累突创",认为美是"空间上的积累与时间上的绵延",你可以查一下,并且看几篇专门研究他的"多层累突创"的论文和有关的书。

午饭时见到张伯伟和曹虹夫妇、黄维樑教授等人。记得2017年夏天在荷兰梵高博物馆排队进馆时,黄维樑教授恰巧排在我后面,这种巧合非常难得。我的大学本科同学江弱水(陈强)师从黄维樑教授,在香港中文大学获得博士学位。

下午到安徽师大美术学院,应邀谈申报项目的体会。

给在读研究生同学留言,不要过于执念个人的意愿。自我的意愿要在与外在的社会关系中寻求实现,在自我与社会关系中寻求平衡点。根据我的观察,一位青年学者,如果发表过几篇有影响的论文,有一定的社交结识一些人,后面的局面就逐渐打开了。

给刘莉留言:我后面要写一本关于中国古代的乐象思想的小册子,今后四年,需要参加中国音乐美学和中国音乐史方面的会,和大家交流,向专家学习,有这方面的信息请告诉我。

跟《北京舞蹈学院学报》编辑黄际影女士交流,我准备研究中国古代乐象,打算从中国古代舞蹈的角度写一篇论文讨论乐象,以古代舞蹈文献为基础,侧重理论阐发,但是也举一些古代的舞蹈例证。她希望论文写好后给他们发表。

12月2日/星期六

上午大会。我发言继续讲意象本体问题,说到我的本体思想受到成中英先生的影响。

有人提到黄维樑教授曾经用《文心雕龙》的思想分析莎士比亚，这是非常值得做的事情，我也曾经作类似的尝试，写的文章不理想。准备向黄维樑教授请教。他答应把他的论文集的 PDF 版发给我阅读。

武大高文强教授送我《佛学东渐与六朝文学思潮的嬗变》一书，王先霈老师的序写得非常好！写得很认真，我要向他学习。王老师今年 84 岁了，我到这个年龄可能老年痴呆了。陈伯海老师也让我敬佩，88 周岁了，还在《社会科学战线》发表长篇论文。

中午自助餐，李平教授对我说，本科的时候，他们十来个同学组织一个美学小组，包括他和胡继华等，后来有七八个成为教授了。可见小氛围互相激励多么重要。

下午去看望师母朱月生老师，回忆汪裕雄老师的一些往事，即将直研进入华东师范大学中文系的安徽师范大学 20 级本科生张琦琪陪同。

约硕士生陈朔，本科生吉若琳、王轲轲三位，让他们尽快读一遍我给他们的我的历年意象论文集，做笔记，先提出有疑问的问题，我给他们辅导一次。

家中收到吴子林《"毕达哥拉斯文体"：述学文体的革新与创造》和子林夫人安琪的诗集《暴雨和绵羊》。

12 月 3 日/星期日

张勇教授已经在做中国古代佛学文论思想研究的重点项

目，有意以后继续做东亚（日本、韩国）的汉籍佛教文论文献集成与研究。上午张勇教授邀请胡晓明、张伯伟和曹虹夫妇、周兴陆、彭国忠、丁放和我等一起座谈交流该问题。

收到张勇《坛经详解》一书。

想起昨天黄维樑教授在会议开幕致词中说中国古代文论："翻译极端重要。我们不能化美为丑，不能为了急急忙忙地输出而请一些不及格的翻译者来翻译。要请一流的翻译家来翻译，请母语学者来修饰，这笔钱是不能省的。"我告诉他，成中英教授曾经对我说，有一次 Springer 送他一本译成英语的中国哲学的书，他读了十几页不知所云。我估计是译者不懂中国哲学。我把我的两本英译书给他，请他看看翻译的水平到底怎样。

下午返回上海。在芜湖回上海的高铁上，看了一会意象本体的研究资料就有点困。想心思，想到需要说清楚中国美学为什么不能全盘西化、为什么要让中国传统美学在当代得以继承和发展。想到美国学者安妮特・T. 鲁宾斯坦（Annette T. Rubinstein）曾经写过一本《英国文学的伟大传统》，我是不是要写一本类似于《中国美学的伟大传统》的书，向西方美学界评介中国传统美学。

12月4日/星期一

早上在家睡到近9点，太累了，开始准备《中国美学思想简史》修订部分的内容。此前跟博士生说，材料的取舍选择、文本的阐释、阐释的度和对其他美学史的超越，是后出美学史需要重视的几个重要方面。

收到吴攸教授的新书《多元与对话：弗朗索瓦·于连与中国》。

12月5日/星期二

武汉大学申请思勉博士生的田丽媛下课中途，来简单说明第一轮两位专家面谈情况，总的感觉，理论基础不错，文献基础稍弱。今年有26位考生入围，三位教授分别面试，这轮要淘汰14人，保留12人，我估计这一轮很难说了。田丽媛本科毕业于北京师范大学文学院，直研到武汉大学文学院，基础应该是不错的。

晚上给博士生上中国艺术哲学，我告诉同学们一本著作启发别人思考很重要，要留有空白，而不只是灌输知识。

黄金芳同学说动物和人的区别需要认真研究。

12月6日/星期三

上午三审中国文学的三篇论文，下载一些音乐乐象的资料。

下午拍学术方法课视频。

思勉人文高研院通知，田丽媛面试排第13名，前12名进入最后的答辩，她"名落孙山"。即使进入最后的答辩，还要淘汰6名，思勉只录取6名，没有办法。

山东大学文学院本科交换生王贵豪交来《沧浪诗话》作业《严羽与陈子昂论晋之不同初探》论文，6000多字，写得很不错，很有潜力，以后很乐于招收他直研文艺学研究生。

张潇萌通知延聘签约事宜。

期刊社要求总结今年的工作，制定明年的计划，请大家写出自己明年的计划，最后请周萍写出总结和计划。

收到曾繁仁老师的自传《美在生命顿悟时：我的人生与学术》一书、王嘉军教授赠书《他异与间距：西方文论与中国视野》，和孙秀昌教授著译数种。

12月7日/星期四

早上上课前田丽媛来教室告别，希望报考中文系博士。

在学生群留言说，陈伯海老师确实非常了不起，他88岁了，还能写出长篇论文在《社会科学战线》发表。我将来活不到这个年龄，即使能到这个年龄，头脑肯定也糊涂了。陈伯海老师的父亲我见过，叫陈科美，好像活到了96岁，哥伦比亚大学的教育学博士毕业，杜威是他的导师，原来在华东师范大学任教，后来两校合并后又分家，分到上海师范大学。

上午一二节给本科生讲《沧浪诗话》的诗史观。三四节给本科生讲朱光潜前期美学方法论和论文的修改。

前些天咨询武文华老师关于音乐的节奏与节拍问题。她今天留言回复："首先，您的立论是站在中国传统经典思维认知上来论述的,和现代音乐理论中普适认可的相关概念的本质含义不一样;其次,我看到您的脚注中已经有所说明此节奏非彼节奏;第三,您具体使用辞藻的时候是顺应当代语言方式来言说的,因此,会在目前音乐领域中产生疑问。我认为下一版修订时,需要在节前段落鲜明加入概念前置定义以免混淆当下理解,同时在界定节律时需更加谨慎,另外就是避免使用在音乐业界已经约定俗成的名词表述。"

下午法文译者申请翻译拙著事宜,愿意支持她。

联系陈文忠老师,计划星期一去看他,不巧的是,他这几天不在浦东,回芜湖去了,只好等他回上海另外再约。

12月8日/星期五

上午去期刊社,见到施有文老师和唐忠毛老师。下载了音乐意象方面的论文。

收到蒋红邮件,谈到濮之珍先生《中国语言学史》英译遴选事宜,同时计划邀请我2025年1月至2月去美国Colorado College(科罗拉多学院)讲54课时的课。

下午午睡后起来整理《中国美学思想简史》中的《诗大序》的美学思想等。

给韩锺恩教授留言,请他介绍认识几位研究中国音乐理论和中国音乐美学的老师,他列数了何艳珊、杨赛等人,都是此前熟悉的人。

晚上去体健学院打了一会乒乓球。

12月9日/星期六

这两天我在写《诗大序》等汉代文学美学思想。我在思考，我们在什么意义上把文论思想看成是美学思想？画论、书论、乐论等也存在一样的问题。目前已经出版的美学史，也有的存在两者分不清的问题。

下午去体健学院打了一会乒乓球。

12月10日/星期日

上午给几位朋友寄书，写汉代书法美学思想。想到《中国美学思想简史》的"简"，一是简明扼要，点到为止，不过度阐释；二是删繁就简，只讲重要思想，讲在美学史进程中有新意、有贡献的内容。

下午和晚上评审上海哲社项目结项成果，写得挺好，20多万字，放在国家社科基金结项项目中也不算差，写了评语，给了优秀。

晚上去奉贤区南桥宝龙广场舒适堡健身中心锻炼了一会。

12月11日/星期一

咨询白宁教授，音乐有没有瞬间直觉问题、欣赏者的瞬间体验问题。她认为从音乐实践来说，瞬间的感觉是有的，情感色彩与变化当下就能体会到，有的音乐作品给人们带来意境，音乐结束后还能让人感觉到处于音乐感觉之内。

同时请教武文华老师音乐的瞬间性问题，她说她所理解的最表象的瞬间性就是音乐直觉。音乐直觉往往构成感性直觉中的具体反应，但感性直觉需要理性审查，否则会形成泛滥、不可靠、易变、主观等问题，但良好修养的审美主体的感性直觉又是极其可贵的。

写完《中国美学思想简史》的第二章《汉代美学思想》初稿，发给李新，请他提出修改意见。

12月12日/星期二

上午给博士生上中国美学专题课，讨论唐代美学问题。给各位学生讲解中国美学史研究中需要注意的问题。一是"度"的问题，点到即止，不过度阐释。二是理清"意象"思想的发展线索。三是强化问题意识，讲清重要范畴的来龙去脉和发展历程，突显中国古代有贡献、有影响的思想等。

陈娟告知，西南大学人事处公示，把她淘汰了，反而录用了最后一名。那也没有办法，各校做事风格不同，求职者是弱势群体，只能多联系几家单位。

下午乘高铁去济南，参加杨振声奖的评审，山大文学院安排周逸群接站。晚到，见到杜泽逊院长、郭春晓书记、左东岭、查洪德、汪少华、徐俊、黄万华等，程章灿晚到。

《贵州社会科学》郑迦文留言，拙作《论中国古代的乐象观》已经排在第 11 期，刚刚有一校样出来，由于印刷厂搬家，刊物印出来可能要到元旦以后。

看到芝加哥大学研究法国文学的菲利普·德桑教授把图书赠给了北京大学图书馆的消息，可能是高建平教授的公子高冀牵的线。看来赠书给外国大学是个好办法。国内教授的藏书与本校乃至国内大学图书馆的藏书重复程度很高，赠书没有多大意义，甚至还存在没有地方放置的问题。赠给外国大学图书馆，更有利于向国外传播中华学术和文化。

12月13日/星期三

上午评审学术贡献奖，曾繁仁教授在文学院推荐中排名第一，青年奖杨建刚排名第一。其中评学术贡献奖的时候，我力陈《生态美学导论》的贡献和影响。最后又代表评委会起草了曾繁仁先生获奖评语。

午饭后启程返沪，可能是北方下雪的缘故，高铁晚点 31 分钟，到上海站晚点 46 分钟。

请谭玉龙推荐道教美学研究学者认识，他推荐了申喜萍教授，申喜萍教授开列了从魏晋到明清的有美学思想的著名道士名单。

跟王中栋讨论魏晋南北朝时期的道教美学思想，例如东汉晚期的《太平经》、葛洪和陶弘景等人的美学思想。王中栋回复，《太平经》似乎更侧重其文学价值。两晋时期以葛洪的《抱朴子》为最，相关学术研究已经很丰富了。南朝陶弘景在养性、修仙方面也有一些著述，如《真灵位业图》《养性延命录》等，也可以结合他在书法领域的创见进行综合分析。北朝还有寇谦之，创建了新天师道，但他主要吸收了儒家礼学的观点。魏晋南北朝道教受佛教思想影响，主要围绕"炼形"与"养神"话题展开，这深刻启发了同时期士人阶层关于养生话题以及书画艺术理论中的"形神观"问题的探讨，如嵇康的《养生论》《游仙诗》，王羲之、顾恺之等人也在其理论著作中提出了"以形写神""传神写照"等重要美学思想。王中栋的意见，要重视这一时期的形神关系。

12月14日/星期四

上午给本科生上四节课。讲义落在讲台上，学生留言提醒我去第二教学楼门卫那里取。

下午和毕笑核对他翻译的《中国艺术哲学》法文译文，很费时间。

请张艺静买佛教书，发现旧书店的书品质差，要价高，不舒服。以后尽量不买旧书。

香港中文大学黄维樑教授12月14日给我留言，谈到《中国审美理论》英文版的翻译问题，如"道"，有时候译成"Dao"，有时候译成"way"，有时候又译成"the way"。他希望我写一本类似于"中国美学入门"的英语文本的大学本科参考书，让英语世界的读者认识中国美学。他说当年刘若愚就干了类似的事情，当时风行一时。我想，普及与精深并行不悖吧，毕竟不甘心只做到刘若愚那样。自己用英语写"中国美学入门（或导论）"，内容不算难，英语表达太难了。

12月15日/星期五

上午去普陀中山北路校区期刊社上班，完成2024年第1期的终审。早上吃早饭的时候居然把校园卡落在那边的食堂里了。

与黄薇主任、胡岩副主任、付长珍常务副主编商量，初步计划1月13日开《学报》哲社版编委会，向吴瑞君校长助理做了汇报。

中午到闵行校区，应传播学院王峰的邀请，参与讨论他们办刊事宜。

下午终审《中国美学研究》第23辑。

晚上去张索教授的教育部篆刻基地，请他和他的学生为我的两方贺兰石刻两方印——"美是意象"和"心远楼主"。张索说石头不好，他为我准备石头。以后再送他书吧。

12月16日/星期六

启程去虹桥机场，到咸阳西藏民大，参加硕士生的二年级开题和三年级答辩。

下午赵婧洁和民大附中刘倬源来宾馆房间交流。刘倬源想报考专项项目博士生，拿来研究计划提纲。我看后对她说，不读书或读得太少所列出来的提纲,几乎毫无价值,因为这是外行列的提纲。必须读基本书籍,搜集研究论文,搜集资料要竭泽而渔。提纲不是讲课讲稿,不能面面俱到。博士论文的提纲,要研究别人忽视了的重要问题,论证与别人意见截然相反的观点,要从海量的著作和资料阅读中发现问题,找到灵感,写论文解决问题。文献综述很重要,把文献综述做出来,就能从中发现需要解决的问题。

我还就宋代山水画空间问题谈了自己的看法。

督促赵婧洁抓紧写论文。

晚上没有开空调,夜里冻醒,又再穿上一些衣服。

12月17日/星期日

上午八点参加西藏民大文学院文艺学研三13位同学的毕业论文预答辩,点评了其中存在的各种问题,如题目过大、过小,表述不规范,不能准确反映论文内容;概念的含义或范围不够明确的时候,应首先明确概念的含义或范围(如"中古");摘要不应写全文没有涉及的介绍性内容(介绍性内容应在绪论部分);关键词普遍不会选择,其中有不少内容介绍常识(论文是给同行专家看的,无需介绍常识);论文结构不太合理的情况也不少;不少人阅读文献不够,不少重要文献没有阅读,有些论文描述过多,理论上的提炼、概括不够,还不能算是严格意义上的论文。

下午两点半参加西藏民大文艺学研二8位同学的毕业论文

开题，主要问题有：论文的题目存在多个中心，主题分散，不能一以贯之；问题意识淡薄，不聚焦问题，只重视提纲的全面性，像是教材目录；研究综述中的参考文献阅读、消化不够，需要从中析出值得进一步研究的具体问题；参考文献遗漏了许多重要的、标志性的著作和论文；研究内容和研究方法脱离文艺学学科，广泛地拓展到人类学、伦理学等诸多领域，根本没有能力驾驭；用西方的某一个方法对中国材料生搬硬套、削足适履；对研究西方文论的外文文献重视不够等。

鉴于昨晚冻得够呛，今晚打开空调，结果空调太旧，开了以后轰轰作响，像拖拉机的声音，很久睡不着，想着接受黄维樑教授的建议，思考写作英文版《中国美学入门》一书的内容。所谓"入门"，并不是介绍常识。朱良志教授的《中国美学十五讲》、Jonathan Culler 的《文学理论入门》，也不是常识的介绍。后者是作者结构主义文论思想的表达。《中国美学入门》则需要界定"中国美学"（时间段、思想形态、审美意识、基本特征）、中国美学的范畴体系、基于生命意识的辩证思想（阖辟成变、天人合一、阴阳、虚实、动静）、审美心态（虚静、神思、神与物游）、美是意象、悲剧性与喜剧性、文学艺术教化中的美育等。

12月18日/星期一

上午八点与西藏民大文学院文艺学一年级的 10 位研究生座谈交流，研二的侯潇，研三的刘金霖、高岩也参加了座谈会。我主要跟同学讲了读书方法和论文写作需要注意的问题。

我对同学们说,阅读要注意点面结合,在此基础上选择经典著作文本精读。要重视经典著作的阅读,在阅读经典著作的过程中提高理论水平。研究西方文论要高度重视阅读原始文献。入门书包括导读等可以作为"拐杖",也可以勤查参考资料,但关键是精读经典文本本身。大师的著作读不懂很正常,读不懂才需要花费精力刻苦钻研,如果一读就懂,说明著作本身不那么深刻,里面包含着太多的常识。名著需要反复阅读,贵在坚持。

读书要随时做笔记,做笔记很重要,勤练笔写作很重要,要养成表达自己心得体会的习惯。表达能力是一种很重要的能力,要学习表达,经常训练表达能力,达到得心应手的地步。

专题研究要对此前的相关文献竭泽而渔,尤其不能遗漏重要文献。

论文写作要在阅读过程中发现问题,找到自己的兴趣点。要重视在阅读基础上思考和探索的过程,这个过程一定是有收获的,有时候看起来浪费了一些时间,但是探索本身是有收获的。

学术论文是学术界同行交流思想的文本,要重视文本的交流特点,重视它的前沿性。

对于关键概念和基本概念,一定要弄清楚概念本身的含义和概念发展的来龙去脉。如"复调"等。

论文写作要聚焦具体问题,甚至题目越小越好。初学写论文要严格按照学术规范进行习作,可以到权威刊物上找相关问题的样本,从模仿开始,照猫画虎。

要重视语言的规范,研究西方文论和西方美学的,在用中文写作的时候,要尽量避免欧化句式。

学术论文写作要借力导师,要体现两个人的智慧,不要选老师不懂的内容写毕业论文,要选择导师有能力指导你的问题。导师是学校配备给你的资源,要充分利用学校的各种资源发展自己,包括利用导师这个资源。

12月19日/星期二

上午给博士生上中国美学专题课,主要讲魏晋南北朝和唐代的佛教美学思想,认为魏晋南北朝主要有慧远、竺道生和僧肇等人,唐代禅宗主要有慧能的《坛经》,华严宗主要有宗密的《华严原人论》,天台宗主要有智𫖮的《摩诃止观》等。

下午和赵崇轩沟通他的本科毕业论文选题,让他抓紧准备开题报告,主要是研究综述。晚上给博士生讲中国艺术哲学,提醒他们书后面索引中的名词概念很重要。

管老师提出我的《中国艺术哲学》第五章艺术发展的动力中,"雅俗互动"也是艺术发展的动力,这是事实,其实"艺际交流"也是。加不加?加什么?加多少?都是需要思考的。我本来准备另外写一本书,讲艺术史问题。

在写作方面,对同学们说,论著论文,只讲能讲的,有话则长,无话则短。不需要为了系统性而面面俱到,讲不了的不能硬讲。面面俱到的是教材而不是论著论文。学术成果的贡献在于创见，不存在应该用什么方法。论文不是在方法上符合编辑的期待，而应该是在创见上让编辑喜出望外。

收到项静的赠书《清歌》。

12月20日/星期三

上午到期刊社，付长珍希望我催问田润进来的事情，我说我已经跟领导沟通过几次，希望她本人前去沟通。

中午赶到陈文忠老师家，陈文忠老师在校区门口等候，本来应该是我请他们吃饭，结果是他爱人余老师提前订座和买单，很不好意思。我谈到安徽师范大学文学院学风很好，许多学者对学问很虔诚、很踏实，学术成果很有价值。

12月21日/星期四

上午本科生四节课。《沧浪诗话》课点评一位同学的论文，顺便讲解论文的写作方法。该同学把问题放到特定的背景中去理解，并且细分问题，再进行分析，挺不错，当然，有时候会被枝蔓牵着鼻子走，也需要聚焦主题。

下午为李欣悦、张晓宁考博写推荐信，为张艺静申请清华大学博士后写推荐信，跟陈朔、吉若琳、王轲轲讨论意象问题，给陈文忠老师快递"中华美学精神丛书"等其他五种书。

晚上为金苹果学校初一校本教材提参考意见。我认为语文校本教材依然还是语文教材，其中依然包括语言文学知识教学的基本内容,要认真思考语文教学与思维能力的培养、科学知识或道德教育等方面的关系。教材的内容不一定都要讲到,每次上课、每一位老师上课都可以有选择地讲,内容不一定一样,教材中可以包含课外阅读的内容。我虽然认为校本教材只有诗歌这种单一的内容不合适,但并不认为诗歌是简单的,诗歌看上去文字不多,许多诗歌对初一同学来说很有难度。在培养创新能力方面,教学生思维方法不是一件容易的事情,主要是在学生的脑海里培植一颗种子,养成一种习惯,它是一个教学的方向,一个方面的趋势。

12月22日/星期五

和《商代审美意识研究》的英文版译者罗娜沟通翻译过程中她遇到的疑难问题。

管雪莲教授建议我在以后的第四版《中国艺术哲学》的第五章"第三节 动力"里,加上我经常讲的"雅俗互动"的内容,可以考虑。

晚上与金扬眉餐叙,探讨儿童欣赏中国画的书的写作。

到篆刻基地见张索教授,他为我刻了一方"心远楼主"的印,又请他的学生程羽瑄为我刻了"美是意象",刻得很好。

到体健学院打乒乓球半个小时。

微信群里有人讨论夏商周断代的可信性问题。我曾经跟李学勤就夏商周问题通过信,我自己也写过一本《夏商周美学思想研究》出版,但是我后来倾向于夏代属于史前,一是它不像商代那样有甲骨文、金文等文字记载，二是勉强认定是夏代遗址的二里头文物少之又少，无法把它当成中国文明的第一个历史时期。

学生群里有人希望我帮忙推荐投稿，我当然可以尽力，但我人微言轻，即使我自己的论文，约稿也不一定能被采用。我本人现在越来越保守，只给那些主动跟我约稿的刊物投稿，即使是这样，也不能保证一定都能被刊用。我的幸运在于，我是出道早的，年轻的时候赶上学术风气好的时代，早早地冲出来了。如果我年轻的时候学术界处于现在这种状态，这么卷，我肯定是不行的。我很理解群里的老师和同学的处境，没有办法，必须发论文，还必须发高端刊物，大家也只能拼一拼了。

12月23日/星期六

给陈朔、吉若琳留言，这学期王轲轲把意象资料读了一遍，做了笔记。读一遍总有收获的，陈朔、吉若琳没有读完，假期务必要抓紧读书做笔记。

突然想起，广州有高校学报常务理事会议，紧急订机票，准备启程。彭圣芳去海南开会，车停在机场，顺便送我到白云宾馆。路上我提到学术研究，既要有实证研究的基本功，又要重视学术生涯的宏观规划。

到广州仔细一看，发现是星期日报到，星期一开会，忙中出错，没办法。在宾馆看硕博士毕业生的论文。

李欣悦的硕士论文总体还不错，里面有不少生造的词，这是因为写论文太少，所以不懂。不可以随意生造词的。李泽厚一辈子只造过一个"积淀"，还是移用的，是他的重要范畴。如果一篇硕士论文就生造十几二十个词，那全国一年就要出现几百万个新词，甚至更多，汉语只好走向灭亡了。我后面要一一告诉她，也希望其他在读同学不要犯类似的错误。另外，中西参证非常必要，但不是点缀品，不能游离主题。

12月24日/星期日

看李欣悦硕士毕业论文。

督促马鸿奎要抓紧写论文发表。工作近一年了，没有产出，后面会有压力。

提醒每位在读同学，要认真对待所选论文的题目，要对题目有热情、有激情。没有感情，无法迸出思想的火花，根本写不好。

晚上在会议后的聚餐中说：理工科要学生行，有几个天才学生，把项目做出来了，导师就可以评院士；文科要导师行，导师厉害了，可以推荐学生发表论文和推荐工作，像我这么差的导师，根本帮不了学生。

想起王中栋、陈娟两人硕士毕业刚读博士的时候，就打算把硕士期间写的论文修改修改投给C刊，现在几年过去了，才知道当年的想法多么幼稚可笑，才知道当年硕士期间写出来的论文与C刊论文相比，差距有多大。相信后面一届一届的，依然会有人有这么荒唐的想法，对自己的论文水平缺乏正确的认识。提醒夏兴才要接受教训，在论文写作上下苦功夫，才是正事。我虽然已经发表 200 多篇论文了，现在给一般的 C 刊投稿，还是非常认真地推敲、修改，审稿有意见我会好好修改，随便写写是不可能的。

12月25日/星期一

上午开会。12 点去机场赶下午 2：40 的飞机。彭圣芳原计划巡考后送我，因担心时间匆忙来不及，我就打出租车走了。

朋友孩子高中选科，征询我的意见。我的意见是孩子需要自己根据兴趣选，毕竟后面的课要她自己上，要她自己考试，没有十全十美的，考虑一下最大限度地有利于自己，从这个思路出发平衡一下。一旦选了，就一定要刻苦学习，不能抱怨，因为抱怨、有情绪都不能解决问题。

《贵州社会科学》第 11 期因印刷厂搬家耽搁了，郑迦文中午发来二校样。我征求白宁的意见，她说我的论文可以在现有基础上强调音乐的娱乐性功能，且回归音乐本体，强调感性，建议我多听音乐，感受音乐，重视音乐的感性层次。她还专门发了《醉清波》和《流光》给我欣赏。

想着后面要不要写一篇《论乐舞中的乐象呈现》。

在飞机上想着中国山水画的问题，国内学者更重视宋元时代的山水画，因为它们更有创意，给后来的山水画奠定了基础。而欧美学者更重视明代山水画，因为它传下来的较多，人们更多地见到了实物，尽管它们更多地因袭了宋元人的山水画探索。

收到蒋寅教授新版的《古典诗学的现代诠释》和《古典诗学的现代诠释续集》。

12月26日/星期二

上午上博士生"中国美学专题"本学期最后一次课，跟学生强调"中国美学史"写作方法。美学史要讲究史的规范，要以人、以书为基础，重点考察范畴，要突出范畴的核心意义，尤其是中国古代美学独特的范畴，突出端倪对后代的影响力，体现渊源，强调客观性、简明扼要，不过度阐释。

提醒在读的同学，对其他各位老师的治学方法，一定要有开放的态度，要兼收并蓄，不要抱有成见，狭隘地加以排斥，咱们的成长需要转益多师。听一门课要争取增加一个看待问题、研究问题的向度。

请陈朔和夏兴才组织一下新年茶话会，我给三四百元买零食吃，茶叶我这里也有，吃吃零食，聊聊论文修改，需要讨论的论文请事先打印带过来，在打印店记在我的账上。通知的对象包括博士生、硕士生和我做后期导师指导的同学，还有博士后和访问学者。

晚上上博士生最后一次中国艺术哲学课，我对学生说，要提倡艺术理论家和艺术家的和解，不主张冲突和对立，要让自己的研究成果被艺术家所理解和接受。艺术家和艺术理论家必须可以交流。如果不在一个频道上，就无法交流。写音乐理论著作或论文，需要沉浸在音乐中，从理论视角加以展开，让不同层次、不同视角的人都能从中受益。

收到赵敬鹏新书《〈水浒传〉图像叙事研究》。

12月27日/星期三

早上赶到普陀中山北路校区，早饭后继续下载严羽《沧浪诗话》的研究论文，近600篇，为下学期给硕士生上"中国文艺理论专题"课做准备，分类尚未完成。与期刊社领导和付长珍老师进一步沟通编委会会议时间等问题，与各位编委沟通时间。

提醒李欣悦，她论文里的"诞和乐，诞哀乐""否弃""伴合""区辨""彰示""暂弃"等，这些词有生造的嫌疑，预答辩之前，最好跟我沟通一次修改意见，如果没有空，也可以后面再说，定稿之前都可以的。

中午赶到闵行校区吃午饭，下午中文系职称评审投票，正教授正常评审，7位老师申报，4个名额，副教授2位老师申报，1个名额，结果是几家欢乐几家愁。结束后与吴攸老师交流写一篇新书评论等事宜。然后到大学生活动中心的篆刻基地，给张索教授和他的研究生程羽瑄同学各送三本新出的书，谢谢他们为我治了两方印，然后去体健学院打了半个小时乒乓球，再回家吃晚饭。

给博士生夏兴才、硕士生陈朔留言，下学期《判断力批判》读书会继续进行，由夏兴才牵头组织，陈朔协助。过去把导言、序言读完了。这两个部分很重要，记得邓晓芒的《康德〈判断力批判〉释义》里，200多页，占了近一半篇幅只讲了导言和序言。我们决定后面继续讲正文，讲完以后再继续第二次讲导言、序言。上次于冰晓说我的导言、序言讲得太快。

嘱咐安迪，不要同意钟点工张阿姨请我们吃饭，他们挣钱很不容易。

12月28日/星期四

上午给本科同学上《沧浪诗话》讲读课和学术方法课。其中学术方法补充讲了继承前人，把端倪发扬光大的问题，认为"照着说"要立足文本，孔子"述而不作"，"述"不是简单的重复，而是阐释，阐释要有度；"接着说"是受启发产生的新思想，"反着说"则是纠正前人的各种错误，当然有时候也受着错误观念的启示。而"融会贯通"，则是兼取众长，克服各自的片面性，综合前人的观点，论证自己的独到见解，体现了儒家的中庸思想。任何的判断和推理，都要尊重事实，强调必然性，不能漠视事实。

下午一点参加音乐学院职称评审，他们学院正高职称的人数不够，请我们外援。我到了以后，上海师范大学音乐学院院长施忠教授随后到达，他讲了音乐圈里的两个段子，带来了欢乐。段子一说音乐学院教师的特点是"麻袋里的钉子，个个想出头"，我说这是有进取心的表现。段子二说音乐教师"不能表演的就搞创作，不能创作的就搞音乐理论，不能搞音乐理论的，就搞音乐教育"——这是他们圈子里的鄙视链。不过，我倒觉得音乐、美术等门类艺术教师的评价，还是要兼顾艺术自身的特点，重视艺术成就，不能单看论文成果，当然艺术成就不能没有评价标准。在评审中我建议评审副教授的一位青年才俊王刊，今后可以发挥音乐专业的优势，更重视音乐自身的内部规律研究，不一定只做音乐社会学这种外部规律研究。

12月29日/星期五

上午是本校文艺学博士生二年级开题，下午是文艺学博士生预答辩。发现其中有的博士生不能紧扣美学、文艺学主题，对各章的逻辑次序和逻辑关系注意得不够，各章简单地以人物为单位，阐释的内容比较散，不能聚焦问题。各章之间的逻辑关系，各节之间的逻辑关系，以及各节与章之间的逻辑关系，都不够严谨。各级标题不能简单地并列甚至罗列，需要提炼出规律和特点等进行分析，紧紧围绕一个中心。

与田义勇讨论如何反思思想方法。田义勇主张思想方法要以价值观为出发点。我强调要重视中国美学理论体系的建构方法、历史方法等。我以后需要思考思想方法问题，思考成熟了，就把自己的体会表达出来，写出六七篇论文。比如我的《中国艺术哲学》《中国审美理论》《审美意象创构论》以及《沧浪诗话》的理论体系等，我需要总结一下"理论体系建构意识"，这就是"思想方法"之一，当然既包括经验，也包括教训。再如主编过"中国门类美学史丛书"、《中国审美意识通史》，撰写出版《中国美学简史》等，需要总结一下"历史意识"，也包括经验和教训。总结我一生在中国美学研究中的"思想方法"，出一本小册子，相信值得学术界同行参考。

华东师范大学出版社发来《中国审美理论》第五版推送。

收到美术学院书法篆刻家顾琴教授寄来的两幅"福"字。

12月30日/星期六

陈育德老师来电话，告知收到我的《中国古代美学思想研究方法论》一书，期待早日见到我的《审美意象创构论》面世，并祝福新年。

东北林业大学的陈晓媛老师来电咨询来华东师范大学访学事宜。

李新咨询理论训练方法和历史方法，我对他说，目前的情况，是一边写论文，一边打基础，不可能基础完全打好了再做学问。年轻人在创新思维方面有自己的优势，需要扬长避短。理论训练，可以精读大师的著作，例如精读康德的《判断力批判》等书，万事开头难，坚持下去就是胜利。历史方法确实需要有自觉意识。

中国美学研究的历史方法问题，对我来说，不是要不要写论文的问题，而是我必须要反思历史方法。我写《中国美学思想简史》，当然要反思历史方法。司马迁说的"通古今之变"，就是历史方法，但是具体落实到美学史，怎么理解？怎么处理？中国文论史是怎么处理"通古今之变"的？中国哲学又是怎么处理"通古今之变"的，也值得参考和借鉴。

惊闻华侨大学文学院许总教授不幸逝世，沉痛哀悼！他今年才69岁。想起30多年前我年轻的时候，与许总老师素昧平生，当时给《江海学刊》投稿，获得发表，对我起到了很大的激励作用。

12月31日/星期日

把《商代审美意识研究》的校样修改统计合并到电子版上留底。

思考中国美学史研究的历史方法问题。对我来说，不是要不要写这方面的研究论文的问题，而是我必须要反思历史方法。我们研究"中国美学史的历史方法"，是研究美学史必做的功课。研究中国美学史，必须有自觉意识，思考美学史研究的历史方法。这方面的思考，张法教授思考得多，写了专著和若干研究论文，其他人写得少。我写《中国美学思想简史》，当然要反思历史方法。

在学生群里对学生说，中国当代学术在西方影响力小，虽然有多种原因，但确实与我们自己当代的原创性不够有关。先秦诸子和宋明理学，确实影响大，明清时期传教士进入中国之后，也翻译了不少中国的学术典籍传到欧洲，莱布尼茨、伏尔泰等人深受影响。中国当代确实需要有更多的原创性贡献。20世纪以来，王国维主要是通过日本学习西方，通过西方的方法研究《红楼梦》和宋元戏曲等，有牵强附会的痕迹。朱光潜主要译介西方美学，他自己最满意的是《诗论》，《诗论》的学术贡献也是相对的。许多人认可宗白华有突出的贡献，他方向是正确的，也很有启发，但是学术贡献还是有限的。中国美学需要有让欧美刮目相看的原创性贡献。

请江婷协助补充登记了今年的科研成果。

花时间把全年的日记整理了一遍。

后 记

我在高中毕业到大学本科的几年时间里，曾经记过几年日记，2010年—2011年在伊利诺伊大学香槟分校期间也记过日记，其中应该有一些值得追忆的生活片段，可惜由于多次搬家和更换电脑等原因，这些日记都遗失了。2023年我决定每天抽空记日记，留下一些生活的印记。其中有相当一部分是我指导研究生学业的言论和科研教学的记录。今后我将渐渐地告别讲台，淡出社交，所以从去年开始，我把我平常生活中的所思所想记录下来，或许能给未来的年轻学子提供一些经验和教训。

日记属于个人记录，不少内容不适合生前公之于众，包括一些涉密不能公开的内容。尤其是这一年刚刚过去，就要出版，就更有许多不适合公开的内容，因此，本年度的日记在出版前不得不删除了一部分内容。尽管其中有些内容本身还是生动有趣的，但没有办法，只能如此。

本日记的出版，承蒙责任编辑徐鹏女士的悉心编校，从集美大学前来华东师范大学访学的管雪莲教授协助校对，这里一并致谢！

朱志荣

2024年元旦于沪上心远楼